Christian Dickinger

Die schwarzen Schafe der Wittelsbacher

Zwischen Thronsaal und Irrenhaus

UEBERREUTER

ISBN 3-8000-3995-8

Covergestaltung: concept 8

Printed in Austria
7 6 5 4 3 2 1

Ueberreuter im Internet: www.ueberreuter.at

»Verrückte, Schwärmer, Träumer, Neurotiker und Geistesgestörte haben in der Geschichte der Menschheit immer eine große Rolle gespielt, und zwar nicht nur, wenn sie durch Geburt zufällig an die Macht kamen. Im Allgemeinen richten sie großen Schaden an; aber nicht immer. Solche Menschen haben einen unberechenbaren Einfluss auf ihre eigene und folgende Zeiten, sie haben große kulturelle Bewegungen ins Leben gerufen und große Entdeckungen gemacht. Dies war trotz ihrer Anomalien möglich, weil ein Teil ihrer Persönlichkeit gesund war. Andererseits sind es aber gerade die pathologischen Merkmale ihres Charakters, die Asymmetrie ihrer Entwicklung, die anomale Betonung bestimmter Wünsche und die rücksichtslose und beharrliche Fixierung auf ein einziges Ziel, die ihnen die Kraft gaben, andere mit sich zu ziehen und den Widerstand der Welt zu überwinden.«

Sigmund Freud

»Die Mitglieder des königlichen und herzoglichen Hauses Wittelsbach sind alles in allem genommen sicherlich interessanter und geistvoller als die Habsburger. Wohl arten auch die Sonderlichkeiten der Bayern bisweilen in Wahnsinn aus, doch ist der Unterschied zwischen den beiden Familien der, dass bei den Habsburgern der Irrsinn sich meistens in Unmoral, Selbsterniedrigung und gemeinen Ehen äußert, während er den Wittelsbacher in einen romantischen Dulder verwandelt, der in Welten hoch über allen Banalitäten des Lebens schwebt. Durch die königliche Familie haben sich immer Spuren von Wahnsinn gezogen, Sonderlinge hat es immer in der herzoglichen Linie gegeben ...«

Marie Louise Gräfin Larisch-Wallersee

Inhalt

Nietzsches Messer

oder Die Notwendigkeit »mieser literarischer Wühlarbeit«

»Was mag in ihre bisher doch als wertkonservativ zu bezeichnende Wochenzeitung gefahren sein, um sich in derart liebenswürdiger Art mit einem Herrn Nobody Dickinger zu befassen. Ein Politologe also, dem anscheinend alles daran liegt, eine Jahrhunderte (sic!) alte, staatstragende Familie lächerlich zu machen und an den Rand der Gesellschaftsfähigkeit zu bringen. Man sollte ja ein derartiges Geschmiere so stehen lassen, wie es ist (sic!), nämlich einfach nicht beachten. Andererseits (sic!) sollen rechtschaffene Bürger über Derartiges nicht schweigen, denn damit würde man weiter Vorschub leisten (sic!) für weitere miese, so genannte literarische Wühlarbeit. Es war schon immer leicht, bei großen Familien die Schwächen zu finden, um ihnen durch hanebüchene Dichtung und Wahrheit (sic!) den gesellschaftlichen und politischen Garaus zu machen.«
Dieser sich in Form und Inhalt selbst richtende Leserbrief eines »rechtschaffenen Bürgers« war eine der Reaktionen auf die Publikation »Habsburgs schwarze Schafe. Über Wüstlinge, Schwachköpfe, Rebellen und andere Prinzen«, die vom Autor dieses Buches vor wenigen Jahren veröffentlicht wurde. Andere Wahrnehmungen stellten der harmlosen Qualifizierung »Nobody« wesentlich deftigere Zuschreibungen zur Seite, welche an dieser Stelle wiederzugeben keine Veranlassung besteht, würden wir doch andernfalls in die Verlegenheit kommen, beispielsweise einer Definition des Wortes »Nestbeschmutzer« näher treten zu müssen.
Arthur Schopenhauer, im Übrigen ein Meister unsachlicher Beleidigungen, der seinen Widersachern schon einmal »Afterweisheit«, »Tollhäuslergeschwätz« oder »Unsinnschmiererei« zum Vorwurf machte, war der Auffassung, dass Geschichtsschreibung ironisch sein muss, er meinte sogar, dass Ironie die »natürliche Form« der Geschichtsschreibung sei. Im Gegensatz zum Zynismus, aus dem

zumeist, wenn auch nicht zwingend, Verachtung und Spott fließen, gibt die Ironie den porträtierten Menschen, dessen Fehler und Abgründe aufgedeckt werden sollen, nicht automatisch der Lächerlichkeit preis, sie zeigt ihn nur in seiner Schwäche und Erbärmlichkeit, also in jenen Dimensionen seiner Persönlichkeit, die in einem Buch, das es sich angedeihen lässt, über »schwarze Schafe« zu berichten, einen wichtigen Stellenwert einnehmen, ja einnehmen müssen.

Friedrich Nietzsche, der Schopenhauer lange Zeit bewunderte, bevor er mit ihm brach, hielt fest, man müsse die Vergangenheit vor Gericht ziehen, »peinlich inquirieren« und endlich verurteilen; dadurch solle »klar werden, wie ungerecht die Existenz ... eines Privilegiums, einer Kaste, einer Dynastie z. B. ist, wie sehr dies Ding den Untergang verdient. Denn wird seine Vergangenheit kritisch betrachtet, dann greift man mit dem Messer an seine Wurzeln«.

Wer nicht geneigt ist, die kritische, einen ironischen Grundton pflegende Beschäftigung mit Standesdünkel und aristokratischer Arroganz, mit dem Wahnsinn dynastischer Inzucht und dem Wahnsinn als deren Folge, mit Anmaßungen und Zumutungen, mit fanatischem Gottesgnadentum und unerträglicher Doppelmoral als legitime Annäherung an historische Personen und Ereignisse zu akzeptieren, wird auch in diesem Streifzug durch die Jahrhunderte nichts weiter als die Ver(w)irrung eines »Schmierfinks« und »Nestbeschmutzers« sehen. Der weniger voreingenommene und einer solchen Annäherung, die freilich nicht in Anspruch nimmt, eine tief schürfende Analyse zu sein, sondern sich ganz klar zur kompilatorischen Vorgehensweise bekennt, gewogenere Leser wird das vorliegende Panoptikum »zwischen Thronsaal und Irrenhaus« über einen populärhistorischen Entmumifizierungs- und vor allem Entmythisierungsversuch definiert sehen, welcher schlicht um einen Perspektivenwechsel bemüht ist.

Doch vermag ein solches Bemühen gegen tradierte Klischees, gegen Sentimentalität und Nostalgie aufzukommen und gleichsam als frischer Luftzug in die allgegenwärtigen Weihrauchschwaden einzubrechen? Vermag »Nietzsches Messer« an jener barmherzigen Patina zu kratzen, welche sich über die dunklen, die weniger hehren, die weniger glanzvollen Seiten »großer« Dynastien legte? Oder ist dieser Kampf aussichtslos und demzufolge auch sinnlos?

Wir müssen realistisch sein. Fürsten hinterlassen nicht nur Statuen,

Monumente, Gräber, Schlösser, Schulden, blutgetränkte Schlachtfelder mit ungezählten Toten, Mätressen, Kinder, die sich um das Erbe balgen, sie hinterlassen auch Mythen und Legenden, Geschichten von sagenhaften Heldentaten und wunderschönen Prinzessinnen. Archetypische Wünsche, Sehnsüchte und Ängste werden von der Nachwelt in ein einziges Leben »hereingeholt«; wahrhaft ein »herrlicher Stoff für Gerüchte und Spekulationen, für die Strenge einer sophokleischen Tragödie oder die Verwicklungen eines Shakespeare-Stückes« (Erik Durschmied). Aus der Memoria des Volks vermag »Nietzsches Messer« bestenfalls nur kleine Stücke herauszuschälen, es sind Parabeln, Gefühle und Spektakel, welche tief im Inneren des menschlichen Gefühlslebens die Saiten der Fantasie in Schwingungen versetzen und zur Identifizierung locken.

Dies war vor einigen Jahrhunderten nicht anders als heute. Die Menschen, vor allem so genannte »einfache Menschen«, nehmen lebhaften Anteil am Schicksal »fürstlicher Familien« bzw. deren in der Öffentlichkeit stehenden Repräsentanten, an deren Geburt und Tod, an deren Ehen und Affären, deren Schrullen und Skandalen. Die Windsors und Grimaldis, die königlichen Familien von Dänemark, Norwegen und Schweden, der Niederlande und Spaniens, vormals der Schah von Persien, sie führten und führen ein den Notwendigkeiten des Broterwerbs weitgehend entrücktes Leben der öffentlichen Omnipräsenz, welche die Fiktion ferner Teilhabe gestattet.

In Österreich beispielsweise werden Mitglieder der Habsburger-Familie noch immer nicht selten mit »Erzherzog« angesprochen, eine ehemalige Vizekanzlerin entblödete sich nicht, den greisen Otto Habsburg anlässlich seines Geburtstages öffentlich mit »kaiserliche Hoheit« anzureden, in Gesellschaftsspalten lesen wir nach wie vor von »Grafen«, dem Habsburger-Gesetz und dem Adelsaufhebungsgesetz aus dem Jahre 1919 beharrlich zum Trotze.

Hans Riehl schrieb im Vorwort seines Buches »Märchenkönig und Bürgerkönige«, es komme ihm »stets recht komisch vor, wenn in Ehren ergraute Repräsentanten des Freistaates Bayern Bücklinge vor dreißigjährigen Prinzen des Hauses Wittelsbach machen und vor den ›Königlichen Hoheiten‹ geradezu in Ehrfurcht ersterben«. Er könne, so Riehl weiter, für diese Familie »nicht mehr Respekt aufbringen als für die Nachfahren Richard Wagners, Thomas Manns oder für die Familie Siemens«. Dem ist nur wenig hinzuzufügen.

Auf den nachfolgenden Seiten werden jene »Sonderlinge« auf die Bühne gebeten, von welchen die Gräfin Larisch, eine Tochter des Herzogs Ludwig in Bayern, in einem der einleitenden Zitate zu berichten wusste, wir verfolgen mit wohl temperiertem Amüsement, nicht selten mit Verwunderung und von Fall zu Fall auch mit Entsetzen die »Spuren von Wahnsinn«, die sich durch die Jahrhunderte ziehen.
Das kostbare, edle Blut derer von Wittelsbach, Habsburg, Hohenzollern etc. musste »rein« gehalten werden, man heiratete untereinander und akzeptierte die erbbiologischen Katastrophen: Schwachsinn, Geisteskrankheiten, körperliche Gebrechen, Charakterschwächen, Überempfindlichkeit, Melancholie.
Vor allem das 19. Jahrhundert, in welchem die dynastische Erbsünde der Inzucht besonders auffällig wurde, zeigt sich großzügig an reichem Anschauungsmaterial. Wir begegnen u. a. dem seltsamen »Märchenkönig« Ludwig II., seinem verrückten Bruder Otto, der den größten Teil seines Lebens im Irrenhaus zubrachte, deren Tante Alexandra, die unter der Zwangsvorstellung litt, ein gläsernes Klavier verschluckt zu haben, Herzog Pius, dem Großvater der Kaiserin Elisabeth, der ebenfalls im höchsten Maße geistesschwach war, und auch Elisabeths Vater Max, dem »bayerischen Urvieh«, der Elisabeth, die nach Einschätzung ihres Bruders einen »Sporn«, also einen »Vogel«, hatte, in vielem ähnlich war.
Wandern wir weiter zurück in die Geschichte, so begegnen uns »schwarze Schafe« in großer Zahl. Wir begegnen dem Pfalzgrafen Otto VIII., der aus gekränkter Eitelkeit den Staufer-König Philipp ermordete, weil dieser ihm seine Tochter nicht zur Frau geben wollte, Ludwig »dem Strengen«, der aus Eifersucht seiner Gattin den Kopf abschlagen ließ, Herzog Ernst, der es nicht ertragen konnte, dass sein Sohn heimlich eine »Bürgerliche« geheiratet hatte, worauf er verfügte, dass die junge Frau lebendig in einen Sack eingenäht und in die Donau geworfen wurde; wir lernen Ludwig »den Gebarteten« kennen, der zeit seines Lebens mit seinen Vettern in bewaffneten Auseinandersetzungen stand, um sich schließlich seinen Sohn Ludwig »den Buckligen« zum Feinde zu machen, der den Vater gefangen nahm und um ein paar tausend Gulden an dessen grimmigste Feinde verkaufte; wir begegnen dem erbarmungslosen Johann, dem streitsüchtigen Christoph, dem faulen Sigismund und vielen anderen mehr ...

Der Anfang

oder Wie man sich einen Namen macht

»Ich weiß nicht, warum der allmächtige Gott es zugelassen hat, dass fast die ganze Nachkommenschaft des Grafen von Scheyern missraten und kaum ein Mann oder eine Frau darunter ist, die nicht offene Gewalttätigkeit üben oder … von Diebstahl und Straßenraub leben …«
Bischof Otto von Freising

Hoch über dem Paartal bei Aichach nordöstlich der Stadt Augsburg thronte die Burg »Witelinspach«: »Wittelsbach« – »Bach bei einem Wald« – »witu« im Althochdeutschen.
Um das Jahr 1113 zogen die Grafen von Scheyern von ihrer gleichnamigen Stammburg, die bei Pfaffenhofen an der Ilm stand, in die neu erbaute Burg zu Wittelsbach. 1115 nahmen sie den Namen dieser Burg an, kein seltener Vorgang in der Geschichte. Woher die Grafen von Scheyern kamen, ist nicht eindeutig geklärt, Theorien gibt es hingegen viele, Abstammungslegenden, die dem aufstrebenden Geschlecht derer von Wittelsbach den Purpur erhabenster Abkunft sichern sollten. Viele Adelsgeschlechter, die aus politischen Gründen ihr Prestige zu erhöhen beabsichtigten, färbten die Vita ihres Geschlechtes in die buntesten Farben, sie hüllten sich in den goldenen Stoff, den die Sage so sehr liebt.
Die Genealogen des Pfalzgrafen Johann I. von Zweibrücken stiegen im 16. Jahrhunderten tief hinab in den Brunnen der Geschichte, bis sie auf Antenor stießen, den weisen Trojaner, der – wie wir von Homer wissen – seine Landsleute eindringlich gebeten hatte, die schöne Helena umgehend an ihren Gatten Menelaos zurückzugeben.

Antenor, der im Trojanischen Krieg sieben seiner elf Söhne verloren hatte, wurde also zum Ahnherren erkoren, sympathisch eigentlich, einen weisen Mann als Ahnvater zu präsentieren, bei den Habsburgern hingegen musste Aeneas herhalten, einer der großen Heroen, sodann Caesar und Augustus.
Vier Jahrhunderte zuvor hatte es Bischof Otto von Freising in seiner Chronik noch etwas billiger gegeben, er hatte das alte Geschlecht der Luitpoldinger als Ahnen ausgemacht. Zur Erklärung: Die Wittelsbacher regierten von 1180 bis 1918 in Bayern, vor ihnen waren die Agilofinger, die Karolinger, die Luitpoldinger, die Ottonen, die Luxemburger, die Salier, die Welfen, die Babenberger und ganz kurz auch die Staufer am Zuge. Otto von Freising, einer der bedeutendsten deutschen Geschichtsschreiber des Mittelalters, wusste wenig Gutes über die Wittelsbacher zu berichten. »Ich weiß nicht«, schrieb er beispielsweise, »warum der allmächtige Gott es zugelassen hat, dass fast die ganze Nachkommenschaft des Grafen von Scheyern missraten und kaum ein Mann oder eine Frau darunter ist, die nicht offene Gewalttätigkeit üben oder, jedes kirchlichen und weltlichen Ehrenamtes unwürdig, von Diebstahl und Straßenraub leben oder durch Betteln ihr trauriges Dasein fristen.« Otto, ein Verwandter des Kaisers und Angehöriger des hochadeligen Geschlechts der Babenberger, hatte ganz persönliche Gründe für diese Tirade. Die Babenberger waren 1156 Herzöge von Österreich geworden und hatten ihren Anspruch auf ganz Bayern verloren, was den stolzen Otto kränkte. Ferner hatte der in eben diesem Jahr 1156 verstorbene Pfalzgraf Otto V. von Wittelsbach als Vogt des Freisinger Bistums alles getan, um kraft seiner Vogteirechte seine Herrschaft auf Kosten der Freisinger Kirche auszubauen. »Das gelang ihm auch. Nur hatte er das Pech, dabei an den größten Geschichtsschreiber des deutschen Mittelalters zu geraten«, notierte Friedrich Prinz, »und das brachte ihm jene ›schlechte Presse‹ ein.«
So darf es auch nicht verwundern, dass der hochwürdige Herr Bischof gerade in dem schlecht beleumundeten Grafen Berthold aus dem Geschlecht der Luitpoldinger den unmittelbaren Vorfahren der Wittelsbacher ausgemacht zu haben glaubte, denn dieser Graf soll verräterisch die Ungarn ins Land geholt haben. Die Ahnenreihe der Wittelsbacher wird jedenfalls direkt auf den Markgrafen Luitpold zurückgeführt, der im Jahre 907 in der Schlacht bei Pressburg ge-

meinsam mit beinahe dem ganzen bayerischen Hochadel gefallen war.

Adalbert von Bayern, der Familienhistoriker, bezieht sich in seinem Buch »Die Wittelsbacher. Geschichte unserer Familie« auf eine 1931 in Österreich publizierte Genealogie, in welcher Otto von Dungern die Geschichte der Wittelsbacher um das Jahr 1000 mit einem Grafen Otto I. von Scheyern beginnen lässt. Dessen Sohn Otto II. gilt bereits als eine historisch fassbare Persönlichkeit, denn er ist der Urgroßvater des gleichnamigen Grafen, der von Kaiser Friedrich Barbarossa 1180 mit der bayerischen Herzogswürde belehnt wurde. Wenn der urkundlich greifbare Otto von Scheyern(-Wittelsbach) tatsächlich ein direkter Sohn des luitpoldingischen Pfalzgrafen Bertold gewesen ist, dessen Onkel Eberhard, ein Sohn Arnulfs »des Bösen«, von Kaiser Otto vermutlich enthauptet wurde, können »königstreue« Bayern, die es noch immer in gar nicht so geringer Anzahl geben soll, die Geschichte ihres Königshauses also nicht »nur« bis 1180, sondern sogar bis zum Jahre 895 »zurückverfolgen« – wie verführerisch ...

Den prestigeträchtigen Herzogshut hatten die Wittelsbacher, die seit 1120 das erbliche Pfalzgrafenamt innehatten, eigentlich einem Welfen zu verdanken, denn wenn Heinrich »der Löwe«, Herzog von Bayern und Sachsen, seinen Vetter und Kaiser Friedrich Barbarossa nicht ständig brüskiert hätte, wäre er in eben diesem Jahr 1180 auch nicht abgesetzt worden. 1179 war über den Welfen die Reichsacht verhängt worden, und da er bis 1180 keiner Vorladung zu dem über ihn eröffneten lehensrechtlichen Verfahren zu folgen gewillt war, wurde er seiner Reichslehen, der Herzogtümer Bayern und Sachsen, für verlustig erklärt. Schließlich verfiel er der Aberacht, die irreversibel war, »der Löwe« verlor alle persönliche Habe, er wurde recht- und ehrlos.

Als neuer bayerischer Herzog kam nun am ehesten der Pfalzgraf Otto von Wittelsbach (um 1118–1183) in Frage, der dem Staufer seit einem Vierteljahrhundert der treueste aller Gefolgsleute war. In einem Büchlein Otto von Freisings, »De gestis Friderici« – »Die Taten des Kaisers Friedrich« – wurde eine bekannte Heldentat des Wittelsbachers überliefert. Es war im Herbst 1155 gewesen, als das heimziehende Heer Friedrich Barbarossas in der Etschklause bei Rivoli von einem Heerhaufen der Veroneser eingekeilt worden war

und fast vernichtet worden wäre. In dieser prekären Situation erklomm Otto mit seinen Bayern die steilen Felswände und fiel den Angreifern in den Rücken, womit die Kaiserlichen gerettet waren. Otto, so hieß es, »drängte die Räuber in den Abgrund«.
Dies war freilich nicht die einzige kaisertreue Tat, der man Otto rühmte. 1157 bedrohte er auf dem Reichstag von Besancon den päpstlichen Legaten, Kardinal Roland von Siena, den späteren Papst Alexander III. (1159–1181), mit dem Schwert, als dieser das Kaisertum hochmütig als ein »päpstliches Beneficium« bezeichnet hatte. Der Kanzler des Kaisers hatte »beneficium«, ein Wort, das auch Wohltat oder Gunstbeweis heißen kann, ziemlich frei und wohl nicht ganz unabsichtlich mit »Lehen« übersetzt, was unter den Fürsten des Reiches einen spontanen Tumult auslöste. Rahewin schilderte den Eklat von Besancon wie folgt: »Als man all dies nun zusammenfasste und unter den Großen des Reiches Lärm und Tumult über eine so ungewöhnliche Botschaft mehr und mehr anschwoll, soll einer der Legaten, als fügte er zum Feuer noch das Schwert hinzu, gesagt haben: Von wem hat er (Barbarossa, Anm. C. D.) denn das Kaisertum, wenn er es nicht vom Herrn Papst hat? Wegen dieses Wortes stieg der Zorn so an, dass einer von ihnen, nämlich der Pfalzgraf Otto von Bayern, beinahe mit dem gezückten Schwert den Nacken des Legaten bedroht haben soll. Friedrich aber machte das Gewicht seiner Anwesenheit geltend und beschwichtigte so den Tumult.« Viel später, im 16. Jahrhundert, wurde diese Szene von Aventinus folgendermaßen zusammengefasst: »... und da der Bapst und Keyser uneinig waren, des Bapstes Boten vor dem Keyser stolz und trotzlich sagten, das Reich wär Lehen vom Bapst, thet Landgraf Otten solcher Stolz des Bapsts und Schmach des Keysers gar wehe, wollt' mit dem Schwerdt, so er bloß vor dem Keyser hielt, die bäpstliche Botschaft erstochen haben, meynet, die gantze Teutsche Nation war geschmeht und geschändt, dass der Keyser, der mannlichste Held, aller Krieger Vatter und Herr, eines ohnmächtigen Pfaffen Lehensmann seyn sollt ...« Otto war freilich klug genug, sich zur rechten Zeit mit Alexander III. zu versöhnen.
Trotz Ottos vielfach dokumentierter Treue achtete Friedrich Barbarossa anlässlich der am 16. September 1180 erfolgten Belehnung des Wittelsbachers mit Bayern darauf, dessen Machtgebiet vorsorglich zu begrenzen. So wurde die Steiermark von Bayern abgetrennt und

zu einem eigenen Herzogtum erhoben, auch die einflussreichen Grafen von Andechs wurden aus der Vasallität gelöst, ihnen wurde der Titel der Herzöge von Kroatien, Dalmatien und Meranien verliehen. Die Grafen von Andechs, »reich begütert in Bayern und Franken, mit Gott und der Welt verschwägert, quer durch ganz Europa, gaben (den Wittelsbachern) genug Anlass zur Eifersucht. Diese vom Glück begünstigten hielten den Ehrgeiz der Wittelsbacher wach, sich ihnen wenigstens anzugleichen« (Eberhard Straub). Die Familie hatte sich also zuerst einmal in Bayern zu behaupten, sie musste sich einen Vorrat an Legitimität erarbeiten und die üblichen genealogischen Fiktionen in den Köpfen der Menschen verankern.
Otto I. regierte Bayern nur drei Jahre, 1183 wurde er im Benediktiner-Kloster Scheyern, wo angeblich – wie an zahllosen anderen Orten – Partikeln des Kreuzes Christi aufbewahrt wurden, in Anwesenheit zweier Söhne des Kaisers bestattet. »Zu seiner Zeit genoss das Land den Frieden und ungestörten Wohlstand«, schrieb ein Zeitgenosse. Und in einer Überlieferung des wittelsbachischen Hausklosters Scheyern heißt es: »... der Pfalzgraf Otto, ein vom Glück begünstigter und sehr kluger Mann, verdiente sich auf rühmliche Art das Herzogtum Bayern, weil er damals als Krieger und Ratgeber groß war.« Wurde hier die Feder in Weihrauch getaucht, so bediente sich der Kirchenmann Otto von Freising der Jauche, als er über Otto das vernichtende Urteil fällte: »Aber der Pfalzgraf Otto, des treubrüchigen, unbotmäßigen Vaters sehr ähnlicher Sohn, übertrifft alle seine Vorfahren an Bösartigkeit und drangsalierte bis zum heutigen Tage unablässig die Kirchen Gottes. So ist seltsamerweise fast die gesamte Nachkommenschaft, ich weiß nicht nach welchem göttlichen Ratschluss, in verkehrtem Sinne hingegeben, so dass man in ihr keinen oder doch nur ganz wenige beiderlei Geschlechts, welchen Ranges oder Standes auch immer, findet, die sich nicht in offener Gewalttätigkeit austoben oder völlig verblendet, jedes kirchlichen oder weltlichen Ranges unwürdig, sich dem Diebstahl oder Straßenraub ergeben und ein elendes Bettlerdasein fristen.«
Wie so oft trifft also auch auf diesen Wittelsbacher Friedrich Schillers schon etwas abgegriffenes Wort vom Charakterbild, das »von der Parteien Gunst und Hass« verzerrt in der Geschichte schwankt, hier der skrupellose Schurke, da das verklärte Bild des Otto Magnus Wittelspacensis.

Mit seiner Frau Agnes von Loon, einer Prinzessin von Brabant, hatte Otto zahlreiche Kinder, doch es war nur ein einziger Sohn darunter, Ludwig, der als »der Kehlheimer« in die Geschichte einging. Ludwig war erst zehn Jahre alt, als sein Vater starb. Bis 1191 stand er unter Vormundschaft, ein Regentschaftsrat kümmerte sich um die Staatsgeschäfte. Es war das Verdienst der Agnes, einer politisch weit blickenden und dem Vernehmen nach für die Verhältnisse der Zeit gebildeten Frau, dass den Wittelsbachern das Herzogtum nach dem Tode Ottos nicht verloren ging. Sie nahm es auf sich, von Burg zu Burg zu reisen, um bei den einflussreichen bayerischen Familien für ihren Sohn zu werben. Die umsichtige Herzogin hatte Erfolg. Mit der Großjährigkeit ihres Sohnes war die Gefahr eines Machtwechsels in Bayern gebannt, seit jener Zeit regierte die Dynastie der Wittelsbacher so gut wie unangefochten.

Mord im Hause Wittelsbach

oder Wie man einen König um die Ecke bringt

Im Juni 1190 war der 68-jährige Kaiser Friedrich Barbarossa auf dem dritten Kreuzzug im eiskalten Fluss Saleph an der Südküste Kleinasiens beim Baden ertrunken. Er hatte das Kreuz genommen, um Jerusalem, das kurz zuvor von den Moslems zurückerobert worden war, für die Christenheit zurückzugewinnen. Dieses Unternehmen, das wie jeder Kreuzzug von Mord und Totschlag begleitet war, scheiterte. Um den »verschwundenen« und »entrückten« Friedrich Barbarossa, über den die Historiker höchst widersprüchliche Meinungen pflegen, rankten sich rasch die Legenden. Lange nach seinem Tode erzählte man sich, Barbarossa würde im Kyffhäusergebirge darauf warten, wieder nach Deutschland zurückzukehren und alles Unrecht aus der Welt zu fegen. Obwohl diese Sage ursprünglich seinem Enkel Friedrich II. galt, wird sie bis heute immer wieder erzählt.

Friedrichs Sohn, König Heinrich VI., hatte vier Jahre vor dem Tode des Kaisers die Tochter des Königs Roger von Sizilien geheiratet. Nach dem Tode des Schwiegervaters trat Heinrich, der sich gegen einen vom Papst unterstützten Rivalen durchzusetzen vermocht hatte, dessen Erbe an, im Jahre 1194 zog er in Palermo ein. Das reiche Königreich Sizilien umfasste damals ganz Süditalien; dass der Papst in Rom, der sich in seinem mittelitalienischen Machtgebiet von den Staufern in die Zange genommen fühlte, gegen diesen Machtzuwachs gewehrt hatte, ist also nur zu verständlich. Doch Heinrich verstarb bereits 1197 während der Vorbereitung eines Kreuzzuges, er war nur 31 Jahre alt geworden. Sein Sohn und Erbe Friedrich zählte erst drei Jahre.

1198 erkannte Kaiserin Konstanze die Lehenshoheit des neuen, jungen Papstes Innozenz III. über Sizilien an, und als sie noch im selben Jahr starb, übernahm der Papst die Vormundschaft über Fried-

rich. Auch die Könige u. a. von Ungarn, Polen, Dänemark, England, Portugal und Aragon übernahmen in der Folge ihre Länder vom Papst als Lehen. Unter Innozenz erlebte das Papsttum einen machtpolitischen Höhepunkt, er nützte das religiös-politische Denken seiner Zeit, um einem päpstlichen Weltherrschaftsgedanken zum Durchbruch zu verhelfen. Als *vicarius Christi*, als Vertreter des Priester-Königs Christi, meinte er sich für die gesamte christliche Welt zuständig. Er sah sich nicht nur über alle Bischöfe, sondern auch über alle weltlichen Herrscher gestellt. Als es nach Heinrichs plötzlichem Tod in Deutschland zu einer Doppelwahl und damit zu einem Thronstreit kam – auf der einen Seite der Staufer Philipp von Schwaben, ein Bruder Heinrichs, auf der anderen der Welfe Otto IV. von Braunschweig, strebte er die Entscheidungsgewalt an, indem er Otto unterstützte. Der Bürgerkrieg endete aber erst, als König Philipp am 21. Juni 1208 aus Privatrache erschlagen wurde.
Der Mörder kam aus dem Hause Wittelsbach. Pfalzgraf Otto VIII., ein Vetter Ludwigs des Kelheimers, fühlte sich in seiner Ehre gekränkt, weil der Staufer Philipp sein Versprechen gebrochen hatte, ihm seine Tochter zur Frau zu geben. Die Wittelsbacher waren der Königsfamilie damals noch nicht vornehm genug, um eine verwandtschaftliche Verbindung mit ihnen einzugehen, eine Schmach für Otto. In einer Slawenchronik wird ferner erzählt, der Staufer habe auch den Herzog von Schlesien vor Ottos Werbung um eine seiner Töchter gewarnt. Die Tat, der Mord, spielte sich in Bamberg ab, wo der König der Hochzeit seiner Nichte beiwohnte, der Erbin von Burgund. Es ging ferner das Gerücht, der Wittelsbacher habe auch um diese Nichte geworben, was Philipp ebenfalls zu vereiteln gewusst habe.
Otto, der Demütigungen leid, soll nach dem festlichen Brautmahl das Zimmer, in dem sich der König, der Bischof von Speyer und Heinrich von Waldburg aufhielten, festen Schrittes betreten und sich vor seinen König gestellt haben. Da es der bayerische Pfalzgraf zu beträchtlichen Fertigkeiten mit dem Schwerte gebracht und den König in der Vergangenheit mehrmals mit artistischer Handhabe seiner Waffe unterhalten hatte, empfanden es die Herren anfangs noch nicht als allzu bedrohlich, als der Wittelsbacher plötzlich das Schwert aus der Scheide zog. Diesmal sei es ernst, soll Otto hervorgestoßen haben, diesmal sei er nicht gekommen, um den König, ei-

nen »jungen suezen man«, wie Walther von der Vogelweide schrieb, zu unterhalten. Otto verletzte zunächst Heinrich von Waldburg, der seinem Herrn beigesprungen war, am Kinn, dann streckte er den König nieder. Der Staufer verblutete unter dem mächtigen Schwerthieb seines Vasallen.

In der allgemeinen Verwirrung vermochte Otto zu entkommen. Der Bischof von Bamberg und der Markgraf von Istrien, zwei Brüder aus dem Konkurrenz-Geschlecht derer von Andechs, wurden zu Unrecht verdächtigt, Komplizen des frevlerischen Königsmordes, des ersten in der deutschen Geschichte, gewesen zu sein. Auch sie konnten entkommen und verfielen ebenso wie der Mörder der Reichsacht. Erst später stellte sich die Unschuld der Andechser heraus. Otto von Wittelsbach, dem man die Pfalzgrafenwürde aberkannt hatte, wurde in einer Scheune in der Nähe von Kelheim aufgegriffen, wohin er sich womöglich unter den Schutz seines Vetters begeben wollte. Mit ihm wurde kurzer Prozess gemacht, man schlug ihm den Kopf ab und verscharrte die Leiche in ungeweihter Erde. Angeblich ließ Herzog Ludwig, als er die Zeit für gekommen hielt, die Leiche des Vetters ausgraben und in das Kloster Indersdorf überstellen.

Der Wittelsbacher-Herzog ging als der große Profiteur aus dem Königsmord hervor. Kaltblütig verstand er die Beschuldigungen gegen die beiden Grafen von Andechs, sie wären Mitwisser seines Vetters gewesen, für sich und sein Haus zu nützen und die Schande, die sein Verwandter über die Familie gebracht hatte, zu seinem eigenen Vorteil zu wenden. Ludwig beschlagnahmte die Andechser Besitzungen in Bayern und gab sie auch dann nicht mehr heraus, als sich die Haltlosigkeit aller Verdächtigungen gegen die Brüder herausgestellt hatte. Der Welfe Otto IV., auf dessen Seite sich Ludwig noch 1208 geschlagen hatte, belehnte den Wittelsbacher nicht nur mit dem Reichslehen des Mörders, sondern auch mit der Markgrafenschaft Istrien, wodurch sich sein Besitz, der nun von der Isar bis zum mittleren Lech und den Alpen reichte, beträchtlich vergrößerte. Zugleich bestätigte der König die Erblichkeit von Ludwigs Herzogtum für dessen Sohn und verzichtete für sein eigenes Haus auf die Ansprüche auf Bayern.

Der Wittelsbacher verstand es je nach politischer Opportunität in geradezu abenteuerlicher Geschwindigkeit zwischen Staufern und

Welfen hin und her zu mäandern. In jungen Jahren hatte er den Staufer-Kaiser Heinrich VI. auf seiner zweiten Heerfahrt durch Italien begleitet, er war 1194 in Palermo mit dabei und reiste zwei Jahre später mit ihm nach Würzburg und Mainz, wo der Staufer vergeblich versucht hatte, unter Ausschaltung der hohen Geistlichkeit ein erbliches Kaiserreich mit erblichen Fürsten zu schaffen. Die Nähe zu Heinrich garantierte dem Wittelsbacher jedenfalls erhebliche Vorteile und Zugewinn von Land und Einfluss.

1204 vermählte sich Ludwig mit Ludmilla, einer Tochter des späteren Königs von Böhmen. Mit dieser Verbindung stärkte er seine Position gegenüber den Herzögen aus dem Hause Babenberg. In der Bevölkerung kursierte das Gerücht, der Wittelsbacher habe die Přemyslidin verführen wollen, doch diese habe den Wunsch gehabt, vor Zeugen ein Eheversprechen zu erhalten. Sie habe deshalb zu einer List gegriffen und in ihrem Schlafgemach drei Ritter auf einen Vorhang malen lassen, hinter welchem sich drei Ritter aus Fleisch und Blut verborgen hielten, die nach der vollzogenen Liebesnacht, in der Ludwig das gewünschte Versprechen gegeben hatte, als Zeugen hervorgetreten seien.

Obwohl Ludwigs einziger Sohn Otto im Jahre 1212 noch als Knabe mit Agnes, einer Nichte des Welfen-Königs, verlobt wurde, wechselte der wendige Wittelsbacher noch im gleichen Jahr erneut die Seiten und schloss sich nun dem jungen Staufer Friedrich an, dem »Knaben von Apulien«, der vom Papst nach Deutschland geschickt wurde und sich nun auf dem Siegeszug befand. Otto IV. hatte ganz nach staufischem Vorbild Anspruch auf die Gebiete Süditaliens erhoben, ein Fehler, denn damit hatte er sich Innozenz zum Feind gemacht. Doch trotz des päpstlichen Bannspruches war Otto seinem Kontrahenten zunächst weit überlegen. Die historische Entscheidung, die sich über weitest gespannte Allianzen definierte und vor allem mit dem englisch-französischen Konflikt zusammenfiel, wurde schließlich außerhalb Deutschlands und ohne Friedrichs direkte Beteiligung getroffen. Am 27. Juli 1214 kam es bei Bouvines unweit von Lille zur Entscheidungsschlacht. Der schwer in Bedrängnis geratene französische König Philipp August errang gegen die verbündeten Kräfte der Welfen und Engländer einen gewaltigen Sieg. Der Franzose übersandte Friedrich den von seinen Truppen erbeuteten goldenen Adler der kaiserlichen Standarte Ottos, der auf dem Pferd eines Knappen nach Köln flüchtete. Innerhalb der nächsten zwei Jahre verlor der Welfe, der 1218, noch nicht 36-jährig, sterben sollte, ständig an Terrain, Stadt um Stadt, Land um Land ging verloren. Am 23. Juli 1215 wurde Friedrich II. in Aachen zum König gekrönt, 1220 fiel ihm in Rom die Kaiserwürde zu.

Herzog Ludwig war gemeinsam mit dem Staufer gegen die niederrheinisch-welfische Fürstenopposition in den Kampf gezogen und in Gefangenschaft geraten. »Mit ihm geriet ganz Bayern in Gefangenschaft«, notierte Abt Konrad von Scheyern, ein zeitgenössischer Geschichtsschreiber, »Arm und Reich, Edle und Nicht-Edle leisteten eine Abgabe und lösten ihn aus.« Vom dankbaren Friedrich wurden der Kelheimer und sein Sohn im Oktober 1214 mit der Pfalzgrafschaft bei Rhein belehnt. Solange die Wittelsbacher in Bayern herrschten, bis zum Jahre 1918, blieb die Pfalz bei ihrem Hause, bis dahin führten alle Familienmitglieder den Titel des Pfalzgrafen, selbst die Wittelsbacher Schwedenkönige. Mit der Pfalz kam als Amtswappen auch der goldene Löwe auf schwarzem Grund nach Bayern, der gemeinsam mit den erheirateten weiß-blauen Rauten bis heute Teil des bayerischen Staatswappen ist.

1222 heiratete Ludwigs fünfzehnjähriger Sohn Otto »der Erlauchte« Agnes, womit die dynastisch eminent wichtige Verbindung der beiden Landesteile auch symbolisch manifest wurde.

Ludwig erhielt den Beinamen »der Kelheimer«, weil er in Kelheim geboren wurde und in Kelheim starb. Am 14. September 1231 überreichte ihm ein Unbekannter auf der Donaubrücke von Kelheim eine Bittschrift. Als der Herzog das Schriftstück entgegennehmen wollte, zog der Mann einen Dolch und ermordete Ludwig. Da er von den aufgebrachten Begleitern des Wittelsbachers unmittelbar nach der Tat gelyncht wurde, konnte er nicht mehr befragt werden, ob er von irgendjemandem zu dieser Tat gedungen worden war oder aus einem anderen Antrieb gehandelt habe. Ludwigs Sohn Otto war jedenfalls der festen Überzeugung, dass der Mord im allerhöchsten Auftrag der Staufer verübt worden war.

Ludwig II. »der Strenge«

oder Wie man sich seiner Ehefrau entledigt

Der englische König Heinrich VIII. (1491–1547) aus dem Hause Tudor ist als jener Herrscher in die Geschichte eingegangen, der zwei seiner insgesamt sechs Ehefrauen hinrichten ließ, die Namen Anna Boleyn und Katharina Howard haben es zu trauriger Berühmtheit gebracht. Anna Boleyn war die Mutter der späteren Königin Elisabeth, die einem ganzen Zeitalter ihren Namen geben sollte. Der Boleyn war vorgeworfen worden, sie hätte mit insgesamt fünf Männern Ehebruch begangen, darunter auch mit ihrem eigenen Bruder. Deshalb als Hochverräterin verurteilt, sollte sie nach dem Willen Heinrichs, der sich längst im Bett von Annas Hofdame Jane Seymour vergnügte, entweder enthauptet oder bei lebendigem Leibe verbrannt werden. Der Tower-Hauptmann erzählte, die Königin sei von einer Ohnmacht in die andere gefallen und habe abwechselnd geheult und hysterisch gelacht. Im Mai 1536 wurde sie auf dem Tower Green hingerichtet, Kopf und Rumpf legte man in eine Kiste, die in eine nahe gelegene Kapelle gebracht wurde.

Auch in der bayerischen Geschichte begegnet uns ein ähnlicher Fall, wenngleich Herzog Ludwig II. (1229–1294) anders als der Tudor, dieser »massive Titan von einem Souverän« (Lacey Baldwin Smith), seine Gattin nicht auf Grund dynastischen Kalküls oder weil er ihrer überdrüssig gewesen wäre auf das Schafott geschickt hatte, ihn bewog ein anderes mächtiges Motiv, seine Eifersucht, die »Gelbsucht der Seele«, wie John Dryden schrieb.

Ludwig, der zu seiner Zeit einer der wohlhabendsten Fürsten Deutschlands und ein geschickter, mit politischer Umsicht agierender bzw. regierender Territorialherr war, hatte »einen rauen und wilden Charakter, ist jähzornig und neigt zu Unüberlegtheiten und Ungerechtigkeiten« (Nikolaus Orlop). Nur auf den nackten Verdacht hin, sie hätte ihn betrogen, ließ der Wittelsbacher, dem ein

späteres Jahrhundert vermutlich deshalb den wenig schmeichelnden Beinamen »der Strenge« verlieh, seine Gattin Maria hinrichten. Schon Zeitgenossen sprachen von einem »rechten Mord«.
Von 1253 bis 1255 regierte Ludwig gemeinsam mit seinem Bruder Heinrich XIII. Gesamtbayern, nach der Teilung des Landes am 18. März 1255 herrschte er nur noch über Oberbayern und die Rheinpfalz. Seine Residenz hatte der Herzog, dessen erstes Ziel während seiner gesamten Regierungszeit die Erweiterung seines Territoriums war, in München. Maria, die Tochter des Herzogs von Brabant, war seine erste Gattin. Die Ehe war noch von Kaiser Friedrich II. eingefädelt worden. 1260 heiratete er die mit Ottokar von Böhmen verwandte Anna von Schlesien-Glogau, die im Jahre 1271 starb. Der Sohn aus dieser Verbindung kam später bei einem Turnier ums Leben. In dritter Ehe nahm er die Habsburgerin Mathilde zur Frau, eine Tochter König Rudolfs. Mit ihr hatte er zwei Söhne, Rudolf, geboren 1277, und den 1283 geborenen Ludwig IV., welcher später – als Kaiser – »der Bayer« genannt wurde.
Doch damit haben wir bereits viel zu weit vorgegriffen, wir befinden uns noch an der Wiege der über vier Jahrzehnte währenden Regentschaft Ludwigs »des Strengen«, deren Beginn in etwa mit jenem des so genannten Interregnums zusammenfiel; für Friedrich Schiller »die kaiserlose, die schreckliche Zeit«, wie er in seiner Ballade »Der Graf von Habsburg« schrieb. Genau genommen war das Gegenteil der Fall, es gab gleich mehrere Könige, nicht keinen. 1250 war überraschend Kaiser Friedrich II. gestorben, sein Sohn Heinrich, der sich gegen den Vater erhoben hatte und von diesem daraufhin eingekerkert wurde, war 1242 in der Gefangenschaft verstorben. König Konrad IV., ein weiterer Sohn Friedrichs, starb bereits 1254. Seine Gegenkönige Heinrich von Raspe, Landgraf von Thüringen, und Wilhelm von Holland hatten sich gegen den Staufer nicht durchsetzen können. Wilhelm starb 1256.
In jenem Jahr ereignete sich auch der aus brennender Eifersucht begangene Mord an der Herzogin Maria, die sich auf der Burg Mangoldstein über Werd, dem heutigen Donauwörth, aufhielt und auf ihren Gatten wartete. Ludwig war – wie gesagt – überzeugt, betrogen worden zu sein. Der Wittelsbacher ritt Tag und Nacht, bis er in Donauwörth seine Gattin antraf. Zunächst ließ der Rasende einmal ein unschuldiges Hoffräulein vom Turm in den Burggraben werfen.

Der so genannte »Schwabenspiegel« aus dem 13. Jahrhundert sah als Strafe für eine Ehebrecherin die Enthauptung vor. Am 18. Januar 1256 verrichtete der Scharfrichter sein blutiges Werk an der Herzogin. Was wirklich passiert war, ob sich die hübsche Maria von Brabant, so hieß die Herzogin, während der langen Abwesenheit ihres Mannes tatsächlich mit einem Liebhaber oder gar mit mehreren vergnügt hatte, liegt völlig im Dunkeln, sagen die einen, es ist gewiss, dass die Herzogin unschuldig war, sagen die anderen: »Nichts Gewisses weiß man nicht!« Dieser grammatikalisch verwegene Ausspruch ist weit verbreitet, damals mag er in Bayern heimisch geworden sein.

Wie auch immer. Eine der Versionen, die im Laufe der Zeit über diese Ereignisse in Umlauf gebracht wurden, erzählt, dass dem Wittelsbacher ein Schreiben seiner Gattin in die Hände geraten war, dessen Adressat ein Ritter aus dem Grafengeschlecht der Kyrburg gewesen sei. In dem Brief steht, sie wolle ihm erst dann das gewähren, worum er schon so lange Zeit bitten würde, wenn es ihm gelänge, den Gatten, der gerade am Rhein weilte, zur schnellen Heimkehr zu bewegen. Während sich die Fantasie des rasenden Herzogs in den Gedanken an eine versprochene Liebesnacht genistet hatte, dürfte die historische Wahrheit viel banaler gewesen sein, vermutlich hatte Maria dem Ritter nur das höfische »Du« in Aussicht gestellt.

Es gab auch einen zweiten Brief, den die Herzogin direkt an den Gatten gerichtet hatte, in welchem sie ihn bat, doch bitte rasch nach Hause zurückzukehren. Der Bote, dem Maria die beiden Briefe anvertraut hatte, war natürlich Analphabet, wie vermutlich auch der Herzog selbst, er soll die Briefe verwechselt haben, wodurch dem Herzog der falsche Brief, jener an den Grafen Kyrburg, in die Hände fiel. Dieser Brief soll »etwas freundlicher und vielleicht auch ein wenig herzlicher« gehalten gewesen sein, »als das einer verheirateten Herzogin von Bayern anstand« (Adalbert von Bayern). In seinem Jähzorn hatte der Wittelsbacher den Boten einfach niedergestochen, dann kam das Hoffräulein an die Reihe, zuletzt die Gattin.

Ludwig »der Strenge« bereute seine Entscheidung, seine Gattin Maria dem Henker überantwortet zu haben, rasch und tief. Sein leinernes Büßerhemd streifte er angeblich nicht wieder ab. In seiner Reue wandte er sich an den Papst in Rom um Buße zu tun. Zur Sühne

stiftet er später in Fürstenfeld(-bruck) ein Zisterzienserkloster, welches zum Hauskloster der Wittelsbacher avanciert.
In Deutschland herrschten damals verworrene Zustände, zahllose Fehden verwüsteten das Land, die Fürstentümer wurden immer selbstständiger. Da man sich nicht auf einen Kandidaten einigen konnte, wurden zwei Könige gewählt, Richard von Cornwall, ein Bruder des englischen Königs, und Alfons X. von Kastilien, der zwar eine staufische Mutter hatte, aber dennoch ebenso wie Richard ein Ausländer war. Beide Könige blieben politisch bedeutungslos. Die eigentlichen Sieger dieser Doppelwahl war das Kollegium der sieben Kurfürsten, die Erzbischöfe von Köln, Mainz und Trier, der Pfalzgraf bei Rhein, der Herzog von Sachsen, der Markgraf von Brandenburg sowie der König von Böhmen.
Ludwig war in dieses Ringen um die Macht eng verwickelt, da er zum Vormund über Konrads 1252 geborenen Sohn Konradin bestellt worden war, der am Hofe des bayerischen Herzogs erzogen wurde. Der Wittelsbacher war der Onkel des jungen, des letzten Staufers. Ludwigs Schwester Elisabeth hatte 1246 auf dem Wittelsbacher-Schloss Vohburg Konrad IV. geheiratet. Der Onkel konnte seinen erst 15-jährigen Neffen nicht zurückhalten, als dieser nach Sizilien aufbrach, um sein Land von Karl von Anjou, dem Bruder des Königs von Frankreich, zurückzuerobern, der vom Papst eingesetzt worden war. 1268 wurde Konradin in der Schlacht von Tagliacozzo besiegt und am 29. Oktober desselben Jahres in Neapel enthauptet. Die Geschichte der Staufer endete am Schafott. »Mutter! Welches Leid bereite ich dir«, sollen seine letzten Worte gewesen sein. Mit in Konradins Gefolge war zunächst auch der zukünftige König Graf Rudolf von Habsburg, der gleich vielen anderen den jungen König in Verona verließ, weil dieser seine Truppen nicht mehr bezahlen konnte. Hätte sich der Habsburger anders entschieden, wäre vielleicht auch sein Kopf vom Beil des Henkers von den erlauchten Schultern getrennt worden und in den Staub gerollt – und die europäische Geschichte hätte einen gänzlich anderen Verlauf genommen.
Herzog Ludwig fiel ein Teil der reichen »Konradinischen Erbschaft« zu, konkret die staufischen Besitzungen in Schwaben sowie zwei Orte in der Oberpfalz, einen anderen Teil erhielt sein Bruder Heinrich. Zwar waren die Brüder über die Jahrzehnte gemeinsam

vorgegangen, wenn die Interessen Gesamtbayerns auf dem Spiele standen, etwa als König Ottokar von Böhmen 1257 in Niederbayern einfiel, ansonsten aber war ihr Verhältnis schwer getrübt und von Konkurrenz geprägt, die ihren Ausdruck vor allem darin fand, dass Ludwig »der Strenge« das Königswahlrecht für sich alleine beanspruchte, erst 1273 setzte er sich dafür ein, dass auch Heinrich eine Kurstimme erhalten sollte. Nach dem Tode König Richards von Cornwall im Jahre 1272 war dem Mainzer Kurfürsten daran gelegen, den Bayern-Herzog und Pfalzgrafen Ludwig in ein Königswahlbündnis der geistlichen Kurfürsten zu integrieren. Dafür musste er zuvor beim Papst die Aufhebung der kirchlichen Strafe über den Wittelsbacher erreichen, die über ihn verhängt worden war, weil er für seinen Neffen Konradin eingetreten war. Tatsächlich hob Papst Gregor X., der auf einen neuen Kreuzzug hinarbeitete und deshalb ein starkes Königtum in Deutschland als Rückhalt für diese Pläne benötigte, die Exkommunikation über Ludwig auf.
Der Wittelsbacher war selbst ein Kandidat für die Königswahl, doch er verzichtete zu Gunsten seines Schwiegervaters Rudolf von Habsburg. Als er 1278 den Habsburger zu überreden versuchte, die bayerischen Herzöge mit Österreich und der Steiermark zu belehnen, scheiterte er, dennoch unterstützte er nach Rudolfs Tod im Jahre 1291 die Königs-Kandidatur von dessen Sohn Albrecht. Nachdem die Mehrheit der Kurfürsten, die sich mit dem Gedanken eines erblichen Königtums nicht anzufreunden vermochten, den unbedeutenden rheinischen Grafen Adolf von Nassau zum König gewählt hatten, wechselte Ludwig die Seiten. Sein Sohn Rudolf heiratete 1294 Adolfs Tochter.
Im Februar dieses Jahres starb Ludwig »der Strenge« in Heidelberg. »Wahrlich«, schrieb einige Zeit nach seinem Tode ein Chronist, »ganz Bayern musste den Tod dieses Fürsten beklagen, der alle anderen an sittlicher Zucht übertraf und unter dem das Land Wohlstand und Fülle des Friedens genoss, während seit seinem Dahinscheiden Gefahr und Drangsale und jede Art von Ungemach kein Ende nahm.«
Ludwigs habsburgische Witwe übersiedelte mit ihrem zweiten Sohn Ludwig, dem oben erwähnten ersten Kaiser aus dem Hause Wittelsbach, zu ihrer Familie nach Wien. Es soll sich vor der Abreise der Herzogin und ihres Sohnes aus München zugetragen haben, dass

ein Affe, der in der alten Residenz der Wittelsbacher als exotisches Haustier gehalten wurde, den kleinen Ludwig aus seiner Wiege »entführte«. Bayerische Schulbücher, traditionell eine überaus verlässliche Quelle patriotischer Erbauung, wussten zu berichten, der flinke Affe habe seine durchlauchtigste Beute in den Arm genommen, er habe sich mir ihr durch das offene Fenster geschwungen und wäre in der Folge auf das Dach geflohen, wo ihn nur das gute Zureden einer treuen Amme dazu bewegen konnte, diesen Platz wieder zu verlassen und den Rückweg in die allerhöchste Kinderkammer anzutreten. Dem Einsatz der unbekannten Amme und der Nachsicht eines dressierten Affen ist es folglich zu verdanken, dass dem Herzogtum und dem Reich ein Knabe erhalten blieb, der sich einstmals zu einer mächtigen Rolle in der deutschen Geschichte aufschwingen sollte.

In Wien wuchs Ludwig gemeinsam mit seinem Vetter Friedrich auf, dem die Nachwelt den Beinamen »der Schöne« verlieh. Niemand ahnte damals, dass im Jahre 1314 eine Doppelwahl Ludwig und Friedrich zu erbitterten Konkurrenten machte und Deutschland erneut einer Zerreißprobe aussetzte. Doch dies ist eine andere Geschichte.

Agnes Bernauer wird ermordet

oder Wie man sich seiner Schwiegertochter entledigt

Durch die Landesteilung von 1392 entstanden drei Herzogtümer, die nach ihren jeweiligen Hauptstädten benannt wurden: Bayern-Ingolstadt, Bayern-Landshut und Bayern-München. In Bayern-München regierten seit 1397 die Brüder Ernst und Wilhelm als Nachfolger von Herzog Johann II. Die beiden Brüder, die bis zum Tode Wilhelms im Jahre 1435 in ungewöhnlicher Eintracht herrschten, lebten in permanenter Sorge um die territoriale Einheit ihres Landes, da sich die Konkurrenten in Ingolstadt und Landshut Teile des Herzogtums zu bemächtigen beabsichtigten.
Ernsts schärfster Konkurrent war der Ingolstädter Herzog Ludwig »im Bart«, der als Bruder der französischen Königin auf große finanzielle Ressourcen zurückgreifen konnte. Die »Bruderzwisten« der bayerischen Teilherzöge änderten nichts daran, dass das europäische Prestige des Hauses Wittelsbach, der Wert der Wittelsbacher-»Aktie« seit der Herrschaft Ludwigs »des Bayern« stetig gewachsen war. Einige »internationale« Eheschließungen zeugen davon. Jean von Burgund, der Sohn des Herzogs, heiratete eine Tochter Albrechts von Niederbayern, dessen Schwester Marguerite den bayerischen Herzogssohn Wilhelm von Holland. Im Jahre 1385 – und dies war die spektakulärste Verbindung – hatte die bayerische Prinzessin Elisabeth König Karl VI. von Frankreich geheiratet. Elisabeth – oder »Isabeau« – war eine Tochter des Herzogs Stephan III. von Oberbayern-Ingolstadt.
»Isabeau de Bavière« nannten die Franzosen und Französinnen ihre Königin, deren Gatte nach einigen Ehejahren in geistige Verwirrung verfiel, womit die schwere Last der Regentschaft, die in die blutige Epoche des Hundertjährigen Krieges zwischen Frankreich und England bzw. die Häuser Valois und Plantagenet fiel, bei Elisabeth lag.

Ernst von Bayern (1373–1438)

Um diese Zeit lebte Ernsts Sohn Albrecht, der auf Grund der gefährlichen politischen Situation in München als Knabe Ernsts kinderloser Schwester Sophie, die den böhmischen (und römischen) König Wenzel geheiratet hatte, zur Erziehung übergeben worden war, mit der schönen Agnes Bernauer, »eines barbieres Tochter«, die in der väterlichen Badestube arbeitete, in Blutenburg zusammen. Albrecht hatte sie bereits 1428 kennen gelernt, als er wegen eines Turniers in Augsburg weilte. Er holte Agnes auf seine Schlösser nach Vohburg. Ursprünglich hätte Albrecht Elisabeth von Württemberg heiraten sollen, doch die Ehepläne hatten sich in eben diesem Jahr 1428 zerschlagen, weil Elisabeth mit einem Graf Werdenberg, ihrem heimlichen Verlobten, durchgebrannt war.

Die Bernauer wurde als überaus liebreizend beschrieben – »venustissima«. Es wird angenommen, dass die Initiative zu dieser Verbindung von ihr ausgegangen war, dass sie ihre Reize gezielt eingesetzt hatte, um den leichtlebigen Albrecht, den »Liebhaber der zarten Frawen«, zu gewinnen. Vater Ernst war erzürnt darüber, dass sein liebestrunkener Nachfolger »verstrickt in den ausgelegten Netzen ihrer Liebe nicht mehr an eine standesgemäße Ehe denke«. Albrecht wünschte und verlangte, dass man Agnes, die er 1432 heimlich heiratete, fürstliche Ehre entgegenbringe, er gab ihr einen eigenen Hofstaat und bezeichnete sie als rechtmäßige Herzogin. Schloss Straubing überließ er ihr als Witwensitz.
Die unstandesgemäße Ehe wurde Albrecht von seinen Standesgenossen schwer übel genommen, während eines Turniers 1434 wurde er sogar der Turnierbahn verwiesen, es wurde ihm erklärt, »er wäre seiner ritterlichen Rechte verlustig, solange er zum öffentlichen Ärgernis den Umgang mit einer Dirne pflege«. Strikte Gegner dieser Verbindung waren auch Margarethe von Kleve, die Witwe Wilhelms III., sowie die Königin von Böhmen. Lediglich in Herzog Wilhelm III. von Oberbayern fanden Albrecht und Agnes einen Fürsprecher.
Die heimliche, jedoch legitime Heirat zwischen dem Erbprinzen und dem Mädchen zog eine Tragödie nach sich, über welche noch Jahrzehnte später gesprochen wurde. So schrieb Veit Arnpeck in seiner »Bayerischen Chronik« von 1495: »Herzog Ernst ließ ertrenken zu Straubing Agnes Pernauerin, eines Barbiers Tochter, ein wunderschöne Frauen, umb das sie sein Suhn Albrecht zu der Eh' genommen hatt, und das nicht widersprechen wollt, anno 1436 an Sant Maximilianstag. Solichs tät dem Suhn vast (sehr) weh auf den Vater und ward des vast leidig. Es hett auch, so bald es geschah, den Vater hart gereuen. Sie ward herrlich begraben mit einem schönen Stein ob ihrem Grab, als doch ein Fürstin. Man sagt, dass sie so hübsch gewesen sei wann sie roten Wein getrunken hett, so hett man ihr den Wein in der Kehl hinab sehen gehn.«
Die Häscher waren geschickt vorgegangen. Im Oktober 1435 wurde Albrecht von seinem Vetter Heinrich, der sich zuvor mit Herzog Ernst abgesprochen hatte, zur Hirschjagd nach Landshut eingeladen. Währenddessen hielt Ernst auf Schloss Straubing über Agnes Bernauer Gericht. Falls sie nicht bereit wäre, die Ehe zu lösen und ins Kloster zu gehen, so wurde der jungen Frau beschieden, müsse

sie sterben. Agnes blieb standhaft und verweigerte den Gehorsam. Am 12. Oktober 1435 wurde sie Opfer eines so genannten »Halsgerichtes«. Man hatte der Bernauer vorgeworfen, sie habe »durch ihre bösen Künste (und Zaubertränke) den Sinn des jungen Herzogs betört«. Das Urteil lautete: Ertränken durch Sturz von einer Brücke. Dazu gibt es nun zwei Versionen. So berichtete ein Chronist: »Der Strom trägt sie, sie kommt ans Ufer zurück und fleht um Erbarmen. Ein Henker wickelt ihre Locken um eine Stange und taucht sie unter, bis ihr Leben erloschen ist.« Die zweite Variante wird indes von den Historikern als die wahrscheinlichere gehandelt. Diesem Bericht zufolge wurde die Bernauer auf Anordnung des Herzogs lebendig in einen Sack eingenäht und von der Straubinger Donaubrücke in den Fluss geworfen. Willfährige Unterstützung hatte er beim Münchner Bürgermeister gefunden. Am 12. September 1435 war Herzog Wilhelm – »ohne sehr lebensfähige Erben« (Rall) – gestorben, dies war wohl der unmittelbare Anlass dafür gewesen, dass Ernst die Initiative ergriffen hatte und sich zu diesem Unrecht hinreißen ließ.

Als Albrecht von der Untat erfuhr, war er rasend vor Zorn. Er schwor bittere Rache an seinem Vater und sammelte seine Gefolgsleute um sich. So verbündete er sich mit Ludwig »dem Gebarteten« von Oberbayern-Ingolstadt und verwüstete Teile von Niederbayern-Landshut. Beinahe wäre es zu einem Bürgerkrieg gekommen, doch über die Vermittlung von Unterhändlern fanden Vater und Sohn schließlich doch wieder zueinander. Über dem Sarg der Grabkapelle, in welcher Agnes Bernauer bestattet wurde, reichten sie sich die Hand zur Versöhnung. Der reuige Ernst hatte diese Kapelle auf dem Straubinger Petersfriedhof gestiftet, für die nun plötzlich »ehrsame und ehrbare Frau Agnes, die Bernauerin«.

Am 21. Januar 1437, dem Tag der heiligen Agnes, ehelichte Albrecht eine Tochter des Herzogs von Braunschweig. Aus dieser Ehe gingen die Söhne Johann IV., Sigismund, Albrecht IV. »der Weise«, Christoph und Wolfgang hervor, der eine oder andere der Herren wird uns später begegnen.

Herzog Ernst starb 1438 in München, sein Sohn Albrecht, der auf Grund seines Einsatzes für die Beschlüsse des »Konzils von Basel« (1431–1439), das die wachsende Macht des Papstes über den Konziliarismus festschrieb, den Beinamen »der Fromme« erhielt, verfiel dem obsessiven Umgang mit diversen Beichtvätern, die selbst während des Essens geistliche Bücher zu rezitieren hatten, er forcierte die Klosterreform in Bayern, stiftete das Benediktinerkloster Andechs und kündigte 1142 den Judenschutz, welcher der jüdischen Bevölkerung, die dafür ohnehin eine jährliche Abgabe zu entrichten hatte, Schutz vor der Willkür der Bevölkerung gewährleisten sollte. Albrecht starb im Februar 1460 und wurde in der Klostergruft von Andechs bestattet.

Ludwig VII. »der Gebartete«, Ludwig VIII. »der Bucklige« und andere hohe Herren

oder Seine Verwandten kann man sich eben nicht aussuchen

Wenn der in der Historiografie gelegentlich etwas zu leichtfertig verliehene Beiname »schillernd« auf einen Wittelsbacher-Fürsten zutraf, dann gewiss auf Ludwig VII. »den Gebarteten«, auch »im Bart« oder »der Bärtige« genannt, der von 1413 bis 1447 Herzog von Oberbayern-Ingolstadt war. Dieser Ludwig war ein Sohn des Herzogs Stephan III. und dessen Gemahlin Thaddea Visconti, die ein Stück romanische Welt mit nach Bayern brachte. Stephan III. trug den Beinamen »der Kneißel«, weil er, so ein Zeitgenosse des Herzogs, »alzeit in seinem Wesen köstlich (prunkliebend, Anm. C. D.) und wol gebuzt in seinen Kleidern« war; ein »froelich Mann«, ein Kämpfer, Abenteurer, Weiberheld und Schuldenmacher, dessen Verehelichung mit der Tochter eines schwerreichen Mailänder Stadtherrn sicher nicht nur eine Liebesheirat war. 1385 hatte Stephan, selbst ein Enkel von Kaiser Ludwig, seine Tochter Elisabeth mit dem 17-jährigen König Karl VI. von Frankreich vermählt. Sohn Ludwig verbrachte die Jahre von 1391 bis 1393 am Hof zu Paris, diese Jahre prägten ihn stark, sein späterer langer Aufenthalt in Frankreich, der nur dreimal unterbrochen wurde, brachten dem Wittelsbacher die französische Hofkultur, die Lebensart und Sprache so nahe, dass man annehmen könnte, er wäre ein geborener Vasall der französischen Krone. Er begann sich auch nach französischer Mode den Bart zu schneiden. Ludwig wurde als Vertrauter seiner Schwester Mitglied des königlichen Rates und so weit in die französische Innenpolitik hineingezogen, dass ihm 1413 eben diese Verstrickung beinahe das Leben gekostet hätte.

Aber eben nur beinahe. Ludwig »der Gebartete«, geboren 1368, gestorben 1447 als Gefangener eines Verwandten, erreichte das für seine Zeit überaus hohe Lebensalter von 79 Jahren. Ludwig war reich, eitel, gut aussehend und kaum von Selbstzweifel angekränkelt, er hielt sich für den würdigsten Fürsten Bayerns, sein Spott und Zynismus waren gefürchtet. Des Bärtigen Leben verlief abenteuerlich und dramatisch, er war das typische Beispiel eines fürstlichen Kampfhahns, der von einem Konflikt in den nächsten schlitterte, zuvorderst mit seiner bayerischen Verwandtschaft, wobei hier die Dinge besonders kompliziert lagen. Herzog Stephan, Ludwigs Vater, hatte zwei Brüder, Friedrich und Johann. Letzterem behagte die »internationale«, auch in Oberitalien und Frankreich präsente und deshalb kostspielige Politik der beiden anderen Brüder nicht, weshalb er durchsetzte, dass am 13. November 1392 das Herzogtum unter den drei Brüdern aufgeteilt wurde. Es entstand Bayern-Ingolstadt, Bayern-Landshut und Bayern-München, wobei Stephan mit Bayern-Ingolstadt nicht zusammenhängende Landesteile erhielt, mit den Gebieten um Kufstein, Rattenberg und Kitzbühel kamen jedoch reiche Bergwerke in seinen Besitz, auch einige seiner Burgen waren von großer strategischer Bedeutung. Der Vertrag von 1392 bestimmte, dass die Brüder in einmütiger Treue zusammenzustehen und einander nach Kräften Hilfe zu leisten hätten, keiner der Brüder oder deren Erben sollte ohne Zustimmung der anderen einen »bedeutenden Krieg« vom Zaune brechen. Nach dem möglichen Erlöschen einer der Linien sollte deren Rechte und Besitz zwischen den verbliebenen Linien geteilt werden.

Trotz der Teilung regierte Stephan ab 1395 das Herzogtum Bayern-München gemeinsam mit seinem Bruder Johann, auch hatte er diesen beharrlich zu verdrängen versucht. Johann starb 1397, seine Söhne Ernst und Wilhelm wurden von Stephan und Ludwig nun erst recht bedroht. Ludwig »der Gebartete« hatte die schier endlose Kette bewaffneter Konflikte mit seinen Vettern, in welchen es natürlich um den Erwerb größerer Herrschaftsanteile in Bayern ging, bereits 1394 eröffnet, indem er gegen Freising gezogen war und Neustadt an der Donau geplündert hatte. 1398 waren die verfeindeten Vettern-Parteien im Münchner Bürgerkrieg zwischen den Handwerkszünften und den Patriziern. Ludwig stellte sich gegen Ernst und Willhelm und verbündete sich mit den Handwerkern.

Um der verfahrenen Situation Herr zu werden, wurde ein Schiedsgericht unter Kurfürst Ruprecht III. von der Pfalz abgehalten, doch dessen ungeachtet gingen die Kämpfe in München weiter. Stephan und Ludwig hatten ihren Plan, Bayern-Ingolstadt gegen Bayern-München einzutauschen, nicht umzusetzen vermocht. Im Dezember 1402 setzten sich Ernst und Wilhelm sogar so weit durch, dass die gemeinsame Regierung von 1395 aufgehoben und die Teilungsbestimmungen von 1392 tatsächlich zum Tragen kamen. Stephan und Ludwig hatten verloren, 1403 appellierte Ludwig an die Münchner Handwerker, sich zu fügen und die Rebellion zu beenden.
An einer anderen Front war den Ingolstädtern mehr Erfolg beschieden. Sie hatten wesentlich dazu beigetragen, dass, nachdem der mächtige, der Trunksucht verfallene Luxemburger König Wenzel für abgesetzt erklärt worden war, der Wittelsbacher Kurfürst Ruprecht im August 1400 zum Römischen König gewählt wurde. Im Januar des darauf folgenden Jahres wurde er in Köln als zweiter Wittelsbacher zum König gekrönt. Ruprechts Kaiserkrönung scheiterte schließlich an den umfangreichen Bedingungen des Papstes und vor allem an Geldmangel.
Doch zurück zu Ludwig, der 1406 seinen über Jahrzehnte währenden Konflikt mit seinem Vetter Heinrich »dem Reichen« von Niederbayern begann, in dessen Gefangenschaft er vierzig Jahre später sterben sollte. Der Streit drehte sich um Ansprüche, die Heinrichs Vater Friedrich den Herzögen von Oberbayern zugesagt hatte. Nach einem Schiedsspruch im Jahre 1408, der zu Gunsten Heinrichs ausging und den Ludwig auf Geheiß seines Vater akzeptieren musste, waren die Wogen aber keineswegs geglättet. Dem Ingolstädter gelang es nicht, seine Vettern Ernst und Wilhelm gegen Heinrich aufzuwiegeln, im Gegenteil, dieser Versuch begründete eine so tiefe Feindschaft, dass jede Möglichkeit für eine gütliche Einigung vergeben schien. 1415 sollte es Heinrich sogar gelingen, ein Bündnis auf die Beine zu stellen, dem alle Feinde Ludwigs, und das waren bei Gott nicht wenige, »auf Lebenszeit« angehörten.
Seit dem September 1413, in dem Jahr starb sein Vater, war Ludwig »der Gebartete« Herzog von Bayern-Ingolstadt. In diesem Jahr heiratete er auch ein zweites Mal, nachdem seine erste Frau, die Tochter eines Bourbonen, bereits 1408 verstorben war. Seine Gemahlin war die Tochter des Grafen Alencon. Ludwig, der nach seiner Ehe-

schließung – neben einigen Reichslehen, die er bereits vorher besessen hatte – vom französischen König die Grafschaft Mortain zugesprochen bekommen hatte, hielt in Ingolstadt prächtig Hof, er umgab sich mit reichlich Prunk und äußeren Symbolen der Macht. In Fragen der Verwaltung erwies er sich als geschickter Reformer, der in Bayern jene Regierungstechniken umsetzte, die er in Frankreich gesehen und erlernt hatte.

Auf dem Konzil zu Konstanz vertrat Ludwig den französischen König. Das Konzil, das in die Wege geleitet worden war, um die Kirchenspaltung zu beseitigen, wurde am 5. November 1414 von »Papst« Johannes XXIII., der von Ludwig nach Konstanz geleitet worden war, im Beisein von hunderten geistlichen und weltlichen Fürsten feierlich eröffnet, im März 1415 jedoch floh »der Stellvertreter Christi« in der Verkleidung eines Stallknechts aus der gut bewachten Stadt. Er konnte jedoch vom Bayern-Herzog eingeholt und zurückgebracht werden, später wurde er auf Basis von nicht weniger als 70 Anklagepunkten abgesetzt. In den offiziellen Papstlisten scheint Johannes XXIII. übrigens gar nicht auf. Bald darauf trat auch sein Gegenpapst Gregor XII., damals bereits an die 90 Jahre alt, zurück. Übrig blieb der dritte und letzte Papst, Benedikt XIII. 1417 wurde auch dieser Papst vom Konzil wegen Eidbruches, Schisma und Häresie für abgesetzt erklärt. Zum neuen Papst wurde schließlich Kardinal Oddone Colonna gewählt, der sich Martin V. nannte. Dass die Kirchenversammlung trotz dieser Turbulenzen zusammengehalten werden konnte, ist auf die Autorität des deutschen Königs Sigismund zurückzuführen, eines Sohnes Karls IV., der nach dem Tode des Wittelsbachers Ruprecht im Jahre 1410 gewählt worden war. Nicht unerwähnt darf in diesem kurzen Exkurs bleiben, dass im Rahmen dieses Konzils – im Juni 1415 – auch die Verurteilung des böhmischen Reformators Jan Hus als Ketzer erfolgte, der den schrecklichen Tod auf dem Scheiterhaufen starb.

Auf dem Konstanzer Konzil erreichte der Zwist zwischen Ludwig und seinem Vetter Heinrich einen neuen Höhepunkt. Der Hass Ludwigs war noch zusätzlich genährt worden, als er 1417 Zeuge wurde, wie Heinrich bei der Belehnung Friedrichs von Hohenzollern zum Markgrafen von Brandenburg seinen Kontrahenten, der noch dazu der Schwager des Hohenzollern war, das Zepter und den Reichsapfel tragen sah. Im Jahr darauf stand Ludwig, der von Hein-

rich als »Bluthund« beschimpft worden war, auf Konzilsboden seinen bayerischen Vettern und dem mit diesen verbündeten Brandenburger gegenüber. Ludwig fügte Heinrich die denkbar größte Schmach zu, als er eine unzweideutige Anspielung auf dessen womöglich illegitime Herkunft machte, ging doch das Gerücht, Heinrichs tatsächlicher Vater soll nicht Friedrich »der Weise«, sondern ein gemeiner Koch aus Burghausen gewesen sein. Heinrich rächte sich und überfiel den nur in Begleitung von zwei Pagen befindlichen Ingolstädter im Oktober 1417 mit fünfzehn Bewaffneten. Zwar konnte der bärenstarke »Gebartete« Heinrich das Schwert entreißen, doch die Übermacht war dann doch zu groß. Ludwig blutete aus vielen Wunden und war schwer verletzt. Seinen Verwandten bezeichnete er in Zukunft nur noch als »fahrigen Mörder, der sich nennt Herzog von Bayern«. Heinrich hatte es nach diesem Überfall ausschließlich der flehenden Fürsprache des Brandenburgers beim Kaiser zu verdanken, dass Sigismund nicht die Acht über ihn aussprach. Der Kaiser erklärte sich aber auch nicht bereit, Ludwig in dessen Ansprüchen zu unterstützen, worauf dieser mit einem Ritterheer in ganz Bayern wütete, wobei er auch von Anhängern des Jan Hus unterstützt wurde.
Einen gefährlichen Feind hatte sich der »Gebartete« mit dem Brandenburger gemacht, dem es gelingen sollte, gegen den Bayern eine mächtige Allianz aus nicht weniger als 36 Herzögen, Fürsten, Bischöfen, Grafen, Rittern und mehreren Städten zu schmieden. Ludwig stand lediglich ein bayerischer Ritterbund und die mit ihrem Herzog unzufriedenen Niederbayern zur Seite. 1422 wurde Ludwig bei Alling in einer blutigen Schlacht geschlagen, die Zerstörung von hunderten Dörfern war dieser Niederlage vorausgegangen, wie üblich war es das einfache Volk, das unter den Zwistigkeiten ihrer Herren bitter zu leiden hatte. Wenige Tage vor Alling hatte Sigismund gegen Ludwig den Reichskrieg erklärt, worauf dieser den Kaiser um Gnade bat. Sigismund nahm den Ingolstädter nun mit nach Ungarn, von wo aus dieser aber weiter verbissen für seine Ansprüche kämpfte. 1225 durfte er auf sein Schloss zurückkehren. Es sei hier nur noch beiläufig erwählt, dass das Konzil von Basel, das von 1431 bis 1449 tagte, um den Frieden herbeizuführen und die Kirche zu reformieren, 1435 über Ludwig einen Bannspruch ergehen ließ, der 1438 von einem Bannspruch des Papstes bekräftigt

wurde. Erst 1443 wurde dieser Bannspruch über Ludwig und dessen Sohn wieder aufgehoben.
Und eben dieser Sohn war es, Ludwig »der Bucklige« oder »der Höckrige«, mit welchem der Herzog 1438 in einen dramatischen, folgenschweren Konflikt geriet, an dessen Ausbruch, vergegenwärtigen wir uns die Ursachen der Auseinandersetzung, dem Vater die Schuld zuzuschreiben ist. Ludwigs gleichnamiger, 1403 geborener Sohn aus der Ehe mit der Bourbonin Anna wird vom stolzen, brutalen Vater auf Grund seines verwachsenen Körpers, seines Buckels, abgelehnt. Die Fama erzählt, dass Ludwig als kleines Kind auf der Reise von Paris nach Bayern so unglücklich in einer so genannten Kraxe getragen worden wäre, dass er für den Rest seines Lebens einen hässlichen Buckel hatte, der ihm seinen stigmatisierenden Beinamen eintragen sollte. Die Gunst des Herzogs gehörte seinem unehelichen Sohn und Kammermeister Wieland von Freyberg, den er fürstlich zu verheiraten gedachte und zum Miterben des Herzogtums ausersehen hatte.
Vor uns entfaltet sich also ein tragischer Vater-Sohn-Konflikt, der von der Verachtung des Vaters gegenüber seinem missgestalteten Sohn, dessen einziges Vergehen es war, nicht den hohen Anforderungen seines Erzeugers zu entsprechen, sowie dem aufflammenden Hass des zurückgestoßenen und zurückgesetzten, jedoch legitimen Erben geprägt war, der sich diese Demütigung nicht gefallen ließ und gegen den Vater aufbegehrte. Da es um das Erbe ging, drehte sich dieser Konflikt natürlich zuvorderst auch um Macht und Prestige. Irgendwie passt dieser Zwist in ein auf Beobachtung und genauer Analyse historischer Beispiele beruhendes Schema, das Elias Canetti in seinem grandiosen Buch »Masse und Macht« entworfen hat: »Am eigentümlichsten ist die Beziehung des Machthabers zu seinem Nachfolger ... Es ist natürlich, dass der Sohn ihn überlebt, wie jeder Sohn, und es ist natürlich, dass der Sohn die Passion fürs Überleben früh in sich steigert – er soll selbst ein Machthaber werden. Beide haben jeden Grund, einander zu hassen. Ihre Rivalität, die von ungleichen Voraussetzungen ausgeht, steigert sich ... zu besonderer Schärfe ... Der Tod des Älteren, der von allen Menschen am wenigsten sterben will – er wäre sonst ja kein Machthaber –, wird glühend herbeigesehnt. Andererseits wird der Regierungsantritt des Jüngeren mit allen Mitteln hinausgeschoben. Es ist ein

Konflikt, für den es keine wirkliche Lösung gibt ... Manchen gelingt es, die Väter zu stürzen, andere werden von ihnen besiegt und begnadigt oder umgebracht.«

»Der Bucklige« freilich war kein – um ein Beispiel zu nennen – Heinrich VII., der von seinem Vater Friedrich II. in den Kerker geworfen wurde, wo er 1242 starb, kein Don Carlos, er nahm den Kampf gegen den Vater auf und provozierte ihn zunächst einmal mit seiner Ehe, die er hinter dessen Rücken eingegangen war. Ludwig heiratete im Sommer 1441 ausgerechnet die Tochter des Brandenburger Markgrafen, des Todfeindes seines Vaters. Als der ältere Ludwig in Erfahrung brachte, dass sein Sohn beabsichtige, ihn gefangen nehmen zu lassen, verwies er diesen des Landes und vollzog damit den Bruch endgültig, womit er aber auch sein eigenes Schicksal besiegelte. In diesem Jahr war Ludwigs Lieblingssohn Wieland bereits tot, er war 1439 gestorben, dennoch ging der Vater-Sohn-Konflikt im Herzogtum Bayern-Ingolstadt noch einige Jahre weiter. Auf der Seite »des Buckligen« standen dessen Schwager Albrecht, der Landshuter Herzog Heinrich und andere, auch der Kaiser, Friedrich III. von Habsburg, sympathisierte mit ihm. 1440 wurde von den Kriegsparteien zunächst einmal ein Waffenstillstand geschlossen.

Zwei Jahre später nahm Ludwig seinen Vater nach einer langen, 18-wöchigen Belagerung gefangen und lieferte ihn für 6000 Gulden an den Markgrafen Albrecht von Ansbach aus, der ihn seinerseits für eine wesentlich höhere Summe Herzog Heinrich von Landshut überließ. »Der Gebartete« wurde auf das Schloss Burghausen gebracht, wo er bis zu seinem Tode gefangen gehalten wurde. Der alte Herzog blieb hart, stolz und unbeugsam bis zuletzt. So lehnte er es ab, sich für ein Lösegeld freizukaufen. 1447 starb Herzog Ludwig »der Gebartete«, seinen verhassten Sohn überlebte er sogar noch um zwei Jahre. Mit ihm starb die Ingolstädter Linie der Wittelsbacher aus.

Der erbarmungslose Johann, der streitsüchtige Christoph, der faule Sigismund

oder Wie man ein Land in seine Einzelteile zerlegt und wieder zusammenfügt

»Infolge Blödigkeit des Leibes nicht gerne Mühe und Arbeit tragend und mehr geneigt, mir ein geruihiges Wesen ohne alle Bekümmernisse zu machen, will ich mein Regiment in eine Hand stellen, in der für Land und Leute besser und fleißiger gesorgt ist.«
Herzog Sigismund

»1425 ... starb mit Johann III. die bayerische Linie Straubing-Holland aus.« Mehr weiß Adalbert von Bayern, der Familienhistoriker, in seinem Werk »Die Wittelsbacher. Geschichte unserer Familie« über Johann nicht zu berichten.

Ein paar Zeilen mehr wollen wir zumindest im vorliegenden Buche dem Straubinger schon widmen, zählt er doch zu jenen blutbefleckten Fürsten, welche vor allem durch ihre Untaten in Erinnerung geblieben sind. »Jean sans pitié« nennen den Franzosen den bayerischen Herzog Johann III., Johann »ohne Gnad«. Wir nennen ihn den »Erbarmungslosen«. Diesen Beinahmen bekam der Wittelsbacher zu Recht verliehen, nachdem er im Jahre 1409 ein Strafgericht von unvorstellbarer Grausamkeit über die Stadt Lüttich hereinbrechen ließ.

Sehen wir uns zunächst ganz kurz die Familienverhältnisse des Bayern an. Johanns Vater Herzog Albrecht I., der Niederbayern-Straubing von 1347 bis 1404 regierte und auch die Titel eines Grafen von Holland und Pfalzgrafen bei Rhein trug, herrschte nach dem Tode seines Vaters Ludwig »dem Bayern« zunächst gemeinsam mit seinen Brüdern Ludwig V., Ludwig VI., Stephan II., Wilhelm I. und Otto V. über den Gesamtstaat, nach der Teilung des Herzogtums im Jahre 1349 (Landsberger Vertrag) mit Stephan und Wilhelm I. in Niederbayern, wozu Holland gehörte (Margarethe von Holland war Albrechts Mutter). Einige Jahre später wurde Niederbayern nochmals geteilt, wobei Stephan beinahe ganz Niederbayern erhielt, während Holland und ein kleiner Teil Niederbayerns, das so genannte »Straubinger Ländchen« an Albrecht und Wilhelm I. ging. 1363 übernahm Stephan auch die Macht in Oberbayern, da er dabei Albrecht überging, standen sich die Brüder für kurze Zeit als Feinde gegenüber.
Nachdem Wilhelm dem Wahnsinn verfallen war, erstritt Albrecht sich die wichtige Position eines Statthalters in Holland, in welcher er aber keineswegs unumstritten war. 1389 trat er offiziell die Nachfolge an. In den Niederlanden wütete in jener Zeit ein Bürgerkrieg zwischen den »Hoeks« und den »Kabeljaus«. Die »Rebellengruppe«, die »Hoeks-Partei«, wurde ausgerechnet von Albrechts Sohn Wilhelm II. angeführt, der seinen Vater dazu zwingen wollte, ihn als Mitregenten zu berufen. Als im Zuge der Auseinandersetzungen Albrechts Geliebte Aleida von Poelgeest 1392 einem Mordanschlag zum Opfer fiel, an dessen Vorbereitungen der Herzogssohn beteiligt gewesen sein soll, machte Albrecht mit seinen Gegnern kurzen Prozess. Sein aufständischer Sohn konnte ins Ausland fliehen, zunächst nach England, dann nach Frankreich, eine Aussöhnung zwischen Vater und Sohn fand erst 1395 statt, zwei Jahre vor Albrechts Tod. Seinen (dritten) Sohn Johann III., der uns an dieser Stelle beschäftigt, hatte er zuvor zum Statthalter in Straubing bestimmt.
Bereits 1390 war Johann als 16-Jähriger zum Bischof von Lüttich gewählt worden. Dabei spielte es keine Rolle, dass der junge Adelige nur die so genannten Subdiakonsweihen besaß, er durfte sich sowohl der päpstlichen als auch der königlichen Bestätigung gewiss sein. Sieben Jahre später folgte er seinem verstorbenen Bruder Al-

brecht II. als Statthalter in Straubing nach. Johann war bei der Bevölkerung, bei den Städten, auch außerhalb seines Bistums, überaus unbeliebt, gegen ihn regten sich oppositionelle Kräfte, die insbesondere in Lüttich zum Tragen kamen, wo ein offener Aufstand gegen den Wittelsbacher ausbrach. Im Jahre 1406 wurde in Lüttich sogar ein Gegenbischof zu Johann gewählt, der allerdings machtvolle Verbündete aus mehreren Ländern auf seine Seite zu ziehen vermochte, Deutsche, Franzosen, Engländer. Als sein Heer im September 1409 bei Maastricht ihr Feldlager bezog, war das Schicksal Lüttichs bereits besiegelt. Der Ausgang der Schlacht und das an diese anschließende Strafgericht lässt sich nur als Orgie exorbitanter Grausamkeit umschreiben, insgesamt fanden von den 16 000 Einwohnern der Stadt Lüttich 13 000 (!) einen gewaltsamen Tod. Johann »der Erbarmungslose« ließ auch nach der blutigen Schlacht keine Gnade walten, einige Tage später traf seine Rache noch 168 Protagonisten des Aufstandes, sie wurden ohne viel Aufhebens entweder ertränkt oder geköpft.
Nach dem Tode Wilhelms II., der 1417 an den Folgen eines Hundebisses starb, trat Johann seine Nachfolge an. In den Niederlanden sammelte sich daraufhin die Hoeks-Partei hinter der erst 16-jährigen Tochter Wilhelms, Jakobäa, während die Kabeljaus in Johann ihren rechtmäßigen Regenten sahen. Dieser Konflikt zog sich noch über einen längeren Zeitraum hin. Zwar musste der Wittelsbacher sich in einen Kompromissfrieden fügen, der ihm offiziell lediglich die Stellung eines Mitregenten einräumte, doch in Wirklichkeit lag nach mehreren für ihn erfolgreichen Waffengängen die Macht alleine in seinen Händen, zumal seine Nichte Jakobäa von ihrem Gatten verlassen wurde und daraufhin nach England fliehen musste. In zweiter Ehe heiratete sie den Herzog von Gloucester, einen Bruder König Heinrichs V.
Anfang des Jahres 1425 wurde Johann III. »der Erbarmungslose« ermordet, mit ihm starb auch die Wittelsbacher-Linie in Niederbayern-Straubing und den Niederlanden aus. Herzog Johann wurde vergiftet, der Täter war wahrscheinlich sein eigener Hofmarschall.
Werfen wir nun einen Blick auf das Herzogtum Oberbayern-München, zu dem Straubing mit Teilen des ehemaligen Herzogtums Niederbayern-Straubing gehörte. Hier regierte von 1438 bis 1460 der kirchentreue Frömmler Albrecht III., den wir bereits kennen

gelernt haben. Es handelt sich um jenen Albrecht, der 1432 heimlich das bürgerliche Mädchen Agnes Bernauer geheiratet hatte, das drei Jahre später auf Geheiß von Albrechts Vater Herzog Ernst in der Donau ertränkt wurde. Er hatte sich daraufhin mit Ludwig »dem Gebarteten« verbündet und gemeinsam mit diesem große Teile Niederbayern-Landshuts verwüsten lassen. Die spätere Versöhnung zwischen Vater und Sohn war nur möglich geworden, weil Ernst Reue gezeigt hatte und Albrecht ein willensschwacher und für die Verhältnisse der Zeit friedfertiger Mann war. Nach dem Tode des Habsburger-Königs Albrecht II. im Mai 1440 war dem Wittelsbacher von den böhmischen Ständen die böhmische Königskrone angeboten worden, doch der Herzog verzichtete zu Gunsten des rechtmäßigen Nachfolgers Ladislaus, damit Bayern nicht in langwierige und blutige Thronstreitigkeiten hineingezogen wurde. Auch dieses Beispiel gibt Zeugnis vom maßvollen und friedfertigen Naturell Albrechts.

Aus seiner zweiten Ehe mit Anna von Braunschweig stammten fünf Söhne, Johann IV., Sigismund, Albrecht IV. »der Weise«, Christoph und Wolfgang. Während die beiden Erstgenannten zur Nachfolge bestimmt waren, wurden die anderen Söhne von Albrecht frühzeitig nach Italien geschickt, wo sie sich um die Fortsetzung ihrer Studien zu bemühen hatten. Johann regierte nach dem Tode seines Vaters das Herzogtum gemeinsam mit seinem jüngeren Bruder Sigismund, dem er an Geist und Talent weit überlegen war, doch bereits 1463 erlag der Unverheiratete der Pest. Sigismund herrschte nun alleine, unter seiner »nachlässigen Regierung reißt ein großer Schlendrian ein, ganze Landesteile werden an reiche Adelige überschrieben« (Orlop). Auf Grund seiner allzu großen Trägheit und Unfähigkeit entstand ein Machtvakuum, in welches Sigismunds tatkräftiger Bruder Albrecht geschickt vorzustoßen vermochte, bis er – obwohl von der Erbfolge ausgeschlossen – 1465 zum Mitregenten des kränkelnden, mehr an Kunst und schönen Frauen als an den Regierungsgeschäften interessierten Älteren ernannt wurde. Weitere zwei Jahre später entmachtete Albrecht, der auf Grund seiner Klugheit und Gelehrsamkeit den Beinahmen »der Wiese« erhielt, Sigismund und zwang ihn, auf seine Herrscherrechte zu verzichten. Es ist erstaunlich, mit welchem Gleichmut Sigismund den Tatsachen ins Auge blickte, so heißt es im Text seiner Abdankungsurkunde

wörtlich: »Infolge Blödigkeit des Leibes nicht gerne Mühe und Arbeit tragend und mehr geneigt, mir ein geruihiges Wesen ohne alle Bekümmernisse zu machen, will ich mein Regiment in eine Hand stellen, in der für Land und Leute besser und fleißiger gesorgt ist.« Aus diesen Zeilen entweicht kein Hauch des Bedauerns, kein Ärger, kein Anflug verletzten Stolzes. Er ließ sich von seinem Bruder seine Schulden bezahlen und gab sich mit dem Besitz einiger Schlösser zufrieden. Bis zu seinem Tode im Jahre 1509 hielt sich Sigismund von der Politik fern, es war ihm in diesen Jahrzehnten, in welchen er sich die Zeit mit Frauen, Singen, Saitenspiel sowie der Zucht von Pfauen und Meerschweinchen vertrieb, tatsächlich beschieden, sich »ein geruihiges Wesen ohne alle Bekümmernisse zu machen«, nur seine unerbittlichen Gläubiger machten dem verschwendungssüchtigen Wittelsbacher des Öfteren zu schaffen, nicht selten musste er sich vor den Schuldeneintreibern verstecken.
Albrechts Herrschaft war nicht unangefochten, im Gegensatz zu dem gefügigen Sigismund wollte sich Christoph, dessen Herrschaftsansprüche ebenso wie jene des jüngsten Bruders Wolfgang mit Nutzungsrechten abgefunden werden sollten, nicht so einfach abspeisen lassen. Christoph war zwar erst 1468 volljährig geworden, doch bereits 1466 hatte er sich den Rittern der »Gesellschaft vom Eingehürn« angeschlossen, den so genannten »Böcklern«, die für teilweise Reichsunmittelbarkeit kämpften und vom Kaiser bald verboten worden waren. Dieser Wittelsbacher war ein Draufgänger, wagemutig und bärenstark, Erzählungen über seine Ritterlichkeit, seine Wortgewalt und Körperkraft fanden in der Bevölkerung willige Aufnahme, Christoph galt als »Held auß Bayrn«. Berühmt wurde sein Waffengang mit einem als unbesiegbar geltenden polnischen Ritter während einer Hochzeitsfeierlichkeit im Jahre 1474. Der Wittelsbacher hatte seinen Gegner so heftig vom Pferd gestoßen, dass dieser wenige Tage darauf starb.
Prinz schrieb in seiner »Geschichte Bayerns«: »Fürstensöhne als spannendes Thema der Geschichtsschreibung; hier haben die Wittelsbacher reichlichen Stoff geliefert, auch und gerade im 15. Jahrhundert. Da gibt es den streitsüchtigen baumlangen Christoph, Herzog Albrechts III. Sohn, ein lebenslustiger Charmeuer und Turnierer, an dessen chaotischer Existenz sich die Volksfantasie entzündete, der gegen seinen Bruder Herzog Albrecht den Weisen revol-

tierte und der so stark gewesen sein soll, dass er jenen gewaltigen Stein schleudern konnte, der noch heute am Eingang der Münchner Residenz liegt.«

Der Historiker Prinz meint jenen riesigen Stein, der im Durchgang zum Brunnenhof liegt, über welchem eine Tafel angebracht ist, auf der zu lesen ist: »Als nach Christi geburt gezehlt war/Vierzechenhundert Neunzig Jar/Hat Herzog Christoph hochgeboren/Ein Held auß Bayrn auserkoren/Den Stein gehebt von freyer Erdt/Und weit geworffen ohngeferdt/Wigt dreyhundert Vier vnd sechzig Pfunt/Des gibt der Stein vnd schrifft Vrkunt ...“

Zunächst hatte sich Christoph von Albrecht für einen Zeitraum von fünf Jahren »auszahlen« lassen, doch er schien diese Entscheidung bald bereut zu haben. 1471 wurde Herzog Albrecht zugetragen, Christoph würde ihn überfallen wollen, worauf er die Initiative ergriff und den Bruder, der sich gerade im Bade befand, von schwer bewaffneten Rittern gefangen nehmen und für 19 Monate im später so genannten Christoph-Turm in der Neufeste inhaftieren ließ. Noch zur Zeit des »Märchenkönigs« Ludwig II. kursierte die Legende, die Herrschaft der Wittelsbacher würde so lange währen, so lange dieser Turm stehen würde. Dem Vollstrecker dieser Gefangennahme, einem Grafen von Abensberg, wurde die Treue zum Herzog zum Verhängnis, denn Christoph, der u. a. Kaiser und Papst angerufen hatte, lauerte ihm viele Jahre nach seiner Freilassung auf und verwickelte ihn in einen Kampf, den der »edle Herr Niclas von Abensberg« nicht überlebte. Herzog Albrecht hatte seinen Paladin im Februar 1485 mit der Order ausgeschickt, dem rebellischen Christoph zwei Städte wegzunehmen, welche dieser nach seiner Entlassung aus dem brüderlichen Kerker erhalten hatte, als er in den Hinterhalt des nach Rache sinnenden Christoph geriet. Der Graf hatte sich bereits ergeben, als Christophs Knappe, Seitz von Frauenberg, der sich dessen nicht bewusst war, auf ihn losging. Der Knappe »stach ihn von Unten auf zu Tod«, heißt es in den Aufzeichnungen.

Obwohl Christoph auf Rat der Stände schließlich auf seinen Anspruch als Mitregent verzichtete, schloss er sich dem Ritterbund der Löwler (»Löwenbund«) an, dessen er sich im Kampf gegen den Bruder bediente. 1492, in jenem Jahr, in dem Christoph Kolumbus Amerika entdeckte, mischte sich der Kaiser in den Zwist ein und zwang die Landstände dazu, Christoph und auch seinem Bruder Wolfgang zu huldigen. Im Jahr darauf schlossen die Brüder endgültig Frieden. Kurz darauf kehrte Christoph von einer Pilgerfahrt ins »Heilige Land« nicht mehr zurück, er starb im August 1493 auf der griechischen Insel Rhodos in den Armen des Großmeisters des Johanniter-Ordens Rudolf von Werdenberg. Die Erwähnung des Namens dieses Großmeisters wäre unter »normalen« Umständen gewiss überflüssig, wäre er nicht ausgerechnet der Schwager jenes Grafen Abensbergs gewesen, der acht Jahre zuvor von Christoph in einen Hinterhalt gelockt und getötet worden war.

Kurfürst Maximilian I.

oder Warum Kartenspiel, Schuhplatteln, Zechen und »Fensterln« verboten gehören

»Von den Seinigen wird er wegen seiner Strenge aufs Äußerste gefürchtet, und seine Befehle werden blindlings befolgt ...«
Carlo Caraffa, päpstlicher Nuntius in Wien

Herzog Albrecht V., der Bayern von 1550 bis 1579 regierte, wurde auf Grund seiner Leutseligkeit »der Großmütige« genannt. Man hätte den Lebemann, der Bankette und die Jagd liebte, zu seiner Zeit aber auch das Haupt der Gegenreformation unter den katholischen Fürsten war, ohne weiteres auch als den »Großzügigen« apostrophieren können, denn großzügig war der Wittelsbacher vor allem im Ausgeben von Geld. So zwang er die Landstände, deren Macht bereits sein Vater Wilhelm »der Standhafte« zu beschränken gewusst hatte, einen Schuldenberg in der Höhe von 2,5 Millionen Gulden mit Verzinsung und Tilgung zu übernehmen.
Nebenbei sei erwähnt, dass in jener Zeit in Deutschland die Bauern ungefähr zwei Drittel des Rohertrages ihrer harten, entbehrungsreichen Arbeit abzugeben hatten.
Albrechts Sohn Wilhelm V., er regierte von 1579 bis1597, tat es dem Vater in vielem gleich, auch er war ein eifriger Verfechter der Gegenreformation, ein Einsatz, der ihm den Beinamen »der Fromme« eintrug. 1583 führte er beispielsweise Krieg gegen den Erzbischof von Köln, weil dieser zum Protestantismus übergetreten war. Noch eine grundlegende Gemeinsamkeit hatte der fromme Wilhelm mit seinem Vater – und mit vielen anderen Wittelsbachern, die nach ihm kamen –, er konnte nicht mit Geld umgehen. Die von Herzog

Albrecht übernommenen Schulden in der Höhe von 616 000 Gulden wuchsen bis 1588 auf 1,9 Millionen Gulden an. Sechs Jahre später stand erneut ein riesiger Schuldenberg von 1,3 Millionen Gulden an. Da bei der Steuereinziehung die Herzöge auf die Landstände angewiesen waren, blieb Wilhelm 1593 nichts anderes übrig, als die Landstände zur »Huldigung« seines Sohnes Maximilian aufzufordern, was im Januar 1594 auch geschah. Anfang des Jahres 1595 wurde Maximilian offiziell Stellvertreter bzw. Mitregent seines Vaters, der bis zum Sommer 1597 erneut gewaltige Schulden in der Höhe von 800 000 Gulden anhäufte. Sein Mäzenatentum, die ausufernden Ausgabe für die Hofhaltung und sein stetes Ringen für die Sache des Katholizismus hatten den Bayern von einem finanziellen Desaster in das nächste stolpern lassen.

Einige Monate später erklärte der Herzog, »aus freien, ungezwungenem Willen und wohl bedachtem Gemuet« die Regierungsgewalt an seinen Sohn Maximilian übergeben zu wollen. In Wahrheit wurde er zum Rücktritt gezwungen, der (erst) 24-jährige Erbprinz Maximilian soll dabei nicht untätig gewesen sein, als die Aufgabe anstand, den (erst) 49-jährigen Vater gütlich, aber bestimmt aufs Altenteil zu setzen. Am 23. Dezember 1597 wurde Maximilian von Kaiser Rudolf II. mit dem Herzogtum Bayern belehnt.

Albrechts und Wilhelms Schuldenwirtschaft, der allerdings auch die prachtvolle Entfaltung der bayerischen Spätrenaissance zu verdanken ist, war das Ergebnis ihres von Anfang an zur Aussichtslosigkeit verurteilten Wetteiferns mit Habsburgs Glanz und Größe. Die wittelsbacherische Jagd nach Werken beispielsweise Albrecht Dürers war auch eine Jagd nach dynastischem Prestige. Bayern war ein an Ressourcen nicht eben reiches Land, während das mit Geschick und Glück erheiratete, ererbte und erkämpfte habsburgische Imperium aus dem Vollen zu schöpfen vermochte. Welche gewaltigen kulturellen Anstrengungen unter dem blau-weißen Himmel auch immer unternommen wurden, mit einem Reich, in dem »die Sonne nicht unterging«, konnte man nicht konkurrieren.

Maximilian I., der im Gegensatz zu seinen Vorgängern ein recht fleißiger Fürst war und bereits um vier Uhr morgens Akten studierte, regierte Bayern über ein halbes Jahrhundert, von 1597/98 bis 1651. Unter seiner Herrschaft schwang sich Bayern zur unumstrittenen Führungsmacht im süddeutschen Raum auf. Der energische

Wittelsbacher berief (mit zwei Ausnahmen) keine Landtage mehr ein und erwies sich als der konsequenteste Absolutist unter den katholischen Herrschern Deutschlands. Maximilian, der auf den vielen Porträts, die er von sich malen ließ, ernst, düster und überaus selbstbewusst wirkt, schuf einen frühabsolutistischen Staat, in dem die Macht der Landstände, die vor dem Hintergrund der Landesnot und der Rüstungs- bzw. Nachrüstungsnotwendigkeiten immer wieder zur Kasse gebeten wurden, gebrochen war.

Maximilian wurde am 17. April 1573 in der Münchner Residenz geboren. Bereits im Knabenalter galt der Sohn des bayerischen Herzogs und dessen Gemahlin Renata von Lothringen als jähzornig, verschlossen, misstrauisch und wortkarg. Strenge, anspruchsvolle Erzieher schmiedeten die tiefe, unbeirrbare Frömmigkeit des Wittelsbachers, ein autoritäres, von den Grundsätzen der katholischen Kirche durchströmtes Weltbild, das auf den pädagogischen Säulen Demut, Pflichtbewusstsein und Gehorsam ruhte. Maximilian, der über einen scharfen Verstand und einen eisernen Willen verfügte, über eine stumpfsinnige Sittenstrenge und eine geradezu mönchische Selbstzucht, besuchte täglich die »heilige Messe«, empfing regelmäßig die Sakramente und übte sich häufig im Gebet. Dieses im Grunde simple, manichäische Weltbild wurde später an der Universität von Ingolstadt, einem Epizentrum katholischer Rechtgläubigkeit, durch jesuitische Lehrer gefestigt und ausdifferenziert. Maximilian sog in sich auf, was ihm dargeboten wurde, er war aufmerksam, strebsam, formbar. Etwa ein Jahr bevor der Wittelsbacher Ingolstadt verließ, traf dort sein etwas jüngerer, habsburgischer Cousin ein, der spätere Kaiser Ferdinand II. Die erste Begegnung zwischen den beiden Fürstensöhnen, die dereinst gemeinsam das Banner der Catholica in die Hand nehmen sollten, fand im Kirchenstuhl statt und war keineswegs freundschaftlicher Art. Ferdinand beanspruchte als Spross des Kaiserhauses beim so genannten Gottesdienst den Stuhl *vor* dem Wittelsbacher, was zwischen den beiden prestigefixierten Familien für beträchtliche Spannungen sorgte. 1593 stand der junge Maximilian vor Kaiser Rudolf II. in Prag. Auf dem Hradschin, der Residenz dieses seltsamen Habsburgers, wurde er herzlich und mit großer Höflichkeit empfangen. Rudolf, eines der vielen Opfer inzestiöser Heiratspolitik, der einige Jahrhunderte später wohl ein interessanter Fall für die Psychiatrie gewesen wäre,

hatte sich in Prag eine Gegenwelt aufgebaut, er war in eine von Geheimnissen durchdrungene Welt der Privatheit ein- bzw. abgetaucht. Der Habsburger war unbeständig und wankelmütig, ohne Energie und bar politischen Weitblicks, Melancholie und alle Grenzen sprengende Zornesausbrüche gerieten zu Vorboten geistiger Umnachtung. Seine wahre Leidenschaft fand er im Okkultismus, in der Alchimie und Astrologie. Andererseits verfügte er als Kunstsammler über einen erlesenen Geschmack, seine Sammelleidenschaft verschlang aber Unsummen, die ein riesiges Loch in die Staatskasse rissen. Maximilian war von den Kunstschätzen dieses schrulligen Habsburgers tief beeindruckt. Obwohl ein notorischer Geizhals, trat der Wittelsbacher später als großer Kunstpfleger hervor, als »deutscher Medici«, wobei er in seinem Eifer und in seiner Habsucht auch vor Raub und Betrug nicht zurückschrecken wird. Von der Stadt Nürnberg lieh er beispielsweise die berühmten »Vier Apostel« Dürers, von welchen er wenigstens eine Kopie besitzen wollte. »Die Kopien sind ausgezeichnet, denn es dauert lange, bis man entdeckt, dass der Herzog von Bayern die Originale behalten und den Nürnbergern die Kopien überlassen hat.« (Diwald)
Wenige Wochen nach dem Besuch auf dem Hradschin wurde der junge Wittelsbacher mit einem fünfzigköpfigen Gefolge nach Italien geschickt, eine solche Bildungsreise sollte seine Ausbildung abrunden und krönen. In Rom traf Maximilian mit dem Papst und dem Ordensgeneral der Jesuiten zusammen, Begegnungen, die den bigotten jungen Mann womöglich mehr beeindruckt haben als das Zusammentreffen mit Torquato Tasso, wenngleich es dem Prinzen gefallen haben wird, dass der Dichter die zukünftige Größe des Bayern besang. Auf der Rückreise machte Maximilian in Nancy Halt, der Hauptstadt des Herzogtums Lothringen, wo er Gefallen an seiner Cousine Elisabeth Renate fand, die er nicht einmal ein Jahr später heiratete. Der Plan seiner Mutter, die diese Begegnung eingefädelt hatte, ging also auf. Maximilians Äußeres soll nicht sehr vorteilhaft gewesen sein, er war dürr, klein und leicht verkrümmt, außerdem litt er an Drüsenschwellungen, an ständigem Katarr sowie an Atemnot. Maximilians strenges Antlitz rahmte rötliches Haar und über seinen blauen Augen thronte eine ausgeprägte Stirn. Der junge Herzog ging mit Feuereifer an seine neue Tätigkeit heran, »Aliis lucendo consumor« – »Ich verzehre mich, um anderen zu

Kurfürst Maximilian I.

leuchten«, war die Devise, der er sein ganzes privates und politisches Leben unterzuordnen geneigt war. Zunächst ging Maximilian daran, die Staatsverwaltung und insbesondere die Staatsfinanzen zu ordnen. Alles hatte seinen geregelten Gang zu nehmen, alle seine Mitarbeiter, sein gesamter Hofstaat, sie hatten sich nach dem Vorbild des Herrschers zu richten. »Sie alle sind mäßig, sittenstreng und rechtschaffen«, notierte des Herzogs Leibarzt, »jedes Laster ist an diesem Hof verbannt, trunksüchtige, leichtsinnige und träge Menschen hasst und verachtet der Fürst: Alles ist auf Tugend, Mäßigkeit und Frömmigkeit gerichtet.« Wie immer man zu Maximilian stehen mag, wie immer man seine Rolle in der Historie beurteilen mag, den Erfolg in der Reorganisierung des Staates kann ihm nie-

mand absprechen, innerhalb von nur einem Jahrzehnt war ihm die Ordnung der Staatsfinanzen gelungen.
Carlo Caraffa, der päpstliche Nuntius in Wien, kannte den Wittelsbacher seit 1623 gut: »Maximilian ist ein Mann von hervorragender Urteilskraft und Klugheit, der sich um alles kümmert, ob es nun den Staat oder seine Familie betrifft. Von den Seinigen wird er wegen seiner Strenge aufs Äußerste gefürchtet, und seine Befehle werden blindlings befolgt ...« Der Herzog oktroyierte seinen Beamten Verhaltensregeln, die tief ins Private reichten und oft stumpfsinnig schienen. Seiner Vorstellung eines streng nach katholischen Moralvorstellungen strukturierten und geführten Modellstaates hatten sich alle anzubequemen, vom kleinen Beamten bis zum mächtigen Hofrat. Sie alle hatten täglich (!) die Messe zu besuchen und an den Sakramenten teilzunehmen, sie hatten die Fastengebote streng zu beachten und waren verpflichtet, die von der katholischen Kirche vorgeschriebene Andacht kniend zu verrichten. Jedermann hatte Angst vor der Brutalität, mit welcher die Anweisungen des Wittelsbachers durchgesetzt wurden. Wenn in München die Glocken zum Ave erklangen, hatten sich die Menschen auf die Knie zu werfen, wer dies nicht tat oder wer sich zu früh erhob, wurde von Aufpassern zu Boden geknüppelt. Die Einhaltung aller Gebote wurde also peinlich überwacht, nach Aufforderung musste sogar ein Beichtzettel vorgewiesen werden. Maximilian selbst, ein fanatischer Marien- und Reliquienverehrer, verschwendete in Ausübung seiner religiösen Übungen täglich (!) mehrere Stunden, er geißelte sich höchst selbst und trug zur Buße ein härenes Hemd. Als man später im Kloster Altötting ein von ihm gestiftetes Tabernakel öffnete, fand sich darin ein Zettel, die Zeilen darauf waren mit des Herzogs Blut geschrieben. Die jesuitische Erziehung, die Schule der »Soldaten Gottes«, war also auf fruchtbaren Boden gefallen. Der englische Gesandte lästerte über den Herzog, er sei so oft in der Andacht, in der Messe und in der Beichte, dass er den lieben Gott geradezu belagere; wahrscheinlich bete er nur deshalb so oft und so viel, um keinen anderen an den Herrn im Himmel heranzulassen.
Nicht nur seine Beamten, auch das »einfache Volk« hatte an den rigiden Moralvorstellungen des Wittelsbachers zu leiden, jede Bevölkerungsgruppe hatte eine bestimmte Form von Kleidung zu tragen, die Bauern beispielsweise wurden gezwungen, bei der Feldar-

beit ihre engen, »ungarischen« Hosen durch weitere zu ersetzen, damit sie sich besser »recken, strecken und bewegen« können. Die Beachtung dieses so genannten »Hosenmandats« aus 1602 wurde nebst anderen sinnlosen Verordnungen – für eine Weile zumindest – durch eine spezielle Aufpassergruppe überwacht. Bei Strafe waren selbst das Kartenspiel, Schuhplatteln, Kegeln und Trunkenheit verboten, ebenso das Tanzen mit Ausnahme der Sonn- und Feiertage, und auch dann nur, wenn es ohne »grobes Halsen, Drücken und Aufheben« vonstatten ging. Und wie verhielt es sich mit dem »Fensterln«, dieser wunderbaren alpenländischen Tradition, welcher sich junge Landburschen unter kühner Zuhilfenahme einer Leiter bemächtigten, um unter Umgehung der versperrten Haustüre und – vor allem der väterlichen Aufmerksamkeit – das Stubenfester der Angebeteten zu erreichen? Natürlich streng verboten! Maximilian hob ferner die gemeinsamen Badestuben auf und führte für Ehebruch wieder die Todesstrafe ein.

Maximilians stupide, primitive Katholizität spiegelte sich beispielhaft in seinem krankhaften Hexenglauben wieder. Einer seiner Erzieher, der Theologe Johann Baptist Fickler, war ein Mann, »der sich im heiligen Zorn gegen das Hexenwerk von niemandem übertreffen ließ«. Man fand es auch pädagogisch wertvoll, den 17-jährigen Prinzen bei der grausamen Folter einiger »Hexen« zusehen zu lassen, weshalb es einen fast nicht wundern darf, dass sein kleininquisitorischer Geist Sätze wie diese hervorbrachte: »Gestern ist nach dem Urteil aller herzoglichen Räte (deren Rate ich beiwohnte) ein Weib gefangen genommen worden, das nach dem Urteil vieler und auch nach dem allgemeinen Ruf für eine Hexe gehalten wird. Ob der Ruf begründet ist, wird morgen vielleicht die Erfahrung zeigen, da sie durch die Folter gezwungen wird, die Wahrheit zu sagen.« Diese Zeilen stammen aus dem Jahre 1591, Beispiele wie dieses liegen nicht wenige vor. Einige Autoren negieren, dass der Bayer der schlimmste Hexenverfolger unter den deutschen Fürsten gewesen sei, und meinen, er wäre in der Hexenfrage ein »Papiertiger« (Hans-Jürgen Wolf) gewesen, andere wiederum schrieben, kaum ein anderer Herrscher wäre ein derart konsequenter und brutaler »Hexen«-Verfolger gewesen wie Maximilian, der z. B. auch von Golo Mann, dem großen Wallenstein-Biografen, als »entschlossener Verfolger« bezeichnet wurde. Wie auch immer: 1622 erließ der Herzog eine »General- und

Spezialinstruktion« über den Hexenprozess, welche den dunklen Ungeist eines Jakob Sprenger und eines Heinrich Institoris atmete, der Verfasser des berüchtigten »Hexenhammers«.
Maximilian regierte beinahe wie ein absoluter Fürst, seine Räte wurden zwar zu Stellungnahmen eingeladen, doch das letzte Wort lag beim Souverän alleine. Carlo Caraffa berichtete 1628 nicht ohne Respekt, dass der Bayer »einfach mit einer Handbewegung befehle«. Von den Schreibern, Sekretären und Ministern waren die sarkastischen Bemerkungen gefürchtet, die Maximilian bei Bedarf an den Rand von Akten schrieb: »Es ist zum Erbarmen, dass so wenig Hirn in so dicken Köpfen!« Oder: »... an wemb lauth das Schreiben? Man kanns nit schöckhen!« Dass der Wittelsbacher als Herrscher eines verhältnismäßig kleinen Landes über die bayerischen Grenzen hinaus zu beträchtlicher Macht und überproportionalem Einfluss gelangte, ist sowohl auf seine Persönlichkeit als auch auf die spezifischen Umstände am Vorabend des 30-jährigen Krieges zurückzuführen. Katholiken und Protestanten standen einander in unversöhnlicher Feindschaft und utilitaristischer Konkurrenz gegenüber, die hohen Herren rangen verbissen um Besitz, Macht und »Seelen«. Der bayerische Herzog gefiel sich als eine der treuesten und härtesten Speerspitzen im Dienste der Catholica. Nach der Gründung der Protestantischen Union Friedrichs IV. von der Pfalz im Jahre 1608 entstand im Jahr darauf die Katholische Liga, deren Führung der Wittelsbacher übernahm. Wie stark seine Position bereits war, dokumentieren die ehrenden Angebote der Jahre 1612 und 1619, nach der römisch-deutschen Kaiserkrone zu greifen, die nach der Absage des Herzogs, der zu klug und berechnend war, diese auch nur anzustreben, dessen Vetter Ferdinand aufs Haupt gesetzt wurde.
Kaiser Ferdinand II., der bis 1637 regierte, wurde als klein und rundlich beschrieben, er hatte rotblondes Haar, war übersät von Sommersprossen und litt unter Kurzsichtigkeit. Gutmütig soll er gewesen sein, freigiebig und leutselig. Alle seine Biografen heben seine fanatische Religiosität hervor. »Lieber eine Wüste als ein Land voller Ketzer beherrschen«, stieß er einmal hervor. Die unkluge, provozierende Politik des Wiener Hofes hatte am 23. Mai 1618 zum »Prager Fenstersturz« geführt, der sich als auslösendes Ereignis des bis zu diesem Zeitpunkt blutigsten Krieg in der Geschichte Europas erweisen sollte, des »Dreißigjährigen Krieges«. Bald schon näherten

sich die Aufständischen den Toren Wiens. Ferdinand hatte weder Soldaten noch Geld zur Verfügung, doch im letzten Augenblick wurde er von einem herbeigeeilten Kürassierregiment gerettet. Der Habsburger führte seine Rettung indes auf sein inbrünstiges Gebet zurück, in dessen Verlauf Gott selbst zu ihm gesagt habe: »Bleib fest, Ferdinand, ich werde dich nicht verlassen.« Nach seiner Kaiserkrönung am 19. September 1619 ging Ferdinand zum Gegenangriff über und ernannte feierlich die »Heilige Jungfrau Maria« zur Oberbefehlshaberin der Armee, doch die Gute sollte sich in der Erfüllung dieser Aufgabe als heillos überfordert erweisen, weshalb der Habsburger an seinen bayerischen Cousin herantrat und diesen notgedrungen um Hilfe bat.

Maximilian ließ sich seine Unterstützung teuer bezahlen. Der Kaiser musste sich vertraglich verpflichten, seinem Vetter alle habsburgischen Länder, die er zurückerobern würde, so lange zum Pfand zu geben, bis dieser seine Ausgaben refundiert erhalten würde. Ferner urgierte Maximilian die pfälzische Kurwürde, nachdem er seinen protestantischen Verwandten Friedrich, der diese Würde trug und dessen ausschweifende Lebensart Maximilian mit allen Fasern seines asketischen Körpers verachtete, niedergerungen haben würde. »Im Mai 1620 zieht er an der Spitze eines Heeres von 25 000 Söldnern, die von etlichen Jesuiten seelisch betreut werden sollen, zahlreichen Kanonen, deren zwölf schusskräftigsten die Namen der Apostel tragen und von je 30 bis 40 Pferden gezogen werden, einem riesigen Tross und einigen Räten und Schreibern seines Hofstaates los« (Weissensteiner), um über Linz den Weg nach Böhmen zu finden und auf dem »Weißen Berg« vor Prag, verstärkt durch die kaiserlichen Truppen, die Entscheidungsschlacht zu suchen. Nach etwa einer Stunde war alles vorüber. Ein Wittelsbacher (oder präziser – dessen Truppen) hatte den anderen geschlagen und die Herrschaft der Habsburger, zu deren Erbland Böhmen nun wurde, gerettet.

Am 25. Februar 1623 erhielt der Wittelsbacher seinen Lohn. Der Kaiser war persönlich nach Regensburg gekommen, um dem Cousin die Kurwürde zu verleihen. Der Verleihung waren beträchtliche Schwierigkeiten vorangegangen, da die Fürsten und der spanische Gesandte gegen die Entscheidung Ferdinands protestiert hatten. Maximilians Dankesrede war keineswegs von Zuversicht getragen, vielleicht hatte er erkannt, dass ihm sein brennender dynastischer

Ehrgeiz zum Nachteil gereichen könnte. Der Kaiser mochte dem Wittelsbacher, auf dessen Armee er angewiesen war, bereits 16 bis 18 Millionen Gulden geschuldet haben. Um diesen riesigen Schuldenberg abzubauen, verpflichtete sich Ferdinand in einem Vertrag, Maximilian die Verwaltung der Einkünfte aus Oberösterreich zu gewähren, vorübergehend kam er zudem in den Vollbesitz der begehrten Oberpfalz. Die bayerische Besatzungsmacht wütete in dem an den Wittelsbacher verpfändeten Land ob der Enns schrecklich. Die geknechteten Bauern hatten in ihrer Not zu den Waffen gegriffen, denn sie waren die wahren Leidtragenden des Krieges. »Der Krieg muss den Krieg ernähren«, hatte Wallenstein einmal gesagt. Für die Grausamkeit des kurfürstlichen Statthalters sei hier nur das berüchtigte Blutgericht auf dem Haushamerfeld genannt. Im Mai 1625 hielt Herberstorff ein von Maximilian geduldetes, unerbittliches Strafgericht über einige Bauern, die versucht hatten, die Einsetzung eines katholischen Pfarrers zu verhindern. Er ließ bei Frankenburg 36 Bauern antreten, jeweils zwei mussten um ihr Leben würfeln. Der Sieger durfte nach Hause gehen, der Verlierer dieses »Spiels«, das der Bayer als »Gottesgericht« bezeichnete, wurde gehenkt.
Ein Jahr später begann der große Aufstand der oberösterreichischen Bauern gegen die bayerische Besatzungsmacht. Maximilian berief Gottfried Heinrich von Pappenheim zum Oberbefehlshaber seiner Truppen, die sich mit den Kaiserlichen vereinigten und gegen die Bauern vorrückten. Am 8. November wurden bei Eferding 3000 Bauern niedergemacht, sie hätten sich »ohne Achtung und Wehsagen niederhauen lassen wie die Hunde«, berichtete Pappenheim an Maximilian, »das hat so anderthalb Stunden und mehr bis an die Stadt Eferding hin gewährt und ist das Feld hin überall mit Toten belegt gewesen«. Am 15. desselben Monats richteten die kurfürstlichen Schlächter bei Pinsdorf erneut ein Blutbad an, 2000 Bauern starben, vier Tage später rotteten sich bei Wolfsegg noch einmal 4000 Aufständische zusammen, doch der heldenhafte Widerstand war vergebens. Die Bayern verhängten fürchterliche Strafen. In der »LandesChronik Oberösterreich« ist über die Hinrichtung des Wolf Madlseder Folgendes zu lesen: »Madlseder wird vorerst die rechte Hand abgeschlagen, mit der er einen Beschwerdebrief verfasst hat. Dann erst zielt der Henker nach dem Kopf. Der Leichnam wird gevierteilt, die einzelnen Stücke werden an den Landstrassen

vor Linz aufgespießt, der Kopf wird in Steyr zur Schau gestellt und dort erst nach eineinhalb Jahren abgenommen ...«
Auf dem Reichstag zu Regensburg im Jahre 1630 stand Maximilian am Zenit seines Einflusses. Er sei »so mächtig und gefürchtet«, meinte ein Zeitzeuge, »dass der Kaiser und seine Räte und die Kurfürsten zu ihm aufblicken und von seiner Autorität und Entscheidung sich anhängig fühlen«. Dem Wittelsbacher war es vor allem gelungen, von Ferdinand II. die Absetzung seines gefährlichsten und mächtigsten Konkurrenten im katholischen Lager zu erzwingen, Wallensteins. Albrecht Wenzel Eusebius von Wallenstein (geboren 1583) war 1625 zum Oberbefehlshaber der kaiserlichen Truppen ernannt worden und hatte zunächst auf eigene Kosten ein Heer von 20 000 Mann aufgestellt, um dem Grafen Tilly, dem Feldherrn der Liga, gegen den protestantischen König Christian IV. von Dänemark, der auch Herzog von Holstein war, zu Hilfe zu kommen. Walleinstein eilte von Sieg zu Sieg, er häufte Titel, Privilegien und Macht, sehr zum Missfallen der auf »Libertät« besorgten Fürsten. Die Entlassung Wallenstein, eines der vielen Kapitel im umfassenden Katalog habsburgischer »Dankbarkeit«, erwies sich als fataler Fehler, denn kurze Zeit später trat König Gustav Adolf von Schweden aus dem Hause Wasa, dessen Schwester den Wittelsbacher Johann Kasimir von Zweibrücken geheiratet hatte, in den Krieg ein, der nun eine Wende zu Gunsten des protestantischen Lagers nahm. Der Schwede war von den arroganten Wiener Hofkreisen als »Schneekönig« verspottet worden, »nacha hab'ma halt a Feinderl mehr«, wurde der Kaiser zitiert. Im Juli 1630 landete Gustav Adolf auf Usedom, im Jahr darauf wurde das kaiserliche Heer unter Tilly bei Breitenfeld vernichtend geschlagen, der Schwede befreite die Pfalz und besiegte 1632 Tilly erneut, der Feldherr Maximilians starb an den Wunden, die er sich auf dem Schlachtfeld zugezogen hatte.
Gustav Adolf, der machtvollste Degen des Protestantismus, hatte seinen Siegeszug durch Deutschland mit finanzieller Unterstützung des katholischen Frankreich begonnen, der beste Beweis dafür, dass die Fronten des großen Krieges quer durch das katholische und protestantische Lager verliefen. Ein gutes Beispiel dafür gaben auch die zahlreichen deutschen Kleinfürstentümer, die je nach Bedarf und Notwendigkeit die Seiten wechselten. Die als »Dreißigjähriger Krieg« in die Geschichtsbücher eingegangenen Phasen der Waffen-

gänge und Kampfespausen zwischen 1618 und 1648 nährten sich aus einer schwer überschaubaren Fülle von politischen, ideologischen und konfessionellen Motiven der vielen, vielen Akteure, die sowohl als Staaten als auch als Einzelpersonen und eben Konfessionen auftraten. Dieser von unvorstellbaren Grausamkeiten begleitete Krieg, in dem erstmals ganze Landstriche verwüstet, vernarbt und kahl gefressen wurden, war also in erster Linie keine konfessionell geführte Auseinandersetzung und irgendwann ließen sich die endlosen Waffengänge auf ein weiteres Kapitel der die Jahrhunderte überdauernden Fehde zwischen den Habsburgern und Frankreich reduzieren. Die aufstrebende Weltmacht Frankreich rang mit der alten Weltmacht Spanien um den Lohn der Hegemonie. Es muss hier genügen, auf die vier großen Phasen des Krieges zu verweisen: der böhmisch-pfälzische Krieg (1618–1623); der dänisch-niederländische Krieg (1625–1629); der schwedische Krieg (1630–1635) und der französisch-schwedische Krieg (1635–1648).
Maximilian von Bayern war in schwere Bedrängnis geraten, nach seinen militärischen Triumphen in der Oberpfalz, Franken und Schwaben warf sich der Schweden-König im Frühjahr 1632 mit aller Macht auf Bayern, um das Haupt der katholischen Partei auf dessen eigenem Territorium niederzuringen. Nach der Eroberung Augsburgs fiel Landshut, dann Freising, schließlich, am 16. Mai 1632, München. Der Wasa soll gesagt haben, dieses München wäre ein »goldener Sattel auf einer dünnen Mähre«, gerne würde er die Residenzstadt des Wittelsbacher auf Rollen nach Schweden befördern. Ganz München war es nicht, das Gustav Adolf in seine Heimat transportieren ließ, doch ein Teil seiner Schätze. Es muss für den stolzen Maximilian eine ungeheuerliche Überwindung gewesen sein, Wallenstein, der vom Kaiser in dessen Not zähneknirschend zurückgebeten und erneut in sein Generalamt eingesetzt worden war, brieflich um Hilfe zu bitten. »Der Schwede«, so schrieb er, »haust in meinem Land ärger als der Türke mit Brennen und Niederhauen der Weiber und der Kinder ...« Dieses Schreiben erging vor dem Fall Münchens, der Friedländer hatte für den Wittelsbacher keinen Finger gerührt.
Walleinsteins Eingreifen zwang den Schweden zum Rückzug nach Norden. Am 16. November 1632 kam es bei Lützen zur Schlacht, die zwar mit Vorteilen für die Schweden zu Ende ging, doch Gustav Adolf

war gefallen. Nur 13 Tage später starb auch der Wittelsbachische Winterkönig Friedrich. Nach der Ermordung Wallensteins mit kaiserlicher Billigung im Jahre 1634 in Eger fielen die großen Entscheidungen nur noch in den Metropolen Wien, Madrid, Paris und Stockholm.

Nicht zuletzt Maximilian hatte im Herzen des Kaisers das Misstrauen gegen den zu selbstbewusst und eigenständig gewordenen Wallenstein gesät, es wurden die kühnsten Gerüchte gestreut, etwa jene, Wallenstein habe sich mit Richelieu, dem Ersten Minister Frankreichs, und dem schwedischen Kanzler Oxenstierna verbündet und wolle den Kaiser stürzen und sich selbst die Krone Böhmens aufsetzen, woran freilich kein Wort wahr gewesen ist.

Noch im Jahr der Ermordung Wallensteins gelang den kaiserlichen, bayerischen und spanischen Truppen der entscheidende Sieg gegen die Schweden, mit Sachsen wurde im Jahr darauf Frieden gemacht. Vielleicht hätte der Krieg nun beendet werden können, doch in dieser Situation trat Frankreich an der Seite der Protestanten in die kriegerischen Auseinandersetzungen ein. 1637 starb der Kaiser, sein Sohn Ferdinand III., bisher schon römischer König, folgte ihm nach. Zu diesem Zeitpunkt schien das Kriegsglück den Kaiserlichen gewogen, doch bis zum Ende der Waffengänge pendelte das Schlachtenglück hin und her. Europa war verwüstet, Deutschland stand politisch, moralisch und wirtschaftlich am Abgrund. 1644 wurden in Münster und Osnabrück Friedensverhandlungen aufgenommen, die erst im Oktober 1648 zum Abschluss gebracht werden konnten. Der »Westfälische Friede« zersplitterte das brüchige Mosaik des aus über 230 Einzelstaaten zusammengeflickten Heiligen Römischen Reiches, in dem die Stellung des Kaisers bald nur noch symbolischer Art war, zusätzlich.

Maximilian konnte die Kurwürde und auch die Oberpfalz behalten, die reiche Kurpfalz aber ging an die calvinistischen Wittelsbacher, die in Heidelberg saßen, zurück. In Bayern hatte der grausame Krieg das beinahe absolutistische Regime Maximilians gestärkt. Die Geschichte kennt ungezählte Beispiele dafür, dass harte, autoritäre Maßnahmen im Inneren leichter durchgesetzt werden können, wenn der Staat von außen bedroht wird, was während der Wirren des 30-jährigen Krieges ständig der Fall war. Doch Bayern war verwüstet, das Land lag am Boden. Angesichts dessen hatte Maximilian gegen die spanische Bündnispolitik des Kaisers opponiert und diesem ge-

schrieben, er könne ihm nicht sein Land und sein Volk als Brandopfer darbringen. Für die Erhöhung seines eigenen und seiner Dynastie Prestige sowie für die mächtige Stellung Bayerns im Reich hatte der Wittelsbacher (wie die anderen Fürsten) auf dem Rücken seiner Untertanen mit einem hohen Einsatz gespielt. Ob es »eines Meeres von Blut und Tränen, ob es jahrzehntelangen Mordens, Zerstörens, Vergewaltigens und der Entfesselung der niedrigsten Instinkte bedurfte, um politische Ziele solcher Art zur erreichen« (Prinz), ist eine Frage, die klar zu verneinen ist. Maximilian war zum Spielball der Feinde der Casa de Austria, mit welcher er zwar verbündet war, deren Hegemonie in Deutschland, in Italien, ja in Europa er aber dennoch – gemeinsam mit Frankreich – brechen wollte.
Seinem 1636 geborenen Sohn Ferdinand Maria aus zweiter Ehe mit der viel jüngeren Habsburgerin Maria Anna gab Maximilian bereits 1639 in seinen »Monita paterna« väterliche Ratschläge für dessen zukünftige Regierungstätigkeit mit auf den Weg, die, obwohl sie von einem jesuitischen Beichtvater zu Papier gebracht worden waren, einige bemerkenswerte Passagen enthalten, die darauf schließen lassen, dass die Schrecken des großen Krieges einen leichten Sinneswandel erzeugt haben mögen. »Vom Kriege will ich nicht viel reden«, heißt es hier, »denn lieber ist mir, du weißt wenig davon, als dass du selbst einen führst. Wer vom Krieg redet, redet nur Übles. Die können es bezeugen, die es erfahren, die die Grausamkeiten des Krieges mit eigenen Augen mitangesehen haben; nicht die, die solches nur angeordnet und nichts gesehen haben.« In diesem Vermächtnis kommen die Untertanen zwar vor, doch hauptsächlich als manipulierbare Masse, mit welcher man es sich zum Behufe des Machterhaltes nicht gänzlich verscherzen dürfe. »Die vornehmsten Grundfesten zur Erhaltung der fürstlichen Macht und Gewalt« waren für Maximilian, »nach Gott« und der »Wohlgewogenheit der Untertanen«, das »Kriegsvolk, dessen Anzahl nach Notdurft proportioniert sein soll«, ferner »das bare Geld in genügsamer Menge« und schließlich »die Schanzen oder Festungswerke, um nicht allein dem Feind den Eingang zu verwehren, sondern auch die unruhigen Bürger und Untertanen im Zaum zu halten«.
Maximilian I. starb Ende September 1651 78-jährig in Ingolstadt an den Folgen einer Erkältung, die er sich auf einer Wallfahrt nach Bettbrunn zugezogen hatte.

Maximilian II. Emanuel

oder Wie man es anstellt, einen Schuldenberg von 27 Millionen Gulden anzuhäufen

»Max Emanuel wurde von den Eltern zu Religion und Freundlichkeit gegen jedermann erzogen ... Er schlug die Türken mehrmals glänzend zurück ... Die Hofmusik reorganisierte er, der selbst sehr musikalisch war ... (Er besuchte) in normalen Zeiten täglich die Messe in der Hofkapelle ... In seiner ... Bibliothek hatte er auch zahlreiche religiöse Werke ... Auf kulturellem Gebiet entschied er mit sicherem Geschmack ... Der Heimkehrer Max Emanuel wollte keine Feier, wurde aber in dem von Besatzung befreiten Land ... mit Freude aufgenommen. Er widmete sich in seinem letzten Jahrzehnt Bayern mit seiner ganzen Tatkraft ...«

Diese Sätze sind nicht, wie man vielleicht vermuten könnte, »aus dem Zusammenhang gerissen«, sondern beispielhaft für eine unkritische, ja hagiografische Annäherung an eine historische Persönlichkeit, deren dunkle, unerfreuliche Seiten geflissentlich ausgeklammert oder zumindest marginalisiert werden. Noch immer wird in repräsentativen Sammelbänden und zahllosen Einzeldarstellungen »Geschichte« – in großer Auflage – auf diese Weise erzählt, verharmlost, banalisiert. »Maximilian II. Emanuel ... entwickelte sich zu einem der faszinierendsten Wittelsbacher«, heißt es in einem anderen Buch, das sich der »Macht und dem Mythos« der Wittelsbacher-Dynastie widmet, lapidar, »ehrgeizig, prunkliebend und leichtlebig, ein Liebhaber der Frauen und des Spiels. Er trachtete nach der Königskrone und gilt zugleich als der Repräsentant des bayrischen Hochbarocks.« Ergriffen wird festgehalten, der Kurfürst habe sich gleich zu Beginn seiner Regentschaft »Kriegsruhm« erworben und die Türken mehrmals »glänzend zurückgeschlagen«. Der Leser erfährt in diesen Publikationen, dass Max Emanuel eine Tochter des Habsburger-Kaisers geheiratet habe, nicht jedoch, wie mies und entwürdigend er das arme Ding behandelt hat, dass er ein »großer Bauherr« und »kunstsinnig« gewesen sei, nicht jedoch, dass er das Volk dafür über Gebühr bluten ließ, dass er ehrgeizig und machtbewusst gewesen war, nicht jedoch, dass er rücksichtslos und brutal war.

Zu lange Zeit wurde der »blaue Kurfürst«, wie er von den Türken ob der Farbe seines Waffenrocks genannt wurde, von der Geschichtsschreibung in einem beinahe ausschließlich hellen Lichte wahrgenommen und einseitig positiv beurteilt. Ein kritischer, in seinen Arbeiten jedoch auch stets um historische Gerechtigkeit bemühter Autor wie Friedrich Weissensteiner fand zu einer anderen Charakterisierung, die in der Folge etwas ausführlicher zitiert wird: »Er (Maximilian II. Emanuel) war ein Barockfürst aus echtem Schrot und Korn: vergnügungssüchtig, verschwenderisch, machtbewusst, ruhmsüchtig, zügel- und rücksichtslos. Diese Eigenschaften, die ihm vererbt und anerzogen waren, prägten sein persönliches Verhalten und sein politisches Handeln ... Max Emanuel war ein ungeheuer selbstbewusster und absolut selbstgerechter Potentat, dessen ganzes Sinnen und Trachten in den 47 Jahren seiner Herrschaft (1679–1726) mit geradezu monomanischer Ausschließlichkeit und allen Mitteln auf die Erhöhung seines herrscherlichen Ruhmes und die Ausweitung seines Machtbereiches gerichtet war. Hierbei legte er eine beträchtliche Rücksichtslosigkeit an den Tag, kümmerte sich nicht um das Wohl seiner Untertanen, presste Land und Leute nach Gutdünken und Belieben ohne eine Spur von Schuldbewusstsein und Zerknirschung bis zum letzten Blutstropfen aus. Bei seinem Tod hinterließ er nicht nur eine leere Staatskasse und Millionen Schulden, sondern ein total verarmtes, ausgeblutetes Land.

Der egozentrische, starrköpfige, Vernunftgründen nicht oder nur schwer zugängliche Kurfürst war ein absoluter Herrscher, wie er im Buche steht. Sein Wort galt alles, er befahl, ordnete an, reglementierte, rückte zurecht, räumte beiseite, machte reinen Tisch. ›L' état c'est moi.‹ König Ludwig XIV. von Frankreich, dem dieser Ausspruch zugeschrieben wird, war sein Vorbild ...Wie sein Vorbild ließ auch Max Emanuel prachtvolle Schlösser errichten, die ausschließlich seinem (Nach)Ruhm dienten, der herrschaftlichen Repräsentation. Seht her, ich der Kurfürst, habe das alles geschaffen, war die Devise. Die Mitwelt: sprich die Untertanen, mussten dafür herhalten und bezahlen, die Nachwelt ist noch heute davon begeistert.

Wie der ›Sonnenkönig‹ in Versailles und Trianon, hielt sich auch der ›Blaue Kurfürst‹ in Schleißheim und Nymphenburg Mätressen, setzte sich über die ehelichen Moralvorstellungen der katholischen Kirche ohne mit der Wimper zu zucken bedenkenlos hinweg. Die Ehefrau genügte ihm nicht ... Wie viele uneheliche Nachkommen der Manneskraft des Kurfürsten ihr Leben verdanken, wissen die Götter. Seinen beiden Ehen, das wissen wir genauer, entsprossen dreizehn Kinder, zwölf Söhne und eine Tochter ... Karl Albrecht, der Sohn und Nachfolger des lebensstrotzenden Kurfürsten, brachte es zu kurzen Kaiserehren.«

Der Hang zur Machtlüsternheit, Ruhmsucht und schrankenlosen Prunkentfaltung wurde Max Emanuel von seiner ehrgeizigen und willensstarken Mutter Henriette Adelaide aus dem Hause Savoyen, einer Enkelin Heinrichs IV. von Frankreich, mit auf den Weg gegeben, die ihren Sohn viel stärker prägte als der phlegmatische Vater Kurfürst Ferdinand Maria. Die Erziehung des jungen Wittelsbachers war die eines Fürstensohnes im Zeitalter des Barock, bis zu seinem siebenten Lebensjahr wurde er von Frauen erzogen, dann bekam er einen männlichen Hofstaat, in dessen Schoß er mit den Spielregeln einer fürstlich-absolutistischen Lebenshaltung und den dazu als notwendig befundenen Fertigkeiten vertraut gemacht wurde. Max Emanuel verlor als 14-Jähriger die Mutter, deren Tod er tief betrauerte, als 17-Jähriger den Vater, mit welchem ihn ein weniger herzliches Verhältnis verbunden hatte. Bis zu seinem 18. Lebensjahr stand er nun unter der Vormundschaft seines Onkels Maximilian Philipp, bis er im Juli 1680 als neuer Herrscher die Huldigung der Stände entgegennehmen konnte. Feuerwerke und große Manöver begleiteten seine Inthronisierung. Zu diesem Zeitpunkt waren seine Charakterzüge und Verhaltensmuster, die in seinem späteren Leben zum Tragen kamen und oftmals für Freund und Feind überraschende Volten bereithielten, weitgehend ausgeprägt, seine Stimmungsschwankungen, Kehrtwenden und Sinnesänderungen. Eine gewisse innere Unsicherheit kompensierte er früh mit Überheblichkeit, Herrscherstolz, Aggressivität und an Fahrlässigkeit grenzenden Wagemut.

Am Beginn seiner Regierung stand gleich die schwierige Entscheidung darüber, ob das Bündnis mit Frankreich, das sein Vater im Jahre 1670 abgeschlossen hatte, verlängert werden sollte oder nicht.

Erst die schrankenlose Expansionspolitik Ludwigs XIV. trieb den Wittelsbacher auf die Seite des habsburgischen Kaisers Leopold I. Gegenüber dem österreichischen Gesandten Fürst Lobkowitz sprach er von den »gefährlichen Anschlägen des allerchristlichsten Königs« (Ludwig XIV., Anm. C. D.), der 1681 mitten im Frieden die Freie Reichsstadt Straßburg besetzen ließ und auf diese Weise nicht nur Bayern gegen sich aufbrachte. Nach einem persönlichen Gespräch mit dem ansonsten wenig entschlussfreudigen Kaiser, der ausnahmsweise die Gunst der Stunde zu nützen verstand und im März 1681 höchst selbst nach Bayern reiste, um den jungen Kurfürsten für seine Sache zu gewinnen, entschied sich Max Emanuel endgültig für die Habsburger und schloss nach langen und zähen Verhandlungen 1683 mit dem Kaiser ein Defensivbündnis gegen Frankreich und das Osmanische Reich. Für den Habsburger war jeder Bündnispartner wichtig, er brauchte dringend militärische und finanzielle Unterstützung für einen drohend heraufdämmernden Krieg mit den Türken, welche im Juli 1683 tatsächlich – nach 1529 bereits zum zweiten Mal – mit einer mächtigen Streitmacht von etwa 180 000, vielleicht sogar 250 000 Mann, die genaue Zahl ist nicht mehr zu rekonstruieren, vor den Toren Wiens auftauchen sollten.
Auch Max Emanuel hatte die Gefahr, die von den Türken für das gesamte »christliche Abendland« und somit auch für seinen Herrschaftsbereich ausging, rechtzeitig erkannt und Kriegsvorbereitungen getroffen. Seit seinem Regierungsantritt hatte er das bayerische Militärbudget gleich um das Vierfache erhöht, von 440 000 auf 1 848 567 Gulden. Mit dem Kaiser war die Vereinbarung getroffen worden, ihm 8000 Mann zur Verfügung zu stellen, wofür Leopold die Zahlung von 150 000 Gulden im Frieden und 450 000 Gulden im Kriege zu leisten hatte. Die bayerische Bevölkerung litt unter dem repressiven Rekrutierungsverfahren für die Soldateska, erst unter Max Emanuel bürgerte sich der barbarische Spießrutenlauf in der Armee ein, grausame Strafen wie Nasen- und Ohrenabschneiden waren beinahe an der Tagesordnung. Je länger die blutigen Waffengänge fortdauerten, in welche der Wittelsbacher verwickelt war, desto brutaler ging die Rekrutierung von Soldaten vonstatten, sie wurden »mit den schlimmsten Mitteln von der Bevölkerung erpresst« (Prinz), sogar Kriminelle wurden mit offenen Armen in die Armee aufgenommen.

Kurfürst Maximilian II. Emanuel

Als es schließlich so weit war und die Türken unter dem siegessicheren Kara Mustafa, der seinen Harem, seine Schatzkammer und ein Orchester mitbrachte, am 13. Juli vor Wien lagen, von wo sie erst zwei Monate später vertrieben werden konnten, beteiligte sich Maximilian Emanuel mit einem Kontingent von 11 300 Mann an der Befreiung der Stadt. Die Türken führten übrigens französisches Kriegsgerät mit sich, französisches Geld hatte den Feldzug mitfinanziert. Kaiser Leopold hatte Wien am Abend des 7. Juli mit seinem Gefolge verlassen, wobei ihm von der verängstigten Bevölkerung die Flucht erschwert worden war. Seine Eskorte musste sogar Waffengewalt anwenden. Der 43-jährige Habsburger wurde »von

dem ungehaltenen Pöbel und so genannten ländlerischen Bauernvolk mit Schimpfworten übel angelassen, welche Schmach aber Ihre Majestät mit höchster Geduld überwunden haben und an keinem Rache üben lassen«, hielt die Hofberichterstattung ergriffen fest. Leopold nahm nach einigen Zwischenstationen in Passau Quartier. Als Verbündete standen ihm neben dem Wittelsbacher vor allem der polnische König Johann Sobieski, der den Oberbefehl über das christliche Entsatzheer innehatte und sich seine Hilfe auch fürstlich belohnen ließ, Kurfürst Johann Georg III. von Sachsen und Markgraf Ludwig Wilhelm von Baden zur Seite, der Papst, Innozenz XI., hatte Geld geschickt und ließ sich auch mit seinen »Segenswünschen« nicht lumpen.
Die Verbündeten bezogen auf den Anhöhen des Kahlenbergs mit etwa 65 000 Mann Stellung und schlugen am 12. September das türkische Heer – wie es nun einmal heißt – »vernichtend«. Kara Mustafa, der seinem Sultan Mehmed IV. den »Goldenen Apfel« Wien gleich einer reifen Frucht, die nur noch gepflückt werden müsse, versprochen hatte, wurde auf dessen Befehl erdrosselt.
Der 21-jährige Max Emanuel verdiente sich bei dieser Schlacht seine ersten militärischen Sporen, er war bei jener Gruppe, welche die feindliche Hauptstellung erstürmt hatte. Das bayerische Regiment unter dem Grafen Arco war als erstes in das türkische Lager eingedrungen. Am 15. September ließ der Kaiser sich zu einer Truppeninspektion herab. »Außerhalb des Augustinerklosters«, so eine Quelle, »standen die Bayerischen Truppen und vor denenselben ihre Churfürstliche Durchlaucht in Persohnen zu Pferd sitzend, welche Ihre Majestät im Vorüberrükhen mit Entblößung des Degens eine tiefe Referenz machet.« Der Wittelsbacher brachte nicht nur den ihm vorausgeeilten Nimbus des Siegers und – natürlich – reichlich Beute mit nach Hause, auch tausende Gefangene waren in bayerische Hand gelangt, die nun als billige Arbeitskräfte eingesetzt wurden.
Der Sieg vor den Toren Wiens erwies sich als Zäsur im Kampf gegen die Türken, die nun einsetzende kaiserliche Offensive führte bis weit in den Südosten Europas. 1686 wurde Buda erobert und nach dem großen Sieg bei Mohács 1687, wo Max Emanuel verwundet wurde, anerkannten die ungarischen Stände das Recht der Habsburger auf die Stephanskrone. Im Jahr darauf fiel Belgrad, das sich seit

1521 in der Hand der Türken befunden hatte und an dessen Eroberung Max Emanuel, der in dieser Schlacht erneut verwundet wurde, mit seinen 6000 Bayern entscheidenden Anteil hatte. Dieser Sieg mehrte seinen Ruhm als Feldherr, den der Wittelsbacher genoss und nach Kräften förderte, so ließ er seine militärischen Triumphe im so genannten »Viktoriensaal« des Schlosses Schleißheim in gewaltigen Wandgemälden verewigen. Gemalte Schlachtenszenen als triumphalistische »Kriegsberichterstattung« der jeweiligen Sieger waren in jener Zeit üblich, auch Prinz Eugen, für den die Entsatzschlacht von Wien seine militärische Feuerprobe war, bediente sich dieses Instrumentariums reichlich und ließ riesige Schlachtenpanoramen malen. Eugen stammte aus dem Hause Savoyen und war somit ein Verwandter des Wittelsbachers, dessen Mutter ebenfalls aus dieser Familie stammte. Die beiden beinahe gleichaltrigen Männer freundeten sich an, wobei Max Emanuel die Rolle eines Fürsprechers beim Kaiser innehatte, bei welchem er sich für den Prinzen verwendete, wodurch dieser zu einem kaiserlichen Regiment kam.
Eugen war damals noch nicht der gewiefte Diplomat und »edle Ritter«, der Sieger von Zenta und Peterwardein, Höchstädt und Turin, Oudenaarde und Malplaquet, sondern ein mittelloses kleines Männlein von äußerst unvorteilhaftem Aussehen. Zuvor hatte er Ludwig XIV. seine Dienste angeboten, von diesem wurde er – da Eugen ursprünglich für den geistigen Stand vorgesehen war – aber nur als »Kleiner Abbé« verspottet und mit Häme überschüttet, worauf er 1683 – in Frauenkleidern – aus Frankreich flüchten musste. Viel später erklärte der »Sonnenkönig« einmal gegenüber einem seiner Berater: »Die Bitte an sich war bescheiden, aber dieser Bittsteller wahrlich nicht. Noch nie hat sich jemand erlaubt, wie ein zorniger Sperber mir so frech ins Gesicht zu starren.« Auch Max Emanuel hätte sich in der Zeit seiner Waffenbrüderschaft mit Eugen wohl nicht zu träumen gewagt, dass das Feldherrntalent seines Verwandten das seine dereinst weit überstrahlen und somit in den Schatten stellen würde. Eugen und Max Emanuel hatten zudem wenige Gemeinsamkeiten, das ausgelassene Lotterleben des Kurfürsten, sein Faible für Bälle und Tanz, behagte dem Prinzen nicht, der sich zudem zum eigenen Geschlecht hingezogen fühlte, während der Wittelsbacher ein erprobter Schürzenjäger war.
Dieses ungebundene und freie Leben, das der junge Kurfürst in vol-

len Zügen auskostete, war jedoch einer Einschränkung unterworfen, eine eherne Verpflichtung gegenüber der Dynastie wurde nun schlagend. Die Suche nach einer geeigneten Gattin war nicht einfach, für einen Wittelsbacher kam aus dynastischen und auch machtpolitischen Gründen zuvorderst eine Prinzessin aus dem Kaiserhaus der Habsburger oder dem Königshaus der Bourbonen in Frage, darüber hinaus war der erfahrene Liebhaber Max Emanuel, der seine amourösen Erfolge im Übrigen weniger seiner einnehmenden Person oder gar seinem Aussehen, sondern vielmehr seinem hohen Rang verdankte, keinesfalls gewillt, das »erstbeste Prinzesserl« zur Frau zu nehmen, auch die Konfession musste stimmen. Die Brautschau erwies sich also als delikate Angelegenheit.
Die erste Wahl der bayerischen Räte fiel auf die Prinzessin Eleonore Erdmute, die Tochter des Herzogs von Sachsen-Eisenach, deren Äußeres als überaus ansprechend und anziehend beschrieben wurde, was den Kurfürsten dazu bewog, inkognito nach Eisenach zu reisen, um die potenzielle Kandidatin für sein Schlafgemach persönlich in Augenschein zu nehmen. Nachdem er herausgefunden hatte, dass seine Berater ihm nicht zu viel versprochen hatten, gab er die Anweisung, über die üblichen diplomatischen Kanäle um die Hand der Prinzessin anzuhalten. Doch diesem Ansinnen stand eine gewaltige Hürde entgegen, Eleonore war Protestantin, was im Falle einer Eheschließung die Notwendigkeit einer Konvertierung zum Katholizismus nach sich gezogen hätte, da im tiefkatholischen Bayern eine protestantische Landesherrin außerhalb des Denkmöglichen war. Eleonores Vater aber stemmte sich gegen einen Konfessionswechsel seiner Tochter, womit dieses Eheprojekt scheitern musste. Maximilian Emanuel war nicht übermäßig enttäuscht, ihm gefiel sein freizügiges und ungezwungenes Leben, das er exzessiv fortsetzte.
Doch seine Räte suchten fieberhaft nach einer neuen Kandidatin und fanden sie in der ältesten Tochter des Kaisers Leopold aus dessen Ehe mit Margarita Theresia von Spanien. Das Mädchen hieß Maria Antonia und war ebenso jung wie unansehnlich. Attraktiv machte sie ausschließlich ihre Anwartschaft auf den Thron Spaniens. Ihre Mutter war ebenso eine Tochter König Philipps IV. von Spanien wie Maria Theresia, die Gattin König Ludwigs XIV. von Frankreich, nur hatte die Gattin des Habsburgers im Gegensatz zu

deren Schwester keinen Erbverzicht geleistet. In Spanien regierte in jenen Tagen König Karl II., die Personifizierung dynastischer Inzucht schlechthin. Der König war schwachsinnig und fiel oftmals plötzlich in Ohnmacht. Früh schon waren ihm Haare und Zähne ausgefallen, seine Sehkraft war stark eingeschränkt, außerdem litt er an Impotenz und eitrigen Geschwüren. Unfähig und unwillig, Entscheidungen zu treffen, war dieser Habsburger ein Spielball in den Händen eitler und intriganter Höflinge, die sich je nach Partei an Wien oder Paris orientierten. Da dieser Mann kinderlos geblieben war und nach menschlichem Ermessen niemals Kinder haben würde, war es nicht unwahrscheinlich, dass Spanien mit den reichen Kolonien in Übersee, die spanischen Niederlande, Neapel-Sizilien und Mailand dereinst Maria Antonia, dieser reizlosen 16-jährigen Erzherzogin bzw. deren Kindern zufallen könnte.
Maximilian Emanuel war erotisiert von dieser Möglichkeit, die seine Macht, seinen Reichtum und sein Prestige in ansonsten unerreichbare Höhen katapultieren würde, die Erzherzogin, seine zukünftige Braut, um die er sogleich werben ließ, nahm er in Kauf, ungeachtet dessen, dass sie ihn in keiner Hinsicht interessierte. Mit dem Ergebnis der langwierigen Ehevertragsverhandlungen war der Wittelsbacher wohl nicht zufrieden, er und seine präsumtive Braut mussten auf den größten Teil des spanischen Erbes verzichten, nicht jedoch auf die spanischen Niederlande, das heutige Belgien, das der Kaiser seinem Schwiegersohn zudachte. Madrid lehnte jedoch auch diese Variante ab, da Paris protestiert hatte. Maximilian Emanuel willigte trotz allem in die Eheschließung ein, Maria Antonia wurde erst gar nicht gefragt, so war es üblich. Am 15. Juli 1685 fand die Vermählung statt. »Wie die arme, kleine, schmalbrüstige 16-jährige Braut die Brautnacht in den Armen ihres um sieben Jahre älteren, liebeserfahrenen Mannes ›bestand‹, der vom ausschweifenden Lebemann nie zum treuen Ehemann geworden ist«, notierte Weissensteiner, »wissen die Götter. Maria Antonia war ein bedauernswertes Geschöpf, eines der vielen Opfer erbarmungsloser dynastischer Heiratspolitik ... Die Kosten für die teure Ausstattung der Braut und die kostspieligen Vergnügungen mussten die Untertanen berappen, die der Hof über die zuständigen Behörden unerbittlich zur Kasse bat«. In den nächsten Jahren der jungen Ehe fand man den Kurfürsten entweder auf Schlachtfeldern oder in fremden Betten, beim

Spiel oder auf Maskenbällen, sein zügelloses Treiben trug ihm schließlich eine Ermahnung des Papstes ein, welche der Wittelsbacher großzügig ignorierte, in diesem Falle muss man wohl sagen zu Recht, denn die Lebensführung sowie die Politik der allermeisten Päpste, gleichgültig in welches Jahrhundert wir uns vertiefen, war nicht dazu angetan, moralische Zensuren zu verteilen bzw. paternalistische Ermahnungen zu formulieren. Max Emanuel erklärte freimütig, er würde auf einen neuen Papst hoffen, der ihm gegenüber freundlicher eingestellt wäre und dann wäre es auch an der Zeit, nach Rom zu reisen, um die Auflösung der Ehe mit der ungeliebten Gattin zu erbitten. Das eine oder andere Mal muss der »blaue Kurfürst« sich aber dennoch ins Schlafgemach Maria Antonias verirrt haben, denn 1689 brachte sie ihr erstes Kind zur Welt, das allerdings nach nur drei Tagen starb. Im November 1690 hatte sie eine Totgeburt.

Neben der Hochzeit Max Emanuels mit der Kaisertochter brachte das Jahr 1685 für das Haus Wittelsbach noch ein weiteres wichtiges Ereignis, den Übergang der pfälzischen Kurwürde an Philipp Wilhelm von der Linie Neuburg. 1689 fielen die Franzosen in die Pfalz ein und verwüsteten das Land. Der Kurfürst, im Übrigen der Schwiegervater des Kaisers, berichtete seinem Sohn über das wüste Treiben der Franzosen: »... barbarischer als jemahl mit sengen, brennen, sprengen undt morden auch niederhauung Männer, Weiber und unschuldige Kinder, deren man theils ins Feuer geworfen und theils wie ein gebundt holtz zusammengebunden und ins feuer geworfen hat ...« Ludwig XIV., der Urheber dieser Gräueltaten, versteckte sich hinter dem Vorwand, er würde nur die legitimen Interessen seiner pfälzischen Schwägerin Liselotte vertreten, einer Schwester des verstorbenen Kurfürsten. Max Emanuel trat nun jener militärischen Fürstenallianz bei, die dem »Sonnenkönig« entgegentrat, doch er tat dies nicht umsonst, Kaiser Leopold musste ihm neben der Leistung von Subsidienzahlungen versprechen, beim spanischen König für ihn die Statthalterschaft der Niederlande zu erwirken, was dieser tatsächlich zu erreichen vermochte. Ende 1691 wurde Maximilian II. Emanuel zum Generalstatthalter der Niederlande ernannt.

Drei Monate später zog er mit großem Gefolge in Brüssel ein. Seine Gattin, die erneut schwanger war, durfte nicht mitkommen. Als zu dieser Schmach noch Nachrichten aus den Niederlanden nach München kamen, wonach der Kurfürst erneut von einer Liebschaft in die nächste wanken würde, nahm Maria Antonia all ihren Mut zusammen, ließ packen und reiste zu ihrem Vater nach Wien. Dort brachte sie im Oktober 1692 einen Sohn zur Welt, der auf den Namen Joseph Ferdinand Leopold getauft wurde. Ende des Jahres starb die von Depressionen gequälte Kurfürstin, die Einschätzung, wonach sie an den ungezählten Kränkungen und Demütigungen, die ihr Max Emanuel zugefügt hatte, zu Grunde gegangen war, ist jedenfalls nicht ganz von der Hand zu weisen. Ihr Testament liest sich als finaler Gruß an ihren Gatten, für den der letzte Wille Maria Antonias ein Schlag ins Gesicht war. Sie verzichtete nochmals ausdrücklich auf das spanische Erbe und hinterließ ihr Vermögen ausschließlich ihrem Sohn. Sollte dieser vor ihrem Gatten sterben, so würde das Erbe nicht ihm, sondern der kaiserlichen Verwandtschaft zufallen. Der Wittelsbacher soll außer sich vor Zorn gewesen sein, er nahm nicht einmal am Begräbnis seiner Gattin teil, für deren frühen Tod er nichts als kaltschnäuzige Gleichgültigkeit übrig hatte.

Im Brennpunkt von Max Emanuels Ehrgeiz stand nun sein kleiner Sohn, mit welchem die Hoffnung auf das spanische Erbe weiterlebte, doch der Knabe, der vom Vater zunächst nach München und einige Jahre später nach Brüssel geholt wurde, war kränklich und litt an Magen- und Darmbeschwerden. In München war man verärgert, dass der Erbe der Dynastie nach Brüssel gebracht wurde, es wurde heftig darüber spekuliert, ob der Kurfürst, der seit dem Jahre 1695 mit Therese Kunigunde, einer Tochter des verstorbenen polnischen Königs Johann III. Sobieski verheiratet war, überhaupt noch einmal nach Bayern zurückkehren würde. Max Emanuel provozierte mit seiner luxuriösen, ja pompösen Hofhaltung und verwendete einen großen Teil seiner Einkünfte aus Bayern dafür, eben diese Hofhaltung zu pflegen und aufrechtzuerhalten. In Brüssel erwarb Max Emanuel reiche Kunstschätze, unter anderen von Rubens und van Dyck, ob er diese Kostbarkeiten auch ordnungsgemäß bezahlte, ist in keiner Quelle nachzulesen.

1698, genauer gesagt im November dieses Jahres, war der ehrgeizige, ruhmsüchtige Wittelsbacher dem Ziel seiner Wünsche so nahe wie noch niemals zuvor. Karl II. von Spanien ernannte seinen Sohn, den erst sechsjährigen Kurprinzen Joseph Ferdinand zum Prinzen von Asturien und zum Universalerben des spanischen Thrones. Max Emanuels Traum von einer Krone für das Haus Wittelsbach war zum Greifen nahe, zumal auch Frankreich und England in die Entscheidung Karls miteingebunden waren. Der Kurfürst ließ eine Flotte von 24 Segelschiffen ausrüsten, die im Hafen von Amsterdam schon bereitstanden, um den Erben des spanischen Weltreiches auf die iberische Halbinsel zu bringen, wo er für seine zukünftige Aufgabe erzogen werden sollte. Doch da trat das Unvorstellbare ein, ein plötzlicher Tod raffte am 6. Februar 1699 das Leben des Kurprinzen hinweg und löschte die hochfahrenden Pläne des Vaters mit einem Schlage für immer aus. Als ihm die Nachricht vom Tod seines Kindes überbracht wurde, schrie der Wittelsbacher vor Zorn und Schmerz auf, er zerriss seine Kleider und fiel beinahe in Ohnmacht. Zum neuen Erben der spanischen Krone wurde nun Philipp von Anjou ernannt, der Enkel Ludwigs XIV. Karl II. starb Anfang November 1700. Als der Kaiser in Wien von der testamentarischen Verfügung erfuhr, wonach der Franzose zum Erben ernannt worden war, zeigte er sich entschlossen, diese Entscheidung nicht so einfach hinzunehmen. Der Habsburger machte Erbansprüche für seinen Sohn Karl geltend, wobei er von England und Holland unterstützt wurde. Spanien hatte nun zwei Könige, den Habsburger Karl III. und den Bourbonen Philipp V. Der »Spanische Erbfolgekrieg« hatte begonnen, dessen Waffengänge, freilich vielfach unterbrochen, 13 Jahre währen sollten. Es wurde in Italien, in den Niederlanden und am Rhein gekämpft, die Seemächte fochten sogar in Übersee.

Der Kurfürst Maximilian Emanuel stand vor der schwierigen Entscheidung, für welche Partei er eintreten, auf welche Seite er sich schlagen sollte. Einerseits wäre es als Reichsfürst seine Pflicht gewesen, an der Seite des Habsburger-Kaisers zu kämpfen, andererseits war er als Statthalter der spanischen Krone der Entscheidung Karls II., einen Bourbonen als Erben zu ernennen, verpflichtet, doch diese Gesichtspunkte bildeten nicht das Fundament für das Denken dieses prestigesüchtigen Wittelsbachers, der seine Entscheidung, diesmal an der Seite Frankreichs zu kämpfen, von ganz andern Erwägungen abhängig machte. Die Emissäre des französischen Königs hatten ihm einfach das bessere Angebot gemacht. Er rüstete zum Krieg gegen seinen ehemaligen Schwiegervater und fiel 1703 mit 12 000

Mann in Tirol ein, doch er hatte nicht mit dem Widerstandsgeist der Tiroler Landbevölkerung gerechnet, welche die Bayern mit ihrer Guerilla-Taktik aus dem Lande jagten. Etwa ein Jahr später, im August 1704, wurde das bayerisch-französische Heer durch eine kaiserlich-englisch-holländische Armee, die vom Prinzen Eugen und dem Herzog von Marlborough angeführt wurde, bei Höchstädt vernichtend geschlagen. Max Emanuel hatte auf das falsche Pferd gesetzt und musste fliehen, zuerst nach Brüssel, dann nach Frankreich. 1706 verhängte Kaiser Josef I., der Nachfolger des im Jahr zuvor verstorbenen Leopold, die Reichsacht über den Wittelsbacher. Er durfte erst nach dem Ende des Spanischen Erbfolgekrieges nach München zurückkehren.

Auch Bayern blieb bis 1714 unter kaiserlicher Verwaltung. Die Parole, welche die drangsalierte und ausgeplünderte Bevölkerung, die nun Ähnliches zu erleiden hatte wie zuvor die Tiroler Bevölkerung unter dem Joch der bayerischen Besatzungsmacht, gegen die fremden Herren ausgerufen hatten, »lieber bayrisch sterben, als kaiserlich verderben«, kam nicht von ungefähr, die Österreicher reizten die Bayern bis aufs Blut, mitleidlos wurden Männer für die Armeen des Prinzen Eugen rekrutiert und hohe Steuern eingehoben, dem Land wurden schwerste Lasten auferlegt, die wie immer von den einfachen Menschen getragen werden mussten, während Max Emanuel, der von Karl Bosl völlig zu Recht als »fürstlicher Bankrotteur« bezeichnet wurde, im französischen Exil saß und dort, wie Liselotte von der Pfalz berichtete, ein »Luderleben« führte. Der Bauernaufstand von 1705, der eine logische Konsequenz der fortgesetzten Unterdrückung war, wurde blutig niedergeschlagen, ein gefälschter Aufruf des fernen Kurfürsten hatte den Aufstand noch zusätzlich gestärkt. Bekannt wurde insbesondere das Sendlinger Massaker, die »Sendlinger Mordweihnacht«, in der ein ungenügend bewaffneter Haufen von Bauern von regulären österreichischen und ungarischen Truppen umzingelt und gnadenlos zusammengeschossen wurde, die Toten wurden im Anschluss sogar ihrer Kleidung beraubt. Ein anderes Massaker in Niederbayern forderte an die fünftausend Tote, Gefangene wurden kaum gemacht, Dörfer wurden niedergemacht und verbrannt. Max Emanuel berührten die Opfer und das Leiden seiner Untertanen kaum, er distanzierte sich von dem Aufstand ...

1715 war Versöhnung angesagt, der Wittelsbacher erhielt auf Basis

des Friedens von Rastatt und Baden von 1714 die Kurfürstenwürde und seine Stammlande zurück, in kürzester Zeit söhnte er sich mit den Habsburgern aus, was für die Bevölkerung, die ein Jahrzehnt unter der Schreckensherrschaft der Österreicher zu leiden hatte, einem Faustschlag ins Gesicht gleichkam. Das ausgebeutete, unterdrückte und rechtlose Volk war für ihn lediglich ein Objekt, eine formbare, anonyme Masse. Max Emanuel hatte in den Jahren des Exils nichts hinzugelernt, er knüpfte bei seiner Rückkehr dort an, wo ihn die oben konzis skizzierten politischen Wirrnisse, an welchen er nicht wenig Schuld trug, aufzuhören gezwungen hatten.
1726 starb der Wittelsbacher und hinterließ beinahe 27 Millionen Gulden Schulden. Er übergab seinem Nachfolger ein finanziell ausgeblutetes und schlecht verwaltetes Land, das in der Periode Max Emanuels im Gegensatz zu Preußen, Sachsen mit Polen und schließlich Hannover auch nicht Königreich geworden war, obwohl der »Blaue Kurfürst« auf eine solche Königskrone für sein Haus als Krönung seines Lebens und seiner langen Regentschaft mit allen seinen Möglichkeiten und ganzer Kraft hingearbeitet hatte.

Ludwig I. und die Tänzerin Lola Montez

oder Die Liebe kann gefährlich sein

»Sehet an das von Gott gezeichnete Scheusal,
den König Ludwig von Baiern,
den Gotteslästerer, der redliche Männer vor
seinem Bilde niederzuknien
zwingt und die, welche die Wahrheit bezeugen,
durch meineidige Richter
zum Kerker verurteilen lässt; das Schwein,
das sich in allen Lasterpfützen
von Italien wälzte, den Wolf …«
Georg Büchner

1756 war ein ereignisreiches Jahr. Wolfgang Amadeus Mozart wurde geboren, Friedrich »der Große« entzündete den Siebenjährigen Krieg um Schlesien und Casanova flüchtete aus den Bleikammern Venedigs. Dass in diesem Jahr dem Pfalzgrafen Friedrich Michael von der Birkenfelder Seitenlinie des Hauses Zweibrücken ein Sohn geboren wurde, sein dritter, nahm sich nicht eben spektakulär aus, nichts deutete darauf hin, dass dieses Kind, Maximilian Josef, der Vater Ludwigs I., einst König von Bayern werden könnte.
Im Kurfürstentum regierte zu dieser Zeit Max III. Josef, dessen Ehe kinderlos blieb. Im Jahre 1777 starb der Kurfürst, er war der letzte Nachkomme von Kaiser Ludwig »dem Bayern«. Seine Nachfolge trat Karl Theodor von der Pfalz an. »Nun sind deine guten Tage vorüber«, soll der neue Kurfürst zu sich selbst gesagt haben. Es war kein Geheimnis, dass seine Gattin nach dem frühen Tode eines Sohnes keine Kinder mehr bekommen konnte, wodurch die Zweibrückener Verwandten, die dem Herrscher in München verhasst waren,

die nächsten Anwärter auf den Thron wurden. Die Zweibrückener hatten gemeinsam mit bayerischen Patrioten gegen Karl Theodors Politik der »Zerstückelung« Bayerns opponiert, gegen Pläne, die den Tausch von Territorien mit den Habsburgern, die sich Bayern gerne einverleibt hätten, zur Grundlage hatten.
Karl Theodors Gattin war erst ein halbes Jahr unter der Erde, als der nunmehr bereits 71-Jährige, der eine stolze Reihe unehelicher Kinder in die Welt gesetzt hatte, eine 19-jährige Prinzessin aus dem Hause Habsburg heiratete, die ihm den brennenden Wunsch nach einem männlichen Nachfolger erfüllen sollte. Vier Jahre später war Maria Leopoldine, eine Enkelin der legendären Maria Theresia, tatsächlich schwanger, allerdings nicht vom Kurfürsten, der noch im selben Jahr starb, sondern von einem Grafen. Da sie ganz offen zugab, dass Karl Theodor nicht der Vater des Kindes sei, war ihr die Zuneigung des späteren Königs Ludwig I. gewiss, der 1845 bemerkte, ihr wäre es »zu verdanken, dass Wittelsbacher noch in Bayern herrschen«.
Nun waren die Zweibrückener an der Reihe. Dass ausgerechnet Max Josef an die Macht gelangte, hatte dieser mehreren Zufällen zu verdanken, oder – um mit den Worten des künftigen Königs zu sprechen – seinem »Sauglück«, womit er wenig pietätvoll auf einige Todesfälle in der Familie anspielte. Herzog Christian IV., der letzte männliche Repräsentant der Hauptlinie, hatte sich selbst aus dem Spiel genommen, als er eine Pariser Tänzerin geheiratet hatte. Max Josefs Vater war 1767 gestorben, ein älterer Bruder bereits als Kind. Der andere Bruder, Karl August, hatte 1795 die Augen geschlossen. Sein Tod bewahrte Bayern womöglich vor großem Unglück, es kam nicht von ungefähr, dass er den Beinamen »der wilde Karl« erhielt. Nach Wolfgang Müller führte er »ein ausschweifendes Leben, schikanierte seine Untertanen und war überhaupt von so bestialischer Wildheit, Grausamkeit und Zügellosigkeit, dass an seinem klaren Verstande gezweifelt wurde«. Von Karl Augusts im Alter von nur neun Jahren verstorbenen Sohn ging übrigens das Gerücht, habsburgische Agenten hätten ihn ermordet.
Max Josef war 43 Jahre, als er im Februar 1799 in München als neuer Kurfürst einzog. Über sein eher bäuerliches Äußeres wurde gesagt, er sähe aus wie ein »grober, verdrießlicher Fuhrknecht«. Seine Untertanen wollten in dem gemütlich aussehenden, wohlgenährten

Max Josef, der rechtzeitig zum Katholizismus konvertiert war, einen der ihren erkennen und begrüßten ihn mit Begeisterung. Ein Urbayer soll ihn, den Leutseligen, mit den berühmt gewordenen, in mehreren Versionen überlieferten Worten begrüßt haben: »Grüaß die God, Maxl, ja weilsd' no endlich da bist! – Da, trink, Durchlaucht!«

Ein sich natürlich und ungezwungen gebender Biedermann wie dieser Wittelsbacher, der sich auch schon einmal auf ein Bier unters Volk mischte, brauchte sich selbst im Zeitalter der Französischen Revolution nicht wirklich zu fürchten. So oder so ähnlich tönt die patriotische, anekdotenreiche Geschichtsberichterstattung, die verschweigt, dass Kurfürst Maximilian IV. Josef nach einem Jahr Regentschaft noch genauso unbeliebt war wie sein Vorgänger im letzten Jahr seiner Herrschaft, die Sympathie und Loyalität der Menschen gewann der »Lebemann und freundliche Schuldenmacher« erst später, Schritt für Schritt.

Mit Maximilian Josef kam der aus savoyischem Adel stammende, in München aufgewachsene Legationsrat und in der Folge fast allmächtige Minister Maximilian Graf Montgelas nach München, der zwischen 1799 und 1817 in der Tradition des aufgeklärten Reformabsolutismus einen zentralistischen Verwaltungs- bzw. Beamtenstaat schuf. Der kühle, mit allen Wassern gewaschene Montgelas wurde zum Architekten des neuen Bayern. Was in Frankreich die Revolution bewirkt hatte, bewirkte der Graf von oben: »die rücksichtslose Enteignung der eigenberechtigten Gewalten im Inneren des Staates. Es sollte keine Götter mehr neben ihm geben; aber der Eine Gott, der Staat, war nun ein Abstraktum, sicher nicht der populäre Kurfürst und seit 1806 König Max Josef« (Amery). Drohungen und Versprechungen hatten Bayern an die Seite Napoleons gebracht, dessen Politik Bayerns Schicksal bis zum Jahre 1813, bis zur blutigen Völkerschlacht bei Leipzig, bestimmte. Im Jahr zuvor waren während des Russlandfeldzuges 30 000 bayerische Soldaten elend zu Grunde gegangen. Der Blutzoll, der Preis, den das Land zu zahlen hatte, war demzufolge sehr, sehr hoch, auf der Habenseite standen der große Zugewinn an Territorien und Prestige. Am 1. Januar 1806 wurde Bayern per Dekret zum Königreich erhoben, wenige Tage später verheirate Napoleon seinen Stiefsohn Eugène Beauharnais mit der bayerischen Prinzesssin Auguste Amalie. »Du wirst die Prinzessin Auguste von Bayern heiraten«, hatte Napoleon seinem Stiefsohn lakonisch mitgeteilt, »anbei auf einer Tasse ihr Bildnis – in Wirklichkeit sieht sie hübscher aus. N.« Die Ehe wurde wider Erwarten glücklich. Das »neue Bayern« verdankte seine Existenz also dem Korsen, Max. I. Josef wurde König von Napoleons Gnaden.

Montgelas, der pragmatische Aufklärer, hatte einen Staat geschaffen, dem es an innerem Zusammenhalt fehlte, er bedurfte – so hieß es bisweilen – einer »Seele«. Bayern eine »Seele« einzupflanzen, Altbayern, Schwaben und Franken, die neuen und die alten Gebiete, zusammenzuführen, dies war Max' Sohn und Nachfolger Ludwig beschieden, der federführend zu Montgelas Sturz beigetragen hatte. Insbesondere die Weigerung des Grafen, dem Wunsch nach einer liberalen Verfassung nachzugeben, hatte ihn zum Feindbild des Bürgertums gemacht, zu dessen Sprecher sich Kronprinz Ludwig berufen fühlte.

Ludwig I., der 1825 seinem Vater nachfolgte und bis zum Revolutionsjahr 1848 regierte, war der älteste Sohn von Max I. Josef und dessen Gemahlin Auguste Wilhelmine von Hessen-Darmstadt. Geboren wurde der Wittelsbacher, der an ererbter Schwerhörigkeit litt und auch einen Sprachfehler hatte, 1786 in Straßburg, wo sein Vater als Offizier im Sold des französischen Königs Ludwig XVI. stand. In diesem Jahr 1786 starb Friedrich der Große, in England wurde der mechanische Webstuhl erfunden, James Watt arbeitete an einer Dampfmaschine. Ein neues Zeitalter mit neuen Herausforderungen dräute heran, sensible Geister meinten aus Mozarts Oper »Figaros Hochzeit« die ersten Revolutionsklänge heraushören zu können.

Ludwig XVI. von Frankreich fungierte als Taufpate und Namensgeber des Knaben, dem früh schon der Ehrentitel eines Obersten der französischen Armee zugesprochen worden war. Aus diesen frühen Tagen erwuchsen die Wurzeln von Ludwigs Frankophobie, seiner heftigen Abneigung gegen alles Französische und wohl auch seines demonstrativen, den Rang einer persönlichen Ideologie einnehmenden »Teutschtums«. Sein bayerisches Staatsbewusstsein war im Übrigen ebenso stark ausgeprägt. »Meine Richtung ist teutsch«, bekannte er 1830, »teutsch so lange ich lebe!« Und ein anderes Mal: »Wir wollen Teutsche sein und Bayern bleiben.« Auch Ludwigs Antipathie gegenüber dem Grafen Montgelas, dessen von wenigen

Skrupeln angekränkelte Außenpolitik das Bündnis mit Frankreich auf die Schienen gebracht hatte, ist auf die Erfahrungen jener Jahre zurückzuführen.

»Nach der Herrschaft Napoleons«, erklärte Ludwig gegenüber dem französischen Gesandten, »müsse man auf den Ruhm der Waffen verzichten. Um ein großer Fürst zu werden, sei das Land Bayern ein viel zu enger Spielraum, so dass nichts übrig bleibe als der Mäzen Europas zu werden«. Kunst und Architektur waren für den unheimlich fleißigen, pedantischen und sparsamen, ja regelrecht geizigen König, der es durchaus genoss, wegen seiner oftmals geflickten Kleidung scheel angesehen zu werden, politische Ausdrucksformen, sichtbare und greifbare Objekte, die den Bürgern die geistige Identifikation mit dem neuen Staat erleichtern sollten. Seine Residenz wünschte er zu einem Ort zu machen, »der Teutschland zur Ehre gereichen soll, dass keiner Teutschland kennt, wenn er nicht München kennt«. Ludwig, der sich auch in der Dichtkunst versuchte, dieses ebenso leidenschaftlich wie schlecht, stellte seine Herrschaft unter die Herrschaft der Musen.

Die Liste jener Bauwerke, die auf die Initiative Ludwigs zurückgehen, ist lang und beeindruckend, wenngleich die sich über Repräsentationslust und dem starken ideologischen Moment definierte Bauwut des Königs, die über Jahrzehnte für Arbeitsplätze sorgte und die Staatskasse nicht belastete, die Schuld dafür trug, dass sanitäre Bauten und etwa die städtische Wasserversorgung Münchens stark vernachlässigt wurde, was mehrmals zu gefährlichen Epidemien führte. Dass sein Baufanatismus diese und andere Probleme und Opfer nach sich zog, interessierte Ludwig nicht, zehnjährige Kinder, die zehn Stunden pro Tag hart arbeiten mussten, waren ihm ebenso egal wie die Familien jener zahlreichen Arbeiter, die auf des Königs Großbaustellen bei Unfällen ums Leben kamen.

Ludwigs National- und Kulturbewusstsein war gleichzeitig »teutsch« und bayrisch, beides sollte in einer symbolkräftigen Architektur sinnfällig und identitätsstiftend zum Ausdruck kommen. Als Beispiel für eine genuin politische Architektur sei die »Befreiungshalle« bei Kelheim genannt, die Ludwig dem Kampf Deutschlands gegen Napoleon widmete, wohl deshalb, um den napoleonischen Ursprung seiner Krone vergessen zu machen.

Ludwig, dessen von Blatternnarben durchfurchtem Antlitz eine

spitze Nase krönte, war ein schwieriger, von Widersprüchen beherrschter Mensch, er konnte sensibel und eiskalt bis hin zur Rohheit anderen gegenüber sein, er konnte charmant und taktlos sein, vor allem aber zweiteres, seine Handlungsmuster und Entscheidungen waren einmal von Hausverstand getragen, ein anderes Mal von an Verrücktheit grenzender Irrationalität. Seine Umgangsformen waren – gelinde gesagt – zwanglos, zwar legte er Wert auf seine »Würde« als Monarch, die der jähzornige, aufbrausende Wittelsbacher selbst aber am allerwenigsten zu wahren wusste, was vermutlich mit seinen unsteten frühen Jahren zu tun hatte. Die Zutaten, die es ihm ermöglicht hätten, zu einer runden, harmonischen Persönlichkeit zu reifen, wurden dem gebildeten, ereignishungrigen Ludwig eben nicht in die Wiege gelegt.
Einige Jahre nach dem Beginn seiner Herrschaft, um 1830, dem Jahr der Pariser Revolution, zeichnete sich eine Wende im politischen Denken Ludwigs ab, der am Ende dieser Entwicklung als reaktionär gewordener Monarch viel an Sympathie eingebüßt hatte, nicht wenige sahen in ihm einen Wortbrüchigen, einen Verräter an der liberalen Sache, als deren monarchischer Hoffnungsträger er doch gegolten hatte, so etwa der Dichter Georg Büchner, der in einer Flugschrift aus 1834 enttäuscht und hasserfüllt verlautbaren ließ: »Sehet an das von Gott gezeichnete Scheusal, den König Ludwig von Baiern, den Gotteslästerer, der redliche Männer vor seinem Bilde niederzuknien zwingt und die, welche die Wahrheit bezeugen, durch meineidige Richter zum Kerker verurteilen lässt; das Schwein, das sich in allen Lasterpfützen von Italien wälzte, den Wolf, der sich für einen Baals-Hofstaat für immer jährlich fünf Millionen durch meineidige Landstände verwilligen lässt, und fragt dann: ›Ist das eine Obrigkeit von Gott zum Segen verordnet?‹ Ha! Du wärst Obrigkeit von Gott? Gott spendet Segen aus; du raubst, du schindest, kerkerst ein; du nicht von Gott, Tyrann!«
Sichtbar wurde die konservative Wende Ludwigs im Zusammenhang mit dem so genannten »Hambacher Fest«, das im Jahre 1832 Tausende Demokraten, Liberale und Burschenschafter zu einem »Nationalfest der Deutschen« zusammengeführt hatte. Die Veranstalter wurden hartnäckig verfolgt, 8000 Soldaten rückten in die Pfalz vor, um die aufflammenden demokratisch-republikanischen Stimmungen zu unterdrücken, der König selbst sprach sich für

schwere Strafen aus. Während sich in der Pfalz die Richter von Ludwig nicht einschüchtern ließen, tobten im rechtsrheinischen Bayern 142 politische Prozesse, die mit teilweise hohen Freiheitsstrafen für die Angeklagten endeten. Ebenfalls 1832 fand an der »Konstitutionssäule« im Schlosspark von Gaibach eine vom Publizisten Gottfried Eisenmann organisierte Veranstaltung statt, auf welcher der liberale Politiker und Staatsrechtler Wilhelm Josef Behr eine Rede hielt, welche die Forderung nach einer Verfassungsänderung im liberalen Sinn zum Inhalt hatte. Als es zum Prozess gegen Behr kam, intervenierte der König persönlich, indem er das Verfahren, in welchem dem Redner »Hochverrat« und »Majestätsbeleidigung« vorgeworfen wurde, von Würzburg nach München verlegen ließ, »wo willfährige Richter Behr und Eisenmann erwartungsgemäß zu mehrjähriger Festungshaft verurteilten. Erst 1847 wurden sie begnadigt, 1848 endlich rehabilitiert. Die lange Vorgeschichte dieses Racheaktes des Königs zeigt jedenfalls, dass Ludwig I. von Anfang an keineswegs bereit war, königliche Vorrechte zu Gunsten konstitutioneller Vorstellungen einzuschränken« (Prinz). Vergessen war die Zeit, als der Italienreisende Ludwig mit deutschen Jungmalern die reichlich gefüllten Becher erhob und auf die Freiheit angestoßen hatte, vergessen waren die alten Ideale, die alten Freunde. Die Presse wurde geknebelt, Andersdenkende ließ der Wittelsbacher mit Strafen und Gefängnis verfolgen. Über die katholische Kirche und deren »Rechte« hingegen hielt Ludwig nun seine schützende Hand.

Die kritischen Stimmen, die ihren Unmut gegenüber dem König artikulierten, wurden immer lauter und eindringlicher. Es hätte für Ludwig eine Warnung sein sollen, als in München eine kleine Revolte gegen die Preiserhöhung des Bieres, also des bajuwarischen Grundnahrungsmittels schlechthin, ausgebrochen war. Der Münchner »Bierkrieg« geriet so zum Vorboten der Revolution des Jahres 1848, welche wesentlich durch die absolutistische, auf Unterdrückung und Verfolgung gründende Herrschaft des Wittelsbachers ins Rollen gekommen war. Doch noch einen Grund für den Unmut der Bevölkerung gab es, die Affäre um Lola Montez, »die 28-jährige Tänzerin, die dem 61-Jährigen, für Frauenschönheit immer empfänglichen Monarchen den Kopf völlig verdreht. Wobei es gar nicht darauf ankommt, ob und wie oft der alte Herr bei der hergelaufenen

Abenteuerin noch zum Zug kam. In der Montez-Affäre machte das Volk klar, dass es sich nicht alles bieten lassen wollte.« (Riehl)
Irgendwann im Jahre 1846 hatte Ludwig von der Intendanz des Hoftheaters die Nachricht erhalten, es habe sich eine spanische Tänzerin, Senora Maria dc los Dolores Porris y Montez, angemeldet und um die Erlaubnis zu einem Tanzspiel ersucht. Von der Dame war nicht viel bekannt, man erzählte sich aber, dass sie eine sehr schöne Frau sei, die nebst einer stattlichen Reihe anderer Männer auch den begnadeten Musiker Franz Liszt »begeistert« habe, wie sich ein Autor vornehm ausdrückte. Was man dem König noch mitteilen konnte, war, dass die viel herumgereiste Tänzerin in Paris in ein Verfahren verwickelt gewesen sei, das aus einem Zweikampf um ihretwillen erwachsen sei. Ludwig sprach Spanisch, er hatte vor allem Calderon gelesen und empfand für dieses Land besondere Sympathie. Die Intendanz hatte das Ansuchen der Montez abgelehnt, die sich angesichts des Rufes des Wittelsbachers, hinter jedem Rock her zu sein, und im Bewusstsein ihrer eigenen Attraktivität um eine Audienz bei Ludwig bemühte, die ihr im zweiten Anlauf auch gewährt wurde. Die Señora wusste ganz genau, »wie ihre äußere Erscheinung auf Männer wirkt. Und wirklich, sie ist ein Kunstwerk der Natur. Tiefblaue, feurige, glänzende Augen, die zuweilen einen feuchten Schimmer wie von wilder Leidenschaftlichkeit zeigen, erhellen ein formvollendetes Antlitz, das bei nicht allzu hoher Stirn von seidenweichen, ebenholzschwarzen Haaren überschattet ist. Dazu ein edel geformter, nur vielleicht etwas zu großer Mund, ein schlanker, schneeweißer Hals und eine Gestalt, die auch den abgefeimtesten Frauenverächter zur Bewunderung zwingen muss .... ihr Herz ist ebenso kühn wie leidenschaftlich, ebenso mutig wie unbändig und setzt sich über alle Regeln hinweg, die ihre Mitwelt im Banne halten. Sie lacht über Bürgerlichkeit, Anstand und Sitte, die man nach außen zeigen muss, wenn man auch insgeheim nicht ganz so ist. Sie verachtet die Frömmigkeit am meisten dort, wo sie zu sehr zur Schau getragen wird ...« (Corti) Kurz nach dieser Audienz erging eine königliche Weisung an die Intendanz: Die »Spanierin vornehmer, adeliger Herkunft« darf tanzen!
Um die »Herkunft« und das Vorleben der Montez konkurrieren unzählige Spekulationen und Gerüchte, so wurden alleine mindestens fünf Geburtsorte angegeben: Madrid, Genf, Kalkutta, Konstan-

tinopel, Schottland. Der Vater soll ein indischer Fürst, ein spanischer Grande oder ein englischer Offizier gewesen sein – ausgerechnet Lord Byron. Auch über die Mutter ist allerhand zu lesen, sie wäre eine Kreolin gewesen, eine Zigeunerin, eine Wäscherin oder eine spanische Adelige. Tatsächlich wurde Lola Montez im Jahre 1818 in der irischen Grafschaft Limerick als Tochter des Fähnrichs Edward Gilbert und einer Spanierin geboren, die sich – vermutlich weil der Name Klang hatte – Miss Oliverez de Montalva nannte. Lola war etwa vier Jahre alt, als ihr Vater nach Indien versetzt wurde, wo er nach nicht einmal einem Jahr an der Cholera starb. Die eitle, vergnügungssüchtigte Mutter fand rasch Trost bei einem anderen Soldaten, einem sehr viel älteren Captain namens Craigie, den sie 1824 heiratete.

Lola wurde zu Verwandten ihres Stiefvaters nach Schottland geschickt. Später kam sie in das Haus eines Sir Jaspers, wo sie zusammen mit dessen Tochter von einer Gouvernante erzogen wurde, Reisen führten die Mädchen nach Paris und in die Schweiz. Als Lola 16 Jahre alt war, fasste ihre Mutter, die sie Jahre nicht gesehen hatte, den Plan, ihre – wie ein Foto deutlich machte – auffallend hübsche Tochter »Gewinn bringend« an einen bereits 60-jährigen, überaus wohlhabenden Richter zu verheiraten, wozu sie sich auf die weite Reise von Kalkutta nach England machte. Natürlich versprach sie sich von dieser Heirat für sich selbst beträchtliche Vorteile. Auf dem Schiff traf sie Leutnant Thomas James, der ihr gefiel und den sie überreden konnte, mit ihr nach Bath zu kommen. Da Lola nicht die geringste Lust zeigte, den aus ihrer Sicht steinalten Richter zu heirateten, bat ihre Mutter ausgerechnet Leutnant James, mit Lola in dieser Angelegenheit zu sprechen. Diese Begegnung nahm einen Verlauf, den die Mutter nicht vorhergesehen hatte, die jungen Leute fanden offensichtlich spontan Gefallen aneinander und flüchteten bei Morgengrauen über die Stadt Bristol nach Irland. 1837 wurde geheiratet, doch aus dem Traum einer romantischen, glücklichen Ehe wurde nichts. »Mein Rat für alle jungen Mädchen, die durchbrennen wollen«, schrieb die Montez in ihren Memoiren, »ist der, sich lieber eine Stunde vorher aufzuhängen oder zu ertränken.«

Es dauerte nicht lange, und James wurde nach Indien zurückbeordert. »Auf Elefanten reitend, in Sänften getragen, folgte ihm Lola von Dienstort zu Dienstort, immer nahe den Kämpfen mit den Aufständischen, von Gefahren – und lauter Männern umgeben.« (Erich Pottendorf) Eines Tages war Lolas Ehemann verschwunden. Er war mit der goldblonden Frau eines Kameraden, des genauen Gegenstücks der schwarzhaarigen Lola, die diesen Verlust nicht gerade bedauerte, durchgebrannt. Im Herbst 1840 reiste sie mit 1000 Pfund in der Tasche, welche ihr der Stiefvater geschenkt hatte, aus Indien ab. Eine solche Schiffsreise dauerte zu jener Zeit viele Monate, in welchen sich Lola mit ihrem nächsten Offizier, einem Captain Lennox, vergnügte, was den Mitreisenden Anlass zu Tratsch und Aufregung gab. Die Nachricht von dieser Liebschaft drang, auf welchen verschlungenen Pfaden auch immer, rasch nach Indien, wo Lolas Mutter, die auch kein Kind von Traurigkeit war, das Benehmen der Tochter als »Schandtat« bezeichnete, »vor der selbst ein Krokodil zurückschreckt«. Captain James, Lolas rechtmäßiger Ehegatte, der offensichtlich wieder aufgetaucht war, reichte sofort eine Ehescheidungsklage gegen Lennox und seine Frau ein. Nun fürchtete Lennox einen noch größeren Skandal, weshalb er ohne Aufhebens eine Strafe von 1000 Pfund bezahlte und Lola in London sitzen ließ.

Bei einer alten Schauspielerin nahm die Montez nun Sprechunterricht, Unterricht in Ausdruck und Mimik, sie wollte Tänzerin werden. Mit ihrem letzten Geld reiste sie nach Madrid, wo sie bei den besten Lehrern Tanzunterricht nahm. Sie erlernte »die Cachucha, den Bolero, den Fandango, das Schlagen der Kastagnetten, das Wiegen der Hüften, das verführerische Spiel der Augen, die Steigerung, die Zurückhaltung und wieder die Steigerung. Auf Jahrmärkten und in Spelunken beobachtete sie die Tanzenden. Immer wieder sah sie den Zigeunerinnen zu bei ihren leidenschaftlichen, berauschenden Tänzen. Endlich wagte sie ihr Meisterstück: in einer übel beleumdeten Schenke, wo die Kenner aus dem Volke ihre Nächte verbrachten, fegte sie in vorgerückter Stimmung mit kühner Bewegung Gläser und Flaschen von dem Tisch, schwang sich darauf und tanzte – Kastagnetten wurden ihr zugeworfen – einen hinreißenden Fandango ... Bald riss sie ... alle mit, als wäre sie Blut von ihrem Blut. Der Tanz steigerte sich vom verhaltenen zu immer leidenschaftlicherem Ausdruck, die Zuschauer klatschten mit den Händen, stampften mit den Füßen den Takt und als Lola endete, wurde sie jubelnd vom Tisch gehoben ...« (Pottendorf)

Die bisherigen Ausführungen über das aufregende, unruhige Leben der jungen Lola Montez müssen an dieser Stelle genügen, um eine Ahnung davon zu bekommen, welche Frau sich hier am 10. Oktober 1846 im Münchner Hoftheater auf ihren ersten großen Auftritt vorbereitete. Reisen über Meere und Kontinente hatte sie hinter sich, in Paris, Warschau und St. Petersburg hatte sie für Klatsch und Aufregung gesorgt. Ihr war Hunger ebenso ein Begriff wie verschwenderischer Luxus. Die Männer lagen ihr zu Füßen, einfache Offiziere ebenso wie der Fürst Reuss-Lobenstein Ebersdorf, von dessen Bett Lolas Weg direkt nach München führte.

Mit Lola Montez tänzelte der alternde, Selbstbestätigung suchende Ludwig, der die aufregende Frau zu seiner Geliebten machte, in die 1848er-Revolution und damit dem Ende seiner Herrschaft entgegen. Der König hatte viele Liebschaften gehabt, Lola war weder die erste noch die letzte. Mit seiner Langzeitgeliebten Marianna Florenzi beispielsweise hatte er zwei Kinder, zweitausend Briefe wurden ausgetauscht. Berühmt war seine »Schönheitsgalerie«, für welche er bereits im zweiten Jahr seiner Thronbesteigung das erste Bild malen ließ. Die auserwählten Damen, welche für die Galerie des Königs Porträt sitzen und sich anschließend in sein Bett legen durften, kamen aus allen Teilen der Bevölkerung, nur das Aussehen zählte für ihn, nicht Rang und Namen. Namen waren für ihn »Schall und Rauch«, schrieb Riehl, »was unter dem Rock war, darauf kam es an«. Ludwig höchstpersönlich sprach junge Damen und deren Mütter auf der Straße an, manche schöne Tochter wurde vor den begehrlichen Blicken des Monarchen vorsorglich versteckt. Für die wohl berühmteste »Bürgerliche«, der jemals ein Wittelsbacher seine allerhöchste Gunst geschenkt hatte, Agnes Bernauer, schrieb der König sogar eine Ballade (»... Da fiel versengend hin, auf dich gerichtet,/Der Fürstenliebe unheilvolle Glut,/Dein kurzes Leben wurde schnell zernichtet,/Doch deine Liebe endet nicht die Fluth ...«). Über die Dichtkunst des Königs wurde so manch vernichtendes Urteil gefällt, Goethe etwa, zu dessen 78. Geburtstag Ludwig I. persönlich anreiste, um dem Dichterfürsten zu gratulieren, weigerte sich standhaft, ein Urteil über die Gedichte des gekrönten »Kollegen« abzugeben, Heinrich Heine, sein Intimfeind, dem Ludwig einst eine Professur in München verweigert hatte, verfolgte den König nur mit beißendem Spott: »Herr Ludwig ist ein großer

Poet,/Und singt er, so stürzt Apollo/Vor ihm auf die Knie und bittet und fleht:/'Halt ein! Ich werde sonst toll, o!«
Ludwig, der von der Furcht beseelt war, Napoleon könnte seine Verehelichung mit einer französischen Prinzessin erzwingen, hatte bereits 1810 Therese von Sachsen-Hildburghausen geheiratet. »Ich muss unbedingt heiraten«, erklärte er damals, »ist das einmal geschehen, können solche Anschläge auf meine Freiheit von Paris her ... nicht mehr gemacht werden.« Ludwig hat in seinem Leben oft genug betont, dass er seine Frau nur mit kühlem Verstand und ohne Leidenschaft geheiratet habe, bereits vor der Hochzeit hatte er zu ihr gesagt: »Seligkeit gibt es auf Erden nicht, auch in der Ehe nicht, selbst in der glücklichsten. Oh, wie weit bin ich entfernt von Vollkommenheit. Überspannte Erwartung mindert sie mehr als die Wirklichkeit. Geliebte Therese, präge dir dies tief ein, es ist Wahrheit, deiner Zukunft Glück hängt davon ab.« Dies war nichts anderes als das offenherzige Bekenntnis, von ehelicher Treue nichts zu halten. Von Heimlichkeit hielt Ludwig nichts, ganz offen berichtete er aus England seiner Frau, wie verführerisch die Damen dort seien, einmal verlangte er sogar von seiner Frau, diese möge doch einer seiner Geliebten ein Armband von ihm überreichen. Wenn sie über die Untreue ihres Gatten Klage führte, konnte Ludwig laut, grob, sogar brutal werden, anstatt sich zu entschuldigen, hielt er Therese Vorträge darüber, wie sie sich als seine Gattin zu benehmen habe. Er wusste aber auch, was er an seiner sanften, geduldsamen Ehefrau hatte, so schrieb er ihr, nachdem er von zwei miteinander konkurrierenden Geliebten die Nase voll hatte, die Zeilen: »Ich wiederhole es, von allen, die ich kenne, finde ich nur dich geeignet, mein Weib zu sein.« Therese fügte sich in ihr Schicksal. »Was will da eine Frau machen«, meinte sie gegenüber einer Freundin. »Sie muss eben die Schwächen des Mannes ertragen. Dafür ist sie seine Frau.« Sie blieb es 44 Jahre, bis sie an der Cholera starb. Der Wittelsbacher beweinte sie »als die beste der Frauen« ...
Die interessanteste aller Frauen aber war für Ludwig – jedenfalls für etwa zwei Jahre – Lola Montez. Bereits bei der ersten Begegnung, der oben erwähnten Audienz, soll Ludwig die Echtheit ihrer Oberweite bezweifelt haben, worauf Lola ihm angeboten habe, sich doch umgehend Gewissheit zu verschaffen. Der König soll so forsch zur Sache gegangen sein, dass Knöpfe wegsprangen und Lola mit zerris-

sener Kleidung die Audienz verließ. Ludwig war von diesem Augenblick an von dieser Frau hingerissen, verzaubert, fasziniert. Sie erhielt ein Haus mit reichlich Dienerschaft zur Verfügung gestellt, eine Loge im Theater, eine Leibrente und vieles andere mehr. Am 25. August 1847, des Königs Geburtstag, wurde die »spanische Tänzerin« geadelt und zur »Gräfin Landsfeld« erhoben.

Die Affäre des Königs am Vorabend der 1848er-Revolution brachte Ludwigs Thron ins Wanken und führte am Ende zum Verlust seiner Krone. Nicht das Verhältnis mit der skandalumwobenen, als liberal geltenden »Spanierin« an sich, sondern die politischen Implikationen dieses Verhältnisses, das von einem irrationalen »Zick-Zack-Kurs« des Wittelsbachers begleitet wurde, gerieten diesem zum Verhängnis. So entließ Ludwig die konservative Regierung Abel, weil diese hartnäckig gegen die Verleihung der bayerischen Staatsbürgerschaft an Lola Montez opponiert hatte. Das neue, von liberalen Politikern geführte »Ministerium der Morgenröte« unter dem Rechtshistoriker Georg Ludwig von Maurer löste diese für den König wichtige Frage in dessen Sinn, doch »dies in der Absicht, bei dieser Gelegenheit endlich einen völligen politischen Systemwechsel nach liberalen Prinzipien herbeizuführen« (Prinz). Schon am 1. Dezember 1847 wurde dieses Ministerium wieder entlassen und durch ein neues unter dem Fürsten von Oettingen-Wallerstein eingesetzt, doch auch diese Regierung, die in den Augen Ludwigs zu viele liberale Zugeständnisse gemacht hatte, hielt sich nicht lange und wurde bereits am 11. März 1848 wegen »unerhörter Eigenmächtigkeiten« entlassen.

In ganz München wurde über das anrüchige und unkonventionelle Vorleben der Montez getratscht, die auch während ihrer Liaison mit dem König in regelmäßigen Abständen für kleinere und größere Skandale sorgte: Polizeiliche Verwarnungen, die der »Gräfin« nicht selten ins Haus flatterten, pflegte sie zu zerreißen. Da Ludwig immer wieder höchstpersönlich für Lola intervenierte, quittierten bedeutende Männer aus der Umgebung des Königs ihren Dienst. Je heftiger und drängender die Proteste gegen Lola wurden, die neben dem Monarchen weiterhin auch andere Herren mit ihren Reizen erfreute, desto hochmütiger und frecher reagierte diese, so teilte sie öffentlich Ohrfeigen aus oder lud als Gipfel der Unverfrorenheit einen Mann, der es gewagt hatte, sie zu kritisieren, zum Essen ein, um ihm im Anschluss ins Gesicht zu sagen, die Mahlzeit sei vergiftet gewesen. Als ihr Gast sich infolge einer Dosis Rizinusöl unter Schmerzen krümmte, triumphierte Lola mit den Worten: »Das ist die Rache der stolzen Spanierin!«

Die Dreistigkeit der Montez machte vor nichts und niemandem Halt – und Ludwig hielt seine schützende Hand über sie. Anfang 1848 machte in München ein von Schmähungen triefendes Flugblatt folgenden Inhalts die Runde: »Lola-Montez-Vaterunser – Lola Montez, leider Gott noch die Unsere, die du bald lebst in, bald um München, bald in China, bald in Sendling, die du das Volk nennst eine Canaille, und die du selbst eine Canaille bist, du Verpesterin der Ruhe und Ordnung, der Sitte und Zucht, des Vertrauens und der Liebe, du Teufel ohne Hörner und Schweif, aber mit sonst allen Teufelskünsten und Attributen, du Babylonische, die nirgends fast mehr leben kann, weil sie dich schon überall hinausgehauen, verwünscht sei dein Name, zerrissen dein Adelsbrief, verdammt bist du von den Guten und den Schlechten, von Groß und Klein, von Nieder und Hoch! Zukomme dein Häusel der Sp. oder V., wenn sie sich nicht schämen hineinzugehen, zukomm' dein Geld nicht den Großen, die haben Geld genug, nicht den Gendarmen, sondern den rechten Armen, die ihre Zähne ausbeißen, nicht an Brot, sondern an gerechtem Ingrimm über deine Prasserei und Unverschämtheit; dein Wille geschehe, du sollst herein, komm nur herein, dass sie dich kriegen, sie schlagen dich gar mit Tremmeln tot, denn du verdienst kein ehrliches Ende und keine Ruh auf Erden, vom Himmel ist bei dir keine Rede! Friss und schwelg und lass dich nur bald sehen, dann hast du uns gegeben unser täglich Brot, als ist Auflauf und Spektakel um einer davongelaufenen Metze wegen. Vergib uns unsere Schuld, wenn wir dich nicht genug noch durchgewalkt haben und verachten, und hass uns nur wieder, auf dass wir dich recht hassen lernen; kein Versprechen, kein Geld und Gut, kein gestickter Kragen und Orden verführt uns, deine Partei zu nehmen, mach dir also keine Müh', komm und lass dich massakrieren oder bleib draußen und lass dich wo anders totschlagen, aber bleib uns vom Leib, dazu hoffet man's zu bringen durch Gewalt der Pflastersteine und den festen Willen der Stände, auf dass wir erlöst sind von dir und der Pest und allen daran hängenden Übeln. Amen.«

Studentische Demonstrationen trugen die »Lola-Krise« auf die Stra-

ße. Berühmte Professoren wie Joseph Görres oder Ignaz Döllinger verließen ihren sprichwörtlichen Elfenbeinturm und traten offen gegen den König auf, worauf sie im März 1847 von Ludwig entlassen wurden. Zuvor hatten aufgebrachte Studenten vor dem Haus der Montez demonstriert und waren vom Militär auseinander getrieben worden, was wiederum zu Ausschreitungen nahe der Residenz führte. Lola, die mit Peitsche und Pistole ausgerückt war, um zwei ihrer Parteigänger zu Hilfe zu eilen, wurde auf offener Strasse angegriffen und musste ausgerechnet in einer Kirche Zuflucht suchen. Im Februar 1848 brannten bei Ludwig, wie ein Historiker jovial formulierte, »die letzten Sicherungen durch«, nach neuerlichen Demonstrationen der Studentenschaft ließ er die Universität schließen und verwies die nicht in München ansässigen Studenten aus der Stadt, was den Zorn der Gastwirte, Zimmervermieter und anderer Profiteure der Studenten hervorrief, die Volksseele kochte. Der König musste nachgeben, im Zorn und in seinem Starrsinn getroffene Verordnungen zurücknehmen.
Am 11. Februar 1848 erging an Ludwig I. ein »verzweifelter Appell« seiner Regierung, welcher über die Presse an die Öffentlichkeit getragen wurde. Lola war nun für den König untragbar geworden und musste tags darauf München unter Polizeischutz verlassen. Am 9. März kehrte sie noch einmal heimlich zurück und machte Ludwig eine tränenreiche Szene, er solle mit ihr fliehen und dem Thron entsagen ... Der Wittelsbacher hatte mittlerweile andere, erheblichere Sorgen, da die Montez-Affäre nahtlos in die Märzereignisse des Revolutionsjahres 1848 übergegangen war. Doch die »Revolution« in München, im Zuge derer etwa das Zeughaus gestürmt wurde, blieb eine halbherzige, eine »königlich-bayerische Revolution, stattgehabt am Faschingsamstag des Jahres 1848«. Die Konservativen, die Kirche und der Adel hatten sich von Ludwig abgewandt, die Dynastie fürchtete angesichts des revolutionären Brandes in ganz Deutschland um den Bestand der Monarchie in Bayern. Von Lola Montez war nun nicht mehr die Rede, nun ging es um den Thron. Als Ludwig am 19. März an einen führenden Landtagsabgeordneten die Frage stellte, ob jetzt tatsächlich das konstitutionelle System heraufdämmere, das die Ministerverantwortlichkeit gegenüber dem Parlament mit sich bringen würde, bejahte dieser die Frage des Königs. Darauf antwortete dieser: »Baron, unter solchen Um-

ständen hat die Krone keinen Wert mehr für mich. Ich gehe mit dem Gedanken um, sie niederzulegen.« Der unmittelbare Anlass für den Thronverzicht waren einige Unterlagen, die Ludwig von seinem Innenminister vorgelegt wurden. Nachdem Ludwig die Dokumente unterzeichnet hatte, lächelte der Minister vielsagend und bemerkte: »Ich habe vorausgesehen, dass der König die Dokumente zeichnen werde, zumal Eurer Majestät keine andere Wahl blieb. Und deshalb habe ich bereits publik gemacht, dass der König mit den neuen Umständen einverstanden sei.« Ludwig geriet außer sich vor Zorn und brüllte: »Also, mich braucht man nicht mehr? Wenn es so steht, dann weiß ich, was ich zu tun habe!«
Der Kalender zeigte den 20. März 1848 an, als Ludwig I. seine Thronentsagung formulierte, ein »Unterschreiber«, eine »Schreibmaschine«, wie er sagte, wollte er nicht sein. Am Tage nach seiner Abdankung wurde der Bierpreis von viereinhalb Kreuzer auf vier Kreuzer herabgesetzt. Die Münchner waren zufrieden.

Ludwigs Kinder – Ein königliches Trauerspiel

oder Was hat ein Bayer in Griechenland verloren?

»Bei Feldfrüchten hält man die des Nachbarn für die besten, bei Kindern die eigenen.« Es ist kaum anzunehmen, dass König Ludwig dieses alte chinesische Sprichwort gekannt hat, und wenn dem doch so gewesen sein mag, so wäre es ihm sehr, sehr schwer gefallen, es auf seine Kinder Otto, Adalbert und Alexandra in wohlmeinender Assoziation anzuwenden. Ludwig hatte mit seiner Gattin Therese, einer Prinzessin aus dem Hause Sachsen-Hildburghausen, die er am 17. Oktober 1810 geheiratet hatte, insgesamt neun Kinder, doch nur die genannten drei und – am Rande – deren ältester Bruder Max Josef beschäftigen uns in diesem Kapitel, in welchem dem Autor gleich zu Beginn die vergnügliche Aufgabe zufällt, auf den Ursprung des Münchner Oktoberfestes hinzuweisen, der auf eben diese Hochzeit zwischen Ludwig und Therese zurückgeht. Zu Ehren der Braut hatte Ludwigs Vater Max I. auf der nach der Prinzessin benannten »Theresienwiese« das erste dieser legendären Feste ausgerichtet, eines der bleibenderen Verdienste des Wittelsbachers, der anlässlich seiner Krönung zum ersten König Bayerns gesagt haben soll: »Wir bleiben die Alten!«

Ludwig I. war demzufolge der zweite bayerische König, 1848 folgte ihm sein Sohn Max II. auf dem Thron, schließlich sein Enkel Ludwig II., nach dessen Absetzung Ludwigs Lieblings-Sohn Luitpold, der bis 1912 als Prinzregent an der Spitze des Staates stand. Über Max II., den die Wogen der Revolution von 1848 auf den Thron gespült hatten und der zeit seines Lebens die Angst vor einer neuerlichen Revolution nicht los wurde, wollen wir hier nicht allzu viele Worte verlieren. Geht doch ein Mann, der Leopold von Ranke, Heinrich von Sybel, Wilhelm von Giesebrecht oder Justus von Liebig, Namen, welche die überwiegende Mehrzahl der Fürsten nicht einmal dem Hörensagen nach kannte, verehrte oder nach München berief, nur schwer als »schwarzes Schaf« durch, eine Zuschreibung, die auch ein gründlicheres Studium seiner Biografie nicht als gerechtfertig erscheinen ließe. »Wäre ich nicht König, ich wäre vielleicht Professor geworden«, sagte er einmal. Max versuchte einerseits dem revolutionären Zeitgeist Herr zu werden, indem er mit aller Kraft einer rückwärts gewandten, auf Trachten- und Schützenvereine fokussierten Renaissance des bayerischen Nationalgefühls, das als Ersatz für eine zufrieden stellende politische Mitwirkung gedacht war, das Wort redete, andererseits zeigte er ein glaubwürdiges Interesse für die soziale Frage, für Möglichkeiten und Mittel »zur Hebung des Proletariats«.

Unterstützung fand er dabei so gut wie keine, nicht bei der Regierung, nicht bei der Bürokratie – und natürlich schon gar nicht bei der katholischen Kirche. Kurios liest sich die Antwort des Münchner Erzbischofs auf einige Fragen des Königs, der um Auskunft in der »sozialen Frage« gebeten hatte. Der Kirchenmann entblödete sich nicht festzuhalten, dass eine ausgedehnte Freiheit des Heiratens die schlimmsten Folgen nicht bloß für den Wohlstand der einzelnen Familien, sondern auch für ganze Gemeinden und Gegenden nach sich ziehen würde. Ursache der Armut sei der Unglaube und der »Materialismus«, und selbst die von der Regierung gestatteten Kirchweihtänze waren für den Erzbischof eine »reiche Quelle vielfachen Unheils«.

Max II. machten seit seiner Kindheit chronische Kopfschmerzen schwer zu schaffen. Zeitgenossen waren der Auffassung, dass ein »Nervenleiden« die Ursache war, auf welches sie auch seine »Langsamkeit im geistigen Erfassen« und seine »Unentschlossenheit in der Initiative« zurückführten. Bei Franz Herre ist zu lesen, dass die ständigen Kopfschmerzen »auf Abhärtungsmethoden und Rückgratbehandlungen zurückgeführt wurden, aber auch ererbte Ursachen gehabt haben könnten.« In Briefen klagte Maximilian II. über sein »peinliches Leiden«, betonte: »Vor allem muss ich versuchen, gesund zu werden.«

Dieser Wunsch ging nicht in Erfüllung. 1864 starb Maximilian II. Josef im Alter von nur 52 Jahren. Sein Vater Ludwig I., der in diesem März in Algier weilte, schrieb, dem Anschein nach wenig gerührt: »Mein Sohn, König Maximilian II., ist für seinen Ruhm in günstiger Zeit gestorben.«

Ruhm war auch für Otto, den zweitgeboren Sohn Ludwigs, eine mächtige Triebfeder, als er im Alter von erst 17 Jahren von seinem Vater auf den von den Großmächten Großbritannien, Frankreich und Russland neu geschaffenen griechischen Thron entsandt wurde. Ludwig I. war ein philhellenischer Idealist, der für Lord Byron, für den wackeren Schotten Chochran schwärmte und den griechischen Freiheitskampf vom türkischen Joch zu seiner Sache gemacht hatte, wenngleich ihm Volksbewegungen, der Albtraum eines jeden Monarchen, höchst suspekt waren. Ein Widerspruch? Was soll's. Metternich, der Kanzler des Habsburgerreiches, »zweifelte keine Sekunde mehr, dass Ludwigs spärlicher Anteil am gesunden Menschenverstand endgültige verdunstet sei«, schrieb Eberhard Straub, um noch hinzuzufügen, dass selbst Ludwig nicht daran glaubte, dass sein kraftloser Sohn der schwierigen Herausforderung der griechischen Krone geistig gewachsen sein könnte. Dennoch schickte er ihn zusammen mit 3500 Bayern auf die zwei Monate dauernde Reise nach Nauplia, wo der blond gelockte Knabe am 30. Januar 1833 eintraf und von der Bevölkerung freundlich begrüßt wurde. Noch heute verschandelt in so manchem bayerischen Haushalt ein Stich über den Einzug Ottos eine Wohnzimmerwand: »Eisodos autou Megaleiotetos Othonos Basileos eis Nauplian.«

Ein Wittelsbacher kam deshalb zum Zuge, weil der griechische Freiheitsheld Johannes Antonios Kapodistrias 1831 einem Mordanschlag zum Opfer gefallen war und Prinz Leopold von Sachsen-Coburg, dem die Krone als Erstem angeboten worden war, abgelehnt hatte. Schließlich traten die Mächte auf Vorschlag Frankreichs an Ludwigs Bruder Karl heran, doch auch er lehnte ab. So kam die Reihe an den jungen Otto, für den sein Vater am 7. Mai 1832 die Krone annahm, und »es begann eines der komischsten – und traurigsten – Beglückungsmanöver aller Zeiten« (Carl Amery).

Otto wurde 1815 geboren und starb 1867 an den Masern; »ein problematischer Charakter«. Unter seiner Herrschaft erhielten die Griechen einen durchkomponierten bayerischen Beamtenstaat der Marke Montgelas übergestülpt, dessen segensreiche Wirkung sich beispielsweise in drei Amtssprachen, 30 Provinzgouverneuren, die wir wohl als »Landräte« bezeichnen dürfen, 70 Generale, die auf ei-

ne Truppe von 8000 (!) Mann kamen, oder Legionen von Ministerial-Kanzlei-Konzipisten manifestierte. Die Griechen sprachen von »Bavarokratia«, wir sprechen von einer durch Inkompentenz gemilderte bürokratische Tyrannis. »Wir haben gewiss eine sehr gute Staatseinrichtung aus Bayern erhalten«, sagten die klugen Griechen, »die aber zu künstlich ist für unsere Einfachheit ...« Hinter vorgehaltener Hand, *zunächst* noch hinter vorgehaltener Hand, wurde die Kritik und das Unbehagen mit den Zwangsbeglückern aus der Ferne, den *Bavaresi*, die rasch zu den *Barbaresi* mutierten, schärfer formuliert: »Europa hat seine neun Chöre Schreiber in den Orient geschickt, um mit Hülfe einiger Tonnen Kostenaufwand-Berechnungs-Überschlags-Tabellen in provisorisch abgekürzter Form das Byzantinische Reich zu rekonstruieren.«
Otto selbst, der ohne Zweifel überaus bemüht war, was auch für seine Gattin Amalie, einer protestantischen Prinzessin aus dem Hause Oldenburg, galt, verlor sich prinzipiell im Unwesentlichen. Egon Cäsar Corti apostrophierte ihn als »Kleinkrämer« von »grenzenloser Entschlussunfähigkeit«. Nach Hans und Marga Rall regierte er »mit scharfem Verstand, gerecht und unermüdlich«. Erneut ein Widerspruch? Siehe oben. Holen wir ein drittes, mildes Urteil ein: »Otto war kein Tyrann und kein Blutmensch. Er war ein achtbarer und wohldenkender deutscher Mann, der sich in die schwierigen griechischen Verhältnisse ... einzuleben suchte und der den redlichen Willen hatte, sein griechisches Adoptiv-Vaterland zu beglücken. Alleine er hatte seine Aufgabe in Griechenland nicht besser begriffen, als ein für sichere und gemüthliche Verhältnisse auferzogener deutscher Prinz es tun konnte ...« Die Kraft, die Energie, den Arbeits- und Ordnungssinn seines Vaters hatte er nicht geerbt. Ratschläge Ludwigs nahm Otto, der eben nicht das Zeug zu einem kraftvollen Monarchen hatte, deshalb stets gerne entgegen, ganz im Gegensatz zu seinem ältern Bruder Max, dem Kronprinzen, »diesem Matz, wie eines seiner Geschwister ihn nennt, der alles besser versteht als wir« (Ludwig).
Im September 1843 läutete eine Militärrevolte unter dem Offizier Kalergis den Anfang vom Ende der Wittelsbacherherrschaft in Griechenland ein. Man forderte vom schwachen König eine Verfassung und die Entlassung aller Fremden aus dem Staatsdienst. »Es lebe die Verfassung – Tod den Bayern«, lautete der Schlachtruf der

patriotischen Verschwörer. Otto bekam es mit der Angst zu tun, binnen 30 Tagen hatte er eine Nationalversammlung einzuberufen. Ludwig I. empörte sich: »Das wird was Schlechtes werden! Armes Griechenland! Armer Thron!« Er bat die Großmächte seinem Sohn Hilfe zu leisten, zumal der Anführer ein Parteigänger Russlands war. An seinen Schwager, den König von Preußen, schrieb er: »Dass ich jedoch keineswegs blind gegen Ottos Fehler und an väterlichen Ermahnungen es nicht ermangeln ließ, seit er regieret, dessen kannst du versichert sein.«

Griechenland bekam seine Verfassung und die Lage beruhigte sich wieder. Über die wahren Machtverhältnisse gibt eine Konversation zwischen dem König und Kalergis Auskunft, der auf die Frage Ottos, ob denn die Truppen tatsächlich gegen ihn meutern würden, geantwortet hatte: »Die getreue Armee erwartet nur die Befehle Eurer Majestät – aber sie erwartet sie durch meinen Mund!« Dies war deutlich. Otto hatte begriffen. 1844 trat die Verfassung in Kraft.

18 Jahre später wurde er durch eine erneute Militärrevolte gestürzt. Otto dankte zwar nicht ab, doch er musste nach Bayern zurückkehren, wo er in Bamberg seine Residenz installierte. Eine Weile, nachdem Otto aus Griechenland verjagt worden war, fand sich die Familie zu einem Essen zusammen. Die dynastische Befindlichkeit fasste Ludwig I. wie folgt zusammen: »Ein regierender König [Maximilian], ein die Krone niedergelegt habender [er selbst], ein davongejagter [Otto] und ein Prinz, der rechtmäßig König wäre [Gustav Adolf, ein Vetter Ludwigs und Sohn des abgesetzten Königs von Schweden und Norwegen].« Die allerhöchste Familie war also *not amused.*

Das Erfreulichste, das von Otto gesagt werden kann, ist, dass er – zumindest für eine Weile – vom bedeutenden Philosophen Friedrich Wilhelm Joseph Schelling unterrichtet wurde, die griechischen Nationalfarben weiß und blau von Bayern nach Hellas gebracht und dort bei seiner Abreise eine solide Brauerei hinterlassen hatte.

Als der hellenische Karren für die Dynastie noch nicht so verfahren bzw. noch nicht so endgültig im Dreck gelandet war, hatte sich immer lauter die Frage der Nachfolge des kinderlos gebliebenen Otto gestellt, wobei es sich als Schwierigkeit herausstellen sollte, dass der Erbe gemäß Vereinbarung griechisch-orthodoxen Glaubens sein musste. Luitpold war für eine Konvertierung nicht zu gewinnen, weshalb auf dem Marktplatz dynastischer Varianten als nächster

Aspirant Prinz Adalbert Wilhelm, Ludwigs jüngster, im Jahre 1828 geborener Sohn gehandelt wurde.

Adalbert war ein bei den Wittelsbachern nicht eben gebräuchlicher Name, vielleicht hatte sein Vater Ludwig die Geschichte des heiligen Königs Stefan von Ungarn gelesen, den – so weiß es die Fama – der heilige Adalbert auf der Stammburg der Wittelsbacher zu Scheyern getauft haben soll. Wie dem auch sei. Adalbert hatte psychische Probleme. Die Tatsache, dass dieser Wittelsbacher in Behandlung des aus Schwaben stammenden Psychotherapeuten Justinus Kerner war, der sich auch als Dichter einen Namen gemacht hatte, wurde in einem populären Buch über die Dynastie folgendermaßen umschrieben: »Die Freundschaft dieses wittelsbachischen Prinzen mit Justinus Kerner steigerte sein Interesse für die Geisterwelt.« Das war's. Dafür erfahren wir aus dieser Quelle, dass Adalbert musikalisch war, sich für Literatur interessierte und mehrere Sprachen beherrschte. Wie sein Urgroßvater Friedrich Michael sei er »groß und schwer« gewesen. Ludwig will im Sohn sein eigenes fröhliches »Pfalzgrafenblut« erkannt haben.

Zur angesprochenen Möglichkeit, Albert als Nachfolger Ottos als König von Griechenland zu inthronisieren, bemerkte später der Neurologe Otto Joachim Grüsser in seinem Buch über Kerner, dass so den Griechen ein geistig gestörter König erspart geblieben sei. Adalbert hatte es zunächst durchaus für möglich gehalten, dass er jener »blonde König« sei, der einer historischen Prophezeiung zufolge auserwählt wäre, die Griechen nach Konstantinopel zu führen. Außerdem holte er von Zeit zu Zeit Rat bei Wahrsagerinnen ein, so etwa bei der »Wasserschauerin«, einer Bauersfrau aus Weinsberg, oder bei der »Marquise von Milan«, einer Wahrsagerin aus München. Dass schließlich auch Adalbert ablehnte, hatte abermals mit der Religionsklausel zu tun, doch sein Interesse und seine Sehnsucht gehörten ohnehin nicht Griechenland, sondern vielmehr Spanien, das er bereits 1848 bereist hatte. In seinem Gehirn hatte sich eine fixe Idee eingenistet, er wollte unbedingt eine Spanierin heiraten. 1855 vermochte die emsige bayerische Diplomatie die erwünschte Erfolgsmeldung zu verlautbaren: Die Braut war gefunden. Amalia Felipa Pilar, eine Cousine der spanischen Königin. 1856 wurde geheiratet, drei Jahre später kam der Sohn Ludwig Ferdinand zur Welt. Irgendwann zwischen diesen beiden freudvollen Ereignis-

sen soll Adalbert vor dem Heiligenbild der »schmerzensreichen Muttergottes« in Altötting um einen »Leibeserben« gefleht haben.
An letzter Stelle der zahlreichen Vornamen des Stammhalters rangierte der griechische Name Konstantin, wenngleich der Knabe katholisch getauft wurde, hatte man nicht ganz auf die hellenische Option vergessen. Als Ludwig I. 1868 starb und das Testament geöffnet wurde, lag ganz obenauf ein Schreiben, in dem Ludwig seine männlichen Nachkommen Luitpold und Adalbert beschwörte, keine Ansprüche mehr auf die griechische Krone zu erheben, es sei denn, diese werde ihnen rechtsgültig vom Volke zugesprochen. Einem Religionswechsel aus opportunistischen Gründen erteilte er eine klare Absage: »Eingehen in diese Bedingung wäre gewissenlos. Religion ist kein Kleid, nach Umständen zu wechseln oder andere anziehen zu lassen ... Als ich tätig für Griechenlands Befreiung mich bewiesen, leidenschaftlich für sie glühte, dachte ich nicht an mein Haus, und sollte kein Mitglied desselben seine Krone mehr tragen, wünsche ich auch dann noch Griechenland Gedeihen ...« In seinem Testament hieß es dann voll Pathos: »Geliebte Kinder, seid fromm, hierin ist alles Gute enthalten, denn ohne Tugend gibt es keine Frömmigkeit ... Meine Söhne seid teutsch, teutsch in Wort und Tat, unzertrennlich haltet zu Teutschland ...«
Adalbert überlebte seinen teutschen Vater nur um wenige Jahre, er starb 1875.
Nur zwei Jahre älter wurde seine 1826 geborene Schwester Alexandra. Sie wirkte als »Oberste Vorsteherin und Äbtissin der Kgl. Damenstifte zur Hl. Anna« in München. »Unter den Kindern Ludwigs I. galt die unvermählt gebliebene Prinzessin Alexandra für ›wahnsinnig‹. Sie war dies nicht eigentlich; wohl aber konnte sie bei dem Anblicke gewisser Physiognomien, resp. Farben oder auch dem Geruche gewisser Blumen gegenüber plötzlich sinnesverwirrt werden«, brachte ein Zeitgenosse zu Papier. Sie hatte Angst vor grünen Tischen und fürchtete, die Tinte der Briefe könne ihr ins Gesicht fliegen.
Gerätselt wurde ferner über ihren krankhaften Sauberkeitsfimmel, der das Ausmaß einer Psychose annahm. Alexandra bildete sich ein, ständig Staub an ihrer Kleidung zu haben. Marie von Wallersee schrieb in diesem Zusammenhang: »Sie und ihre Kleider wurden den ganzen Tag lang von Mädchen, die sich hierin ablösten, abge-

bürstet; ja selbst ihre Speisen und ihr Trank mussten vor ihren Augen abgestaubt werden.« Außerdem litt die Wittelsbacherin unter der Zwangsvorstellung, ein gläsernes Klavier verschluckt zu haben sowie ein Sofa im Gehirn mit sich herumzutragen. Lassen wir erneut Marie von Wallersee zu Wort kommen: »Eine andere Wahnidee ging dahin, dass ein Sofa seinen Aufenthalt in ihrem Kopf genommen habe, so dass die Prinzessin es für höchst gefährlich für sich hielt, durch eine Tür zu gehen, da sie dabei leicht die Enden des Sofas abstoßen konnte. Diesem lästigen Zustand wurde glücklicherweise ein Ende bereitet. Denn ein Pfiffikus kam auf die Idee, ein Puppensofa in eine Schüssel zu legen, die die Prinzessin bei einer Übelkeit benutzte. Man redete ihr nun ein, dass ihr Leid durch den Mund entkommen wäre.« Auf diese Weise soll das Sofa aus ihrem Kopf verschwunden sein, das Klavier freilich, das sie in ihrem Magen mit sich herumzuschleppen überzeugt war, wurde sie nicht los.
Alexandras Vater Ludwig war gezwungen, seine kranke Tochter unter einem anderen Namen »in Pflege und Aufsicht« zu geben, was in aller Heimlichkeit vonstatten ging. Niemand wusste davon – und so kam es, dass eines Tages ein Brief von Maximilian II. bei Ludwig eintraf, in welchem der Sohn seinem erstaunten Vater schrieb: »Minister von der Pfordten kam von München hierher mir eine Eröffnung zu machen, die ich mir nicht erwartet hatte. Der Prinz Louis Napoleon hat um Alexandras Hand angehalten. Diese Sache ist so eigentümlicher Art und berührt Alexandra und Sie als Vater so nahe, dass ich mich jeder Meinungsäußerung darüber enthalte ...« Da nicht daran zu denken war, die 29-Jährige, die offensichtlich große psychische Probleme hatte, zu verheiraten, wurde Paris mitgeteilt, dass auf Grund des Gesundheitszustandes der Prinzessin an eine Verehelichung jetzt nicht zu denken sei.
Das Schicksal führte die Wittelsbacherin also nicht in das Bett des Bonaparte, sondern in ein Damenstift, wo sie dazu verdammt war, ein freud- und sinnloses Dasein zu fristen.
Alle drei Geschwister verstarben in relativ jungen Jahren, Otto wurde 52, Adalbert 47 und Alexandra 49. Primitiver Standesdünkel und machtpolitisches Kalkül waren die Ursachen für die wahren Orgien dynastischer Inzucht, welche von den Herrscherhäusern Europas über die Jahrhunderte gefeiert wurden. Otto, Adalbert und Alexandra waren gewiss erblich belastet.

Exkurs: Auf den Spuren dynastischer Inzucht

oder Wenn Papa und Mama verwandt sind

Das kostbare, edle Blut der Hocharistokratie, derer von Wittelsbach, Habsburg, Hohenzollern etc., musste »rein« gehalten werden, man heiratete untereinander und evozierte – da rezessiv-unterdrückte Erbmerkmale in den Kindern zusammentrafen – erbbiologische Katastrophen, exemplarisch sei hier nur auf die Bluterkrankheit in zahlreichen Fürstenhäusern verwiesen.

Hans Bankl diagnostizierte knapp und unzweideutig: »Die sexuelle Fortpflanzung von miteinander nahe verwandten Individuen nennt man Inzucht. Es führt dies nicht nur zu einer Abnahme der genetischen Vielfalt, sondern steigert auch die Wahrscheinlichkeit, dass krankheitsauslösende Erbfaktoren zur Wirkung gelangen. In der Tierzucht ist dieses Phänomen gut bekannt und heißt schlicht Degeneration.«

Es ist nicht ganz einfach, den Beginn jenes roten Fadens aufzugreifen bzw. überhaupt zu finden, der uns durch das genealogische Labyrinth Wittelsbachs zu geleiten vermag, ein symbolischer Knoten verdichtete sich jedenfalls in der Person der Königin Johanna, genannt »die Wahnsinnige« (1479–1555).

Johanna war die Tochter der »Katholischen Könige« Ferdinand und Isabella von Kastilien und Aragón, 1495 heiratete sie Philipp, genannt »der Schöne«, den Sohn des habsburgischen Kaisers Maximilian I. Ihr gemeinsamer Sohn Karl (V.) regierte später das erste Weltreich der Neuzeit. Der Beiname »die Wahnsinnige« schöpft aus den abnormen Verhaltensmustern der Königin, die sich nach dem frühen Tod ihres abgöttisch geliebten und zu Lebzeiten mit krankhafter – wenngleich durchaus berechtigter – Eifersucht verfolgten Mannes einstellten. So ließ sie beispielsweise den Sarg mit den sterblichen Überresten Philipps, der stets in ihrer Nähe war, häufig öffnen, um den einbalsamierten Leichnam berühren zu können, selbstverständlich sprach sie auch mit dem Toten. Ihr Zustand verschlimmerte sich rasch, die Witwe vernachlässigte ihre Körperpflege und schlief zumeist auf dem Boden, sodass sie schließlich interniert wurde. Bis zu ihrem Tode durfte die Unglückliche ihren Kerker nicht mehr verlassen.

Nun führt eine direkte Linie von Johanna »der Wahnsinnigen« nicht nur zu den Habsburgern, sondern u. a. auch zum bayerischen Königshaus. Eine Ur-Enkelin von Johanna heiratete den Wittelsbacher Johann I. von Pfalz-Zweibrücken, einen Vorfahren von Ludwig I. Ludwigs Gattin, Therese von Sachsen-Hildburghausen, wurde wie folgt charakterisiert: »Therese hat nichts Hervorragendes in die Waagschale zu werfen, weder psychisch noch körperlich, bei der höchst mittelmäßigen, zum Teil direkt pathologischen psychischen Konstitution der sächsischen und der tuberkulösen Disposition der hessischen Vorfahren.« Wilhelm Strohmayer, der Verfasser dieser Zeilen, spricht als Advokat der Wittelsbacher, der zu erwähnen vergisst, dass Therese und ihr Gatte verwandt waren. Therese war die Enkelin einer Tante Ludwigs aus dem Hause Hessen-Darmstadt. In seiner 1912 erschienenen Studie »Psychiatrisch-genealogische Untersuchung der Abstammung König Ludwigs II. und Ottos I. von Bayern« unternahm Strohmayer den Versuch, die Geisteskrankheit der Brüder Ludwig und Otto aus der Dynastie »auszulagern« und der preußischen Verwandtschaft zuzuschreiben: »Lässt doch die simpelste, aber gewissenhafte Betrachtung der Wittelsbacher die Tatsache mit Händen greifen, dass von einer Degeneration bei ihnen überhaupt keine Rede sein kann, dass sie deshalb auch nicht die Ursache sein kann für den Untergang eines kleinen Familiensegments, sondern dass das explosive Hervortreten zweier geisteskranker Brüder lediglich dem Umstand zuzuschreiben ist, dass ein schwächlicher Vertreter der Wittelsbacher Dynastie in dem vereinigten Hohenzollerisch-Braunschweigischen Blute seiner Frau eine höchst unglückliche Ergänzung fand.«

Nun mag es durchaus so sein, dass das Erbe des geisteskranken Herzogs Wilhelm von Braunschweig-Lüneburg hereinspielte, da eine seiner Töchter – Wilhelm hatte 15 Kinder – im Jahre 1597 Herzog Karl von Birkenfeld, einen Wittelsbacher, geheiratet hatte, doch

bis hin zu König Max II. Josef, dem Vater von Ludwig und Otto, waren immerhin fünf Generationen vergangen.
Allerdings sprudelte das »verrückte Blut« Wilhelms auch in den Adern von Max' Gattin, Marie Friederike von Preußen, die allerdings auch Wittelsbacher'sche Vorfahren hatte. Somit stammten alle Großeltern und beide Elternteile von Ludwig und Otto vom irren Herzog Wilhelm ab. Sowohl Max als auch Marie hatten zudem psychisch schwer beeinträchtigte hessische Vorfahren. Von den vier Großmüttern des Ehepaares stammten gleich drei aus dem Hause Hessen-Darmstadt. Eine dieser Großmütter, Karoline von Hessen-Darmstadt, die einen Verwandten aus der Familie Hessen-Homburg geheiratet hatte, war geistig schwer gestört und sah überall Geister, vor welchen sie panische Angst hatte.
Die von Strohmayer und anderen vorgenommene Fokussierung auf Herzog Wilhelm von Braunschweig greift jedenfalls viel zu kurz. »In sämtlichen Zweigen, die bei den infrage stehenden Geschlechtern der Wittelsbacher und der Hohenzollern kreuz und quer zusammenlaufen«, konstatierte Wolfgang Müller, »hat es immer wieder geistig abnormale oder zumindest gestörte Vertreter und Vertreterinnen gegeben«.

Herzog Max, das bayerische »Urvieh«

oder Wie König Artus mit seiner Tafelrunde nach Bayern kam

Herzog Max gehörte der Linie Zweibrücken-Gelnhausen an, einem Zweig am Stamm der pfälzischen Wittelsbacher aus Birkenfeld-Zweibrücken. Seit 1799 durften sich die Familienmitglieder »Herzöge in Bayern« nennen, seit 1845 »Königliche Hoheiten«.
Max' Vater, Herzog Pius in Bayern, war nur 51 Jahre alt geworden. Der Geistesschwache, der von einem extremen Gemütszustand in den nächsten wankte, beendete sein Leben als Eremit.
Der 1786 geborene Pius August, der wohl ein eigenes Kapitel verdienen würde, wäre nicht die Quellenlage etwas weniger bescheiden, hatte eine bewegte, unruhige Jugend. Ständig wechselte er auf Grund der verwirrenden politischen Verhältnisse seinen Aufenthaltsort, vor der historischen Kulisse des Siegeszuges der französischen Armee entbehrten die frühen Jahre des Wittelsbachers eines Ruhepunktes. Wohlmeinende Autoren führten die »nachteiligen Charaktereigenschaften« des Wittelsbachers auf diese bewegten frühen Jahre zurück. Am 21. Dezember 1819 schrieb Freiherr von Hruby, der österreichische Gesandte, an den Fürsten Metternich: »Gerüchte über den Prinzen Pius, ein Prinz, in seiner Erziehung im höchsten Grade verwahrlost, bringt den größten Teil seiner Zeit in der niedrigsten Gesellschaft und an den unwürdigsten Orten zu. So befand er sich auch vor einiger Zeit mit Handwerkern und Leuten dieser Art in einer Kneipe, als es, wie man versichert, auf seinen Antrieb zu Schlägereien kam, wobei zwei Juden auf das grausamste misshandelt und gefährlich verwundet wurden. Furcht vor der verdienten Strafe gab ihm den Gedanken der Flucht ein, die er als Handwerksbursche verkleidet auch ausführte. Er wurde aber in Bayreuth erkannt, auf Befehl des Königs festgenommen und befindet sich jetzt unter Polizeiaufsicht.«

Auf dieses Ereignis bezog sich auch der französische Gesandte, der in einem Schreiben vom 7. Dezember über die aus seiner Perspektive indiskutable Moral Pius' berichtete und davon wusste, dass sein Vater Herzog Wilhelm an den König geschrieben und diesen ersucht habe, den Sohn einsperren zu lassen. Vorläufig begnügte man sich schließlich damit, Vorsorge zu treffen, dass der Prinz das Land nicht verlassen könne. Er wurde sodann unter die Aufsicht des Generalkommissars von Walden gestellt, »da seine geistige Zerrüttung und die damit verbundene Neigung zu Ausschweifungen jeder Art eine solche Maßregel notwendig machten«, wie wiederum der preußische Gesandte wusste.

Auch die Ehe Pius' mit der Prinzessin Amalie Luise geriet dem jungen Wittelsbacher nicht zum Anker, sie war überaus unglücklich. 1823 war es erneut der preußische Gesandte, der schrieb: »Am 3. April ist in Bamberg die Gemahlin des Herzogs Pius, eine geborene Prinzessin von Arenberg, nach langer Krankheit im 34. Lebensjahr gestorben. Es hat diese Fürstin seit mehreren Jahren eine sehr unglückliche Existenz gehabt, da ihre Schwiegereltern es ihr beigemessen, dass ihr Gemahl sich solchen Ausschweifungen ergeben, die selbst auf seinen Verstand Einfluss gehabt und es notwendig gemacht haben, sich in Bayreuth gewissermaßen unter Aufsicht zu setzen. Ihr einziger Sohn, ein Prinz von 14 Jahren, dessen Erziehung der König von Bayern übernommen und der gute Hoffnungen von sich gibt, befindet sich seit mehreren Jahren hier in München im Gymnasium in Pension.« Über das Verhältnis dieses Sohnes, Max, zu seinem Vater, ist so gut wie nichts bekannt.

Es ist nur schwer zu verstehen, dass eine Persönlichkeit wie Pius, dessen Charakterbild derart ungünstige Züge aufwies, urplötzlich seine Vergangenheit hinter sich ließ und zum wohltätigen Eremiten mutierte. Pius starb 1837, sieben Monate nach seinem ehrgeizigen und komplexbeladenen Vater Wilhelm, der an der unglücklichen Entwicklung seines Sohnes keinen geringen Anteil hatte.

Acht Jahre war Pius' Sohn Max auf Kosten des Königs Max I. Josef erzogen worden. Die ersten Jahre seines Lebens waren neben den unglücklichen Familienverhältnissen von der »drakonischen Strenge« seines Erziehers, des ehemaligen kurmainzischen Kammerrates Otto aus Erfurt, überschattet gewesen. Erst als Max 1817 in das »Königliche Erziehungs-Institut für Studierende« nach München

kam, wurde aus dem verschlossenen, verschüchterten Kind ein aufgeweckter Knabe. In München wurde Max eine gründliche Ausbildung zuteil, »hier erwachte in ihm auch das Verständnis für die deutschen und französischen Meister des Wortes und Lust an schriftstellerischen Arbeiten, die sich schon frühzeitig offenbarte; denn schon aus dieser Zeit stammt ein Entwurf zu einem einaktigen Schauspiele ›Die Dankbarkeit‹« (H. Dreyer). Der Wittelsbacher betrachtete seine Sozialisation unter jungen Bürgern und Adeligen als großen Vorzug, sein unkonventioneller Zugang zu anderen gesellschaftlichen Schichten ist auf diese fruchtbaren Jahre in seiner Münchner »Lebens- und Studiengemeinschaft« zurückzuführen. Einer seiner Lehrer, ein Kirchenrechtler, stellte dem Prinzen ein hervorragendes Zeugnis aus: »Es vereinigen sich in diesem Prinzen die schönsten Vorzüge des Geistes und Herzens, ein durchdringender Verstand, ein reifes Urteil, eine lebendige Fantasie, bescheidener Freimut, tiefe Abscheu vor allem Unedlen und eine seltene Herzensgüte. Nie hat sich derselbe von dem Gesetze der Gleichheit, die die öffentliche Schule will, losgesprochen.«
1820 sah Max zum ersten Mal nach drei Jahren seine Mutter wieder, deren Tod im Jahre 1823 den Prinzen in eine tiefe Verzweiflung stürzte. »Sein Vater Pius schreibt kurz und findet nur Worte etwas gezwungen klingender Teilnahme. Sie sind das einzige, ziemlich nichts sagende Zeichen einer Verbindung von Vater und Sohn, das wir finden konnten« (Hermann von Witzleben, Ilka von Vignau).
Im Jahre 1824 verfügte der König, dass Max, mit dem ihm eine tiefe Zuneigung verband, seine Ausbildung unter den Fittichen eines Hofmeisters zu vollenden habe, eine Aufgabe, mit der ein Hauptmann des Gardegrenadierregiments betraut wurde. Dieser Offizier und Kämmerer sorgte dafür, dass die Unterweisungen des zukünftigen Herzogs in Geschichte, Geografie, Literatur und »ritterlichen Übungen« – und hier vor allem in der Reitkunst – vertieft wurden, ab 1825, dem Todesjahr von Maximilian I. Josef, dem Ludwig I. folgte, hörte Max Vorlesungen an der Universität Landshut, dann in München. Wie bei Fürstensöhnen so üblich, erweckt der Umfang der angeblich betriebenen Studien den Eindruck berauschender Vielseitigkeit, denn zu den angeführten Disziplinen kamen noch Völkerkunde, Physik, deutsches Bundesrecht, Kirchen- und Vaterländische Geschichte, Vorlesungen etc. Natürlich blieb dies alles

Maximilian, Herzog in Bayern und Herzogin Ludovika

Stückwerk. In diese Zeit fiel auch Max' Ernennung zum Oberstinhaber des 9. Linien-Infanterie-Regiments.
Verheiratet war der lebenslustige Wittelsbacher seit 1828 mit seiner nüchternen und fantasielosen Cousine zweiten Grades Ludovika Wilhelmina, einer Tochter Max I. Josef und dessen zweiter Gattin Karoline Friederike. Die Prinzessin soll in ihrer Jugend außergewöhnlich attraktiv gewesen sein, ebenso attraktiv wie ihre Tochter Elisabeth, die spätere Kaiserin von Österreich. Diese Hochzeit war vom König und Herzog Wilhelm bereits vor vielen Jahren geplant worden, wie ihre Schwestern und alle die anderen Fürstentöchter wurde Ludovika auf dem europäischen Heiratsmarkt auf Grund dynastischer Erwägungen verschachert. Um zu verhindern, dass sie auf »falsche Gedanken« kommen könnten, war den Prinzessinnen in ihrer Jugend die Lektüre von Liebesromanen streng verboten worden, selbst deutsche Klassiker standen auf dem Index. Ludovika war einst in Miguel von Braganza, der später König von Portugal wurde, verliebt, doch es war ihr aus politischen Gründen verwehrt, ihn zu heiraten. Für sie war bereits von Kindesbeinen an Max auser-

koren worden, der ihr ganz offen sagte, er würde sie nicht lieben und heirate sie lediglich aus Furcht vor seinem cholerischen Großvater. Max selbst liebte damals eine »Bürgerliche«, die er auf Grund des »Standesunterschiedes« nicht zur Frau nehmen durfte.
»Rangunterschiede« existierten auch innerhalb der Wittelsbacher-Familie, namentlich König Ludwig I. legte höchsten Wert auf den Unterschied zwischen der königlichen Linie und jener der Herzöge in Bayern, was ihn immer wieder zu Nadelstichen verleitete, etwa auch im Vorfeld der Vermählung von Herzog Max mit seiner Schwester Ludovika (Luise). Am 7. August 1828 erließ er eine Verordnung mit der Überschrift »Die Titulatur des Herzogs Max in Bayern betreffend«. Und hier hieß es dann: »Bey Gelegenheit der Verehelichung Unseres vielgeliebten Vetters, des Herzogs Maximilian in Bayern, Hoheit, mit Unserer Prinzessin Schwester, Königliche Hoheit, ist bei Abfassung der Ehepakten die dem Herrn Herzog gebührende Titulatur streng einzuhalten, daher der Titel Herzog und Hoheit, nicht aber Prinz und Königliche Hoheit, welcher nur den Nachkommen aus der Königlichen Linie gehört, gebraucht werde.«
Einige Wochen später erfolgte eine seltsame Kabinettsorder folgenden Inhalts: »Vor allem mit Rücksicht auf die in gerader Abstammung von der königlichen Linie zurückgehende Herzogin Luise werden dem Herzog Maximilian an seiner Wohnung zwei ständige Wachtposten zugestanden. Den nachgeborenen Prinzen und Prinzessinnen dieser Nebenlinie aber, wenn erstere keine militärischen Stellen bekleiden, wodurch nach den Dienstvorschriften ihnen Wachtposten zustehen, soll weder in der Residenz noch in anderen Garnisonstädten ein Wachtposten gegeben werden.«
Die Töchter des Königs Max Josef hatten fast alle, wie es so schön heißt, »glänzende Partien« gemacht, sie waren z. B. Königinnen von Sachsen und Preußen, eine andere Tochter hatte den Stiefsohn Napoleons geheiratet, wieder eine andere Kaiser Franz I. von Österreich, Schwester Sophie wurde mit des Kaisers Sohn Franz Karl verheiratet, einem erbärmlichen Schwachkopf, der aber immerhin Aussicht hatte, einmal seinen Vater zu beerben, da dessen älterer, an Epilepsie leidender Bruder Ferdinand schwerst inzuchtgeschädigt war, »ein Trottel als Repräsentant der Krone«, wie Sophie ihn einmal nannte. Ludovika blieb als »Herzogin in Bayern« an der Seite ihres politisch bedeutungslosen Mannes, mit dem sie absolut keine

Gemeinsamkeiten hatte, in München sitzen. Es ging das Gerücht, sie habe ihren Gatten aus Ärger darüber in der Hochzeitsnacht in einen Schrank gesperrt. Ludovikas Groll legte sich offenbar mit der Zeit, sie gebar neun Kinder.

Dessen ungeachtet war die Ehe der beiden Antipoden vom ersten Tag an unglücklich und blieb es über Jahrzehnte. Das Familienidyll vor der prächtigen Kulisse von Schloss Possenhofen, das Magda Schneider und Gustav Knut in den »Sissy«-Filmen durchaus sympathisch vorzugaukeln verstanden, kontrastierte augenfällig mit der Realität. Max hatte zum Leidwesen seiner Gattin zahlreiche Affären und war alles andere als ein Familienmensch. »Nur an einer Zeiteinteilung hielt er strikt fest: Mittags war er niemals zu sprechen, schon gar nicht für seine Frau oder seine acht ehelichen Kinder. Denn dann speiste er in seinen Gemächern mit seinen beiden unehelichen Töchtern, die er innig liebte.« (Brigitte Hamann)

Die herzoglichen Kinder, deren Erziehung der meist abwesende Max seiner Frau überließ, waren überempfindlich und launenhaft, sie neigten zu plötzlichen Zornesausbrüchen oder brachen ein anderes Mal ohne jeden Grund in Tränen aus. Sie konnten beim Spiel herzhaft lachen, um im nächsten Augenblick nachdenklich und schweigend davonzugehen. Fremden gegenüber konnten sie sich wie »verschreckte Tiere« verhalten. Über das erste Kind des Paares, Ludwig, schrieb Egon Cäsar Corti: »In ihm und den folgenden Kindern macht sich die Inzucht psychisch dadurch fühlbar, dass die in einzelnen Gliedern der Nachkommenschaft Maximilians I. schwach vorhandenen Neigung zu Weltflucht, Verlegenheit und einer gewissen nervösen Unruhe in verstärktem Maße wiederkehrt.«

Max war ein Kauz, einer der schrulligsten Wittelsbacher überhaupt, Etikette, Konvention und Tradition waren ihm das, was in Bayern als »wurscht« genannt zu werden pflegt, als im hohen Maße gleichgültig, dies galt auch für seine Titel. Herzog Max in Bayern, »in dem sich die im Haus Wittelsbach erbliche Exzentrizität in einem fast schon pathologischen Mangel an Verantwortungsgefühl äußerte« (Joan Haslip), trat als »Königliche Hoheit« in Lederhosen auf, seine Verwandtschaft mit beinahe allen Herrscherhäusern Europas hinderte ihn nicht daran, vorzugsweise volkstümliche »Sepplkleidung« zu tragen, Carl Fernau nannte ihn »den liebenswürdigsten, heitersten und ungezwungensten Gesellschafter«.

Mangelnde Bildung oder mangelndes künstlerisches Empfinden konnte man Max – im Gegensatz zu den meisten seiner indolenten Standesgenossen – nicht vorwerfen, im Gegenteil, er, der glühende Heine-Verehrer, schrieb – unter Pseudonymen (»Phantasus«) – Gedichte, Novellen, Dramen, Reisebeschreibungen und historische Aufsätze, seine Bibliothek soll 27 000 Bände umfasst haben. Ungewöhnlich war auch die Toleranz des Bayern, namentlich in religiösen Belangen. Als er auf seiner Orientreise in Kairo eine Moschee betrat, »spielte er den Frommgläubigen«, um jedem Ärgernis, jeder Verstimmung vorzubeugen, denn, so Max, »es ist mein fester Grundsatz, jede Religion, und sei sie auch noch so sehr abergläubisch oder widernatürlich, wenigstens äußerlich zu ehren«.
In seinem Palais versammelte er bürgerliche Künstler und Wissenschafter um sich, in deren Gesellschaft der Herzog sich wahrhaft wohl fühlte. Die berühmt-berüchtigte »Tafelrunde« des Herzogs brachte ihre Zeit jedoch beileibe nicht nur mit Komposition, Dichtkunst und gehobenen Gesprächen zu, vor allem wurde auch kräftig gezecht, erlesene Weine und Champagner krönten die Konversation, berühmt-berüchtigt waren etwa auch die Schwabinger Kegelabende. Der Herzog tauge zwar zu viel mehr als zum Trinken, notierte der Freiherr von Bölderndorff in seinen »harmlosen Plaudereien«, um gleich hinzuzufügen, »obwohl ihm der Ruf eines der besten Zecher im Bayerlande nicht geschmälert werden soll«. Die königliche Verwandtschaft folgte dem Treiben des Herzogs mit Skepsis. »Herzog Max in Bayern, war ein fröhlicher Bohemien«, schrieb Wilfried Blunt, »der von dem sehr konventionellen Königspaar [Max II. und Marie] scheel angesehen wurde«.
Max selbst stand seinen 14 »Rittern«, deren jeder einen eigenen Namen trug, als »König Artus« vor, seit 1843 traf man sich einmal pro Woche. Jeder der Ritter der »Tafelrunde« musste auf Geheiß des »Königs« ein Kreuzlein mit der Aufschrift tragen: »In dieser Rund' zählt keine Stund'.« Satzungsgemäß hatten die Herren auch »Abenteuer« zu bestehen, deren höchstes Risiko es freilich war, sich mit Messer und Gabel zu verletzen, den adäquaten Waffen »lukullischer Fehdezüge«. Gegner waren die edlen Herren von Burgund, Haut-Brion und Champagne, die »Ungeheuer«, gegen die ins Feld zu ziehen geboten war, hatten die Köche des Herzogs bereits besiegt: »Auerochsen, Schildkröten, Gemuschel«. Ferner war vorgeschrie-

ben: die »Pirsch auf wilde Tauben, ... Hindinnen, wild Gevögel« etc. In einer dieser geselligen Runden platzte es einmal aus dem als »nicht gerade übertrieben höflich« beschriebenen Kobell, einem der bevorzugten Zechkumpanen des Herzogs, heraus: »Königliche Hoheit könnten doch einmal ein Diner mit Austern haben!« – »Da haben Sie eigentlich Recht«, stimmte ihm der Herzog schmallippig zu. Schon bald setzte Max seiner Tafelrunde tatsächlich Austern vor, alle waren da, nur Kobell war nicht eingeladen worden. Als der Wittelsbacher erneut seine Runde um sich versammelte, zu welcher auch Kobell wieder geladen war, drehte sich alles um die zurückliegende Austernverkostung. Kobell schwieg, machte ein verwundertes Gesicht, bis sich »König Artus« süffisant an ihn wandte: »Donnerwetter, jetzt fällt mir gerade ein, dass ich vergessen habe, Sie zum gestrigen Diner mit Austern einzuladen!«

1845 trat Max außerdem der Gesellschaft »Alt-England« bei, welche die Pflege der Geselligkeit und des Humors auf ihr Banner geschrieben hatte. In eben dieser Gesellschaft feierte Max auch die Verlobung seiner Tochter Elisabeth mit dem österreichischen Kaiser am 18. August 1853. Der »holden Kaiserbraut« und dem »jugendlich schönen Helden von Österreich« widmete der stolze Schwiegervater gleich 25 »Leberreime und Gedichte«, über deren durchschnittliches Niveau wir uns hier nicht verbreitern wollen: »Die Leber ist von einem Hecht und nicht von einem Kater, Lasst's euch schmecken – beim neuen Schwiegervater!« Als Max später einmal Tochter und Schwiegersohn in Wien besuchte, kam er in einem Eisenbahnwagon mit einem reichen Bankier aus Frankfurt ins Gespräch, der seinem ihm unbekannten Gesprächspartner wortreich über das Glück seiner in Wien verheirateten Tochter berichtete und ihn letzten Endes in ihr Haus einlud. Der Herzog lehnte dankend mit den Worten ab, dass er auch eine Tochter ihn Wien habe, welche ebenfalls sehr gut verheiratet sei ... mit dem Kaiser von Österreich.

Eine von Maxens Leidenschaften war das Zitherspiel, ursprünglich ein »Bauern- und Lumpeninstrument«. Selbst auf Reisen war die Zither stets dabei. Seine einheimischen Begleiter mochten nicht schlecht gestaunt haben, als der Herzog, dem der Spitzname »Zithermaxl« verliehen wurde, während seiner Ägyptenreise die Cheops-Pyramiden bestieg und dem Weltwunder mit seiner Lieblingsweise, dem bayerischen Schnaderhüpfeln, huldigte. Einen wahren

Meister auf der Zither, den Österreicher Johann Petzmayer, erhob der Wittelsbacher sogar zum »Herzoglich bayerischen Kammervirtous«. Max fand es originell, auf dieser Orientreise auf dem Sklavenmarkt vier »Negerknaben« zu »erwerben«, die er nach seiner Heimreise in München in seiner Privatkapelle taufen ließ. Auch seine exzentrische Tochter Elisabeth ließ sich in späteren Jahren von einem »Mohren« unterhalten. Als Max eines Tages mit einem dieser »Mohren« in Ulm inkognito in einem einfachen Wirtshaus abstieg, dessen Wirt dafür bekannt war, seinen Gästen allerhand Grobheiten an den Kopf zu werfen, wunderte er sich, dass er keine solche »Abreibung« erhielt. Auf seine Frage, warum dies so sei, soll der Wirt trocken geantwortet haben: »Es ist meine Sache nicht, jedem hergelaufenen Menschen Grobheiten zu sagen!«
In den Hof seines Palais ließ Max sich ein Hippodrom erbauen, einen Zirkus mit Logen und Sperrsitzen, in dem Kunststücke, Clownerien und diverse Spektakel aufgeführt wurden oder der Herzog selbst »Hohe Schule« ritt. »Wann wir nit Prinzen wär'n, wär'n mir Kunstreiter wor'n«, meinte Max einmal zu seiner Tochter Elisabeth. Des Herzogs »Zirkusvorstellungen« erfreuten sich in den besseren Kreisen größter Beliebtheit. Seine Volkstümlichkeit gefiel den Bayern, seine fast immer harmlosen Extravaganzen gaben Anlass zu Klatsch und Amüsement. Die »Reiterpantomimen« trugen Titel wie »Kapitän Cook«, »Ibrahim oder ein Tag in Algier« oder »Die Römer«. Das Palais selbst, an der Ludwigstraße gelegen, verfügte über einen Tanzsaal, den ein 44 Meter langes, mit frivolen Szenen gespicktes »Bacchusfries« krönte.
Im Herbst seines Lebens wurde es still um den »Zithermaxl«, nur noch ganz wenige Freunde waren dem Herzog geblieben, sein diamantenes Ehejubiläum im September 1888 feierte er still und zurückgezogen. Im Juni hatte er einen Schlaganfall gehabt. Einen zweiten Schlaganfall wenige Monate darauf überlebte er nicht. Am 15. November 1888 starb Herzog Max in Bayern. Er pflegte Menschen nicht nach ihrer »Herkunft« zu beurteilen, »nach dem Schnitt ihres Rockes«, wie er selbst gerne sagte, und dennoch vergaß er nie, »was er seinem hohen Stande schuldete«. Ungeachtet seiner Jovialität, »Leutseligkeit« und »Herablassung« war dieser ungewöhnlich geradlinige Mann eben doch ein Wittelsbacher.

Herzog Ludwig Wilhelm und die Schauspielerin Henriette Mendel

oder Was heißt schon »ebenbürtig«

Henriette Mendel war, so darf wohl gesagt werden, eine zweitrangige Schauspielerin und vielleicht nicht einmal das. 1852/53 hatte die damals gerade 20-Jährige ihre Laufbahn in Darmstadt begonnen, im Jahr darauf fand sie ein Engagement in Augsburg. Attraktiv soll sie gewesen sein, die Mendel, schön, aber auch abweisend. Irgendwann »galoppierte« ein junger Offizier »mit Stiefel und Sporn direkt in ihr Herz«, wie es später die Tochter der Mendel formulieren sollte. Dieser stürmische Galopp blieb nicht ohne Konsequenzen, am 24. Februar 1858 brachte Henriette ein Mädchen zur Welt, das tags darauf auf den Namen Louise Marie Elisabeth getauft wurde. Der Vater des Kindes war ein junger, schneidiger Major namens Louis, ... dass es sich bei diesem Louis um Herzog Ludwig Wilhelm in Bayern handelte, um den Bruder der Kaiserin von Österreich, konnte man dem Kirchenbuch entnehmen.

Die Zeitungen schwiegen. Von übertriebener Aufregung keine Spur. Herzogin Ludovika, Ludwigs Mutter, hatte sogar als Taufpatin fungiert, wenngleich sie sich bei der Zeremonie durch eine Frau Amalie Kolb, der Gattin eines Arztes, vertreten ließ. Die Mär einer romantischen Versöhnung zwischen dem jungen Liebespaar und den verbitterten Eltern durch die dreijährige Marie, die in Romanen und einem »Sisi«-Film bemüht wurde, ist längst schon widerlegt.

Ludwigs Vater Max mag ebenso wie seine Frau über diesen »Vorfall« nicht erfreut gewesen sein, doch er machte aus seiner Auffassung kein Hehl, dass uneheliche Kinder eben »passieren« können. Anlässlich der außerehelichen Schwangerschaft seiner Tochter Marie Sophie sollte er später sagen: »Na ja, solche Sachen passieren nun mal. Wozu also das Gegacker?« Von einem Eklat oder offener

Ablehnung seitens der herzoglichen Familie kann also keine Rede sein. Getauft wurde das Mädchen übrigens von einem Stadtkaplan namens Jakob Türk, dem nachgesagt wurde, er wäre ein unehelicher Sohn König Ludwigs I.

Das »Gegacker« im königlichen und herzoglichen Hause setzte erst ein, als Ludwig die »Lakaientochter«, deren Vater Johann Adam Mendel Leibjäger des Großherzogs von Hessen war, zu heiraten beabsichtigte und sich von diesem Vorhaben auch von niemandem mehr abbringen zu lassen schien. Zwar entsprach es den Gepflogenheiten der Aristokratie, sich mit Schauspielerinnen und Tänzerinnen zu vergnügen, sich eine Bühnenkünstlerin als Geliebte »zu halten« und sie im Falle einer Schwangerschaft mehr oder weniger großzügig »abzufinden«, doch eine solche Frau vor den Traualtar zu führen, dies war insbesondere für Fürstensöhne geradezu undenkbar. Noch dazu war Ludwig der Erstgeborene und somit Nachfolger seines Vaters als Herzog in Bayern, es wurde von ihm erwartet, die Tradition seines Standes und seiner Familie zu respektieren und sich um eine als »ebenbürtig« geltende Gattin umzusehen. Als der Wittelsbacher durchblicken ließ, dass er die Mendel zu heiraten gedenke, hatte diese zwar ihre Karriere als Schauspielerin bereits aufgegeben und lebte mit Ludwig in der Augsburger Maximilianstraße, doch dies änderte nichts an der Ausgangslage.

Es hatte in der Familie jedoch bereits einen ähnlichen Vorfall gegeben, einen Präzedenzfall sozusagen, der Ludwig als Beispiel dafür gedient haben mag, dass seine Entscheidung die richtige war. Der einzige Bruder König Ludwigs I., Prinz Karl Theodor, der als Oberbefehlshaber der Armee des Deutschen Bundes diente und dem Thron viel näher stand als sein Neffe Ludwig, war ebenfalls eine »unstandesgemäße« Ehe eingegangen, später sogar noch ein zweites Mal. Gegenüber seinem Vater, der ihn von seinem Plan abzubringen hoffte, hatte er gesagt: »Was heißt ebenbürtig? Man ist sich ebenbürtig durch Herz und Gesinnung. Man ist sich ebenbürtig durch die Pflicht, die man in seinem Beruf erfüllt.« Und zu Ludwig meinte er später: »Ich war glücklich, das ist mehr, als viele unseres Standes nach der Ehe mit Ebenbürtigen sagen können.«

Ludwig oder Louis, wie er auch genannt wurde, soll in jungen Jahren ein »schwieriger Charakter« gewesen sein. Hinter solchen Zuschreibungen versteckt sich nicht selten pädagogisches Unverständnis für Kinder, welche sich nicht anstandslos in Erziehungsschablonen pressen lassen, was bei Ludwig sicher der Fall gewesen ist. Die Eltern hatten ihn deshalb nach Sachsen geschickt, wohin Amélie, eine Schwester Ludovikas, verheiratet worden war. Am Hof zu Dresden übernahm Prinz Johann die Aufsicht über die Erziehung des jungen Wittelsbachers. König Ludwig hatte seine Zustimmung nur unter der aufschlussreichen Bedingung erteilt, dass Ludwig einen katholischen und keinen protestantischen Geschichtelehrer erhalte. Der »schwierige Ludwig« war es also gewohnt, gegen Widerstände anzukämpfen und er hatte gelernt, sich gegen Widerstände auch durchzusetzen. Henriette hatte, so wieder deren Tochter, dem Herzog »an der Seite ihrer Mutter großen Respekt eingeflößt und so konnte der Weg nur über den Altar gehen«. Der Wittelsbacher, dessen Frau im Herbst 1858 erneut schwanger geworden war, nahm es nun konsequent in Angriff, die Verbindung mit Henriette zu legalisieren, diese Ehe war ihm wichtiger als alle Traditionen und Privilegien, Ludwig war »ein Mensch, der sich nicht in das Kastendenken des ›Gotha‹ hineinpressen lässt, der wie sein Vater zu lebendig ist, um in muffigen, dumpfen Schlössern neben einer daherstolzierenden Prinzessin in einer standesgemäßen Mariage sein Leben zu verbringen« (Brigitte Sokop).

Wenngleich es in der Folge zu keinem dramatischen »Kampf« um die Eheschließung kam, so waren doch zahlreiche Hürden zu überwinden. Obzwar Ludwig in der bayerischen Thronfolge keine Rolle spielte, hatte König Maximilian II. ein gewichtiges Wort mitzureden. Er verlangte von Ludwig dessen Verzicht auf die Herzogswürde und – ein ausschließlich formaler Akt – jeglichen Anspruch auf die bayerische Thronfolge. Der Herzog, dem das enge Korsett des höfischen Lebens ebenso wie seiner Schwester Sisi zuwider war, willigte ein. Ludwigs Verzicht wog umso schwerer, als er auch auf ein großes Vermögen verzichtete, das sein Vater Max mütterlicherseits geerbt hatte.

In seine Rechte trat nun Ludwigs Bruder Carl Theodor ein. Dieser 1839 geborene Bruder, der 1865 eine Prinzessin von Sachsen heiratete, die allerdings nur zwei Jahre später sterben sollte, studierte entgegen dem Willen der Familie Medizin und wurde schließlich Augenarzt. Für die allermeisten Angehörigen der Dynastie war dieser Schritt völlig unverständlich. Ein Wittelsbacher-Herzog als

Arzt? Die Fantasie dieser allerhöchsten Herrschaften, die in einer Karriere als Offizier den alleine adäquaten Beruf für einen Spross aus der Familie erblickten, reichte nicht aus, um sich dies vorstellen zu können. Karl Theodors Wirken als Mediziner wurde bei der Bevölkerung mit großem Respekt und großer Anerkennung betrachtet, wenngleich manche Patienten ihre liebe Not damit hatten, den herzoglichen Arzt korrekt anzusprechen. Ein in Verlegenheit geratener Patient war sich darin so unsicher, dass er den Wittelsbacher zu dessen Erheiterung als »Herr Allerwertester« angeredet haben soll.

Wie groß der Widerstand in der Dynastie nun tatsächlich war, ist schwer zu beurteilen, fest steht nur, dass dieser, wie schon erwähnt, nicht so gewaltig und nachdrücklich war, wie dies bis heute gelegentlich kolportiert wird. Die Tochter von Ludwig und Henriette trägt in dieser Frage eher zur Verwirrung als zur Aufklärung bei, da in ihren Büchern verschiedene, einander widersprechende Angaben gemacht wurden, was allerdings darauf zurückzuführen sein könnte, dass sie sich bei der Abfassung ihrer Erinnerungen mehrerer Ghostwriter bedient hatte. Während sie 1913 noch behauptet hatte, ihre Mutter wäre von den Wittelsbachern »mit offenen Armen« aufgenommen worden, wusste sie 1935 von »Bestürzung und großen Hindernissen, da eine morganatische Ehe als Verbrechen galt« (»Kaiserin Elisabeth und ich«). 1937 äußerte sie sich in einem unveröffentlichten Manuskript ganz ähnlich, um noch im selben Jahr in einer neuen Auflage ihres Buches »Meine Vergangenheit« verlautbaren zu lassen, dass die Aufnahme ihrer Mutter in die Familie relativ reibungslos verlaufen sei.

Herzogin Ludovika, die in Standesfragen eigentlich grundsätzlich anders als ihr Gatte dachte, hielt zwar fest, sie hoffe, »dass Henriette die ungeheuren Opfer, die er (Ludwig) ihr gebracht hat, erkenne und ihrer würdig sei«, dennoch fand Ludwig in seiner Mutter eher eine Fürsprecherin seiner Liebesheirat, vielleicht auch deshalb, weil sie selber unglücklich verheiratet war und sich zudem betrübt über die unglückliche Entwicklung der Ehe ihrer Tochter Elisabeth mit Kaiser Franz Joseph I. von Österreich zeigte. Elisabeth war es auch, in der Ludwig und Henriette eine wichtige Mentorin fanden, die Kaiserin unterstützte die Heiratspläne ihres Lieblingsbruders, die am reaktionären Wiener Hof ein viel diskutiertes Thema waren, demonstrativ, sie wurde der Henriette Mendel, der sie schon während

Marie Wallersee mit Eltern Herzog Ludwig Wilhelm in Bayern und Henriette Freiin von Wallersee

der Verlobungszeit freundlich gegenübergetreten war, eine bedeutende Stütze. Angeblich hatte sie sogar bei Maximilian II. für ihren Bruder interveniert.

Am 9. Mai 1859 gebar Henriette im gleichen Haus, in dem bereits Marie Louise geboren worden war, einen Sohn. Zehn Tage später wurde die Mendel vom König in den Adelsstand erhoben und durfte sich ab nun »Freifrau von Wallersee« nennen. Die Trauung, der nun nichts mehr im Wege stand, erfolgte am 28. Mai 1859 in der Hauskapelle des Augsburger Bischofs Pankratius von Dinkel, wodurch auch die beiden Kinder legitimiert waren. Der Knabe, der den Namen Karl Emanuel erhielt, starb aber bereits kurz darauf an der Bauchschwindsucht, einer Krankheit, der im 19. Jahrhundert viele Kleinkinder erlagen. »Die Erhebung Henriettes in den Freiherrenstand änderte allerdings nichts daran, dass adelsstolze Kreise, ein Teil der Familie eingeschlossen, sie weiterhin als unerwünschten Eindringling in ihre erlauchte Gesellschaft betrachteten«, schrieb Bestenreiner. Und weiter, auf die Rolle der Kaiserin zu sprechen kommend: »Umso mehr fühlte sich Kaiserin Elisabeth verpflichtet, die Schwägerin, die sie persönlich sehr schätzte, zu protegieren und sich, wo immer es ging, an ihre Seite zu stellen. Obwohl Henriette sich durch ihre Bescheidenheit und ihr Taktgefühl Achtung und Zuneigung durchaus verdiente, existierte sie im offiziellen Bayern nicht. Morganatische Ehen wurden nicht dokumentiert. Auch Ludwig wurde deswegen von vielen seiner Standesgenossen missachtet.«

Nach der Schlacht bei Königgrätz – Bayern hatte an der Seite der Österreicher gegen Preußen gekämpft und verloren – schied Ludwig, der als Oberst-Kommandeur des IV. Chevaulegers-Regiments »König« gedient hatte, aus der Armee aus und ließ sich in München nieder, wo er im Vorort Haidhausen ein Palais erbauen ließ. Ludwig und die Seinen brachten in diesem Palais aber nur relativ wenig Zeit zu, da die Familie im Sommer Schloss Garatshausen am Starnberger See zum Domizil erkoren hatte. Zu seiner Tochter Marie Louise, die »Mariele« gerufen wurde, hatte Ludwig kein allzu herzliches Verhältnis, er konnte mit kleinen Kindern, mit »Bamsen«, wenig anfangen, der kleinen Tochter waren die Launen und der Sarkasmus des Vaters wohl noch lebhaft in Erinnerung, als sie schrieb, dass sie »wie ein Pudel gehalten« wurde, sie »durfte keine Fragen stellen und wurde so fügsam, dass sie alles hinnahm«. Ihre »ausgezeichneten und leidgeprüften« Erzieherinnen habe sie sogar regelrecht gehasst.

Erst später entwickelte sich ein beinahe kameradschaftliches Verhältnis zwischen Vater und Tochter, was mit beider Liebe für Pferde und den Reitsport zu tun hatte. Das »Mariele« fühlte sich alsbald sogar im Herrensattel wie zuhause, eine Fertigkeit, die für Mädchen alles andere als »chic« galt. Die durchaus übliche Begrüßung des Vaters für die Tochter, die ihm den Sohn, den er sich über alles erhofft hatte, nicht ersetzen konnte, lautete, von einem kräftigen Schulterklopfen begleitet: »Na, da bist du ja!« Ludwig verspürte einen tiefen Widerwillen gegen das lange, blonde Haar seiner Tochter, weshalb diese es kurz und nach hinten gekämmt tragen musste. Ein ebenholzfarbenes Makassaröl sorgte für eine dunklere Farbe. Der Wittelsbacher gab seiner Tochter auch des Öfteren Bier zu trinken, so wurde es zumindest erzählt. John Locke, der große englische Philosoph, hatte »trockenes Brot und Bier, sooft der Hunger sich regt«, als geeignetes Nahrungsmittel für Knaben empfohlen. Hatte sich Ludwig bei ihm die Anregung geholt?

Mit der ehelichen Treue nahm es der Herzog ebenso wenig genau wie sein Vater Max, Marie Louise konnte sich erinnern, dass sie einmal mit ihrer Mutter überraschend von einem Aufenthalt auf dem Lande nach München zurückgekehrt sei, wo Henriette ihren Mann in einschlägiger Pose mit einer Schauspielerin erwischt habe, worauf die betrogene Gattin nicht gezögert habe, diese Frau eigenhändig hinauszuwerfen. Dessen ungeachtet wurde die Ehe zwischen dem Herzog und der ehemaligen Schauspielerin als harmonisch und glücklich beschrieben.

Wie überheblich und herablassend sich ein Teil der kaiserlichen Familie gegenüber Henriette (und ihrer Tochter) verhielt, wenn diese sich, was selten genug der Fall war, in der Reichshaupt- und Residenzstadt der stolzen Habsburger aufhielten, zeigt ein Bericht des Historikers Richard Sexau, der über das Verhalten des Kronprinzen Rudolf, der selbst regelmäßig mit Prostituierten, Kutschern und Heurigensängern verkehrte, und dessen arroganter Gattin Stephanie, einer Tochter des belgischen Königs, schrieb: »Rudolf und Stephanie übersehen ›la femme d'oncle Louis‹, wie sie, von oben herab, dies bescheidene Wesen zu apostrophieren belieben, vollkommen. Aber auch mit der neben ihm sitzenden Cousine Amélie wechselt der Kronprinz kein Wort, sich nicht zu ihr ›herablassend‹, wie sie ungehalten ihrem Tagebuch anvertraut. Natürlich wird dies auch von ihren Eltern bemerkt und dementsprechend quittiert. Valerie [die Tochter der Kaiserin, Anm. C. D.] ist darob ›ganz melancholisch. Ein Habsburger, Papas Sohn, der sich ... seiner bayrischen Verwandten schämt, weil sie weniger vornehm sind als er ... Man könnte weinen. Ich muss mich meines Bruders schämen! Mama war fast bös ...‹« Stephanie notierte über eine dieser Begegnungen in ihren Erinnerungen: »Wenig erfreulich war mir die Anwesenheit des

Bruders der Kaiserin, Herzog Ludwig in Bayern mit seiner Gemahlin Henriette Wallersee und ihrer Tochter Marie ... Schon bei der ersten Begegnung mit dieser Familie empfand ich Antipathie. Ihr selbstbewusstes Auftreten, ihre wegwerfenden Bemerkungen, ihr zynisches Lächeln und ihre oberflächliche Konversation ließen sie mir unangenehm erscheinen. Es war schwer, sich bei allen Mahlzeiten, während der wir verwandtschaftlich verkehren mussten, zu beherrschen, um sie nicht meine Abneigung fühlen zu lassen.«
Stephanie wurde ihrerseits von ihrer unnahbaren Schwiegermutter Elisabeth, die sowohl Henriette als auch ihrer Tochter Marie ostentative Unterstützung und Zuwendung angedeihen ließ, links liegen gelassen und – man muss es wohl so hart formulieren – verabscheut. Sie bezeichnete die unelegante, etwas grobschlächtig wirkende Gattin ihres Sohnes als »Trampel« oder »Trampeltier« (»Ich habe nicht erwartet, Rudolf und das hässliche Trampeltier heute Abend noch zu sehen.«), sie würde sich »wie eine flämische Bäuerin« bewegen etc. Sie verglich Stephanie stets mit deren Tante Charlotte, die Franz Josephs Bruder Maximilian, der 1867 als »Kaiser von Mexiko« standrechtlich erschossen wurde, geheiratet hatte. Erzherzog Maximilians dynastisches Denken war ebenso krankhaft überhöht wie jenes Franz Josephs, er träumte von einem Reich, in dem die Sonne nicht unterging, mit ihm an der Spitze. Nach dem Tod ihres Gatten verfiel Charlotte in den Wahnsinn.
Franz Joseph, der Mitglieder seiner eigenen Familie, die »unstandesgemäß« heirateten, unerbittlich zwang, aus der Dynastie auszuscheiden, hat die Baronin Wallersee zu deren Lebzeiten in seinen zahlreichen Briefen nie erwähnt, erst als sie starb, war sie ihm in einem Brief an seine »liebe, gute Freundin« Katharina Schratt eine Erwähnung wert: »Die arme Wallersee ist also endlich von ihrem langen Leiden erlöst worden und sanft verschieden ... Der Tod der armen Henriette wird die Kaiserin, trotz allem, was geschehen ist, doch angreifen, da sie die Verstorbene früher viel sah und sie gerne hatte. Es war eine gute und brave Frau, deren Schicksal aber nicht beneidenswerth war ...« Die Behauptung der Tochter der Baronin Wallersee, der Kaiser hätte anlässlich des Todes ihrer Mutter ein prächtiges Blumengebinde mit der Aufschrift »Meiner geliebten Schwägerin« geschickt, ist jedoch völlig unglaubwürdig und in Kenntnis der Person Franz Josephs geradezu undenkbar.

Henriette von Wallersee starb im Herbst 1891 nach langem Leiden an Unterleibskrebs. Die 61-Jährige war von »einem jungen Chirurgen mit sehr sicheren Händen« operiert worden, doch die Operation hatte nicht den gewünschten Erfolg. Im September bat die schwer Leidende um Erlösung. Henriette war noch nicht tot, als in einer Münchner Zeitung bereits ein Nachruf erschien, der in der mehr als seltsamen Bemerkung gipfelte: »Die Ehe ist kinderlos (!) geblieben.« Herzog Ludwig und Tochter Marie waren nebst anderen Verwandten an ihrem Totenbett anwesend. Die »Augsburger Allgemeine Zeitung« schrieb: »Henriette von Wallersee ... ist nach über einem Jahr andauernder schwerer Krankheit heute früh ¾ 8, schnell und sanft verschieden. Die Verstorbene war eine durch seltene Gaben des Geistes und des Herzens ausgezeichnete Dame, deren Hinscheiden nicht bloß von ihren nächsten Angehörigen schmerzlich betrauert wird, sondern auch in weiteren Kreisen das tiefste Bedauern hervorruft ... ursprünglich Henriette Mendel und war hier als Schauspielerin um Schönheit und ihrer hervorragenden Talente willen sehr geschätzt ... Seit fast einem Jahr litt die Verstorbene an einem schweren Unterleibsleiden, auf das liebevollste gepflegt von ihrem untröstlichen Gatten und der ganzen herzoglichen Familie, sowie von zwei Nichten, die in ihr die zweite Mutter betrauern ...«

Der »untröstliche Gatte« Ludwig in Bayern vermochte allerdings ziemlich rasch die Trauer um seine geliebte Gemahlin zu überwinden und weihte seine Tochter Marie »schroff«, wie diese sich ausdrückte, in seinen Plan ein, erneut zu heiraten. Dieses Vorhaben entzweite Vater und Tochter, da der Herzog nicht einmal das Trauerjahr abwartete. Ludwig geriet sich auch mit dem Prinzregenten Luitpold in die Haare, den er erst wenige Stunden vor der Hochzeit, der Marie nicht beiwohnte, in dieses Vorhaben eingeweiht hatte. Die Eheschließung fand am 19. November statt, an diesem Tag berichteten die Zeitungen, Herzog Ludwig hätte »zur linken Hand« eine »Hoftheater Ballett-Elevin, Fräulein Antonie Barth«, geheiratet. Erneut hatte der Wittelsbacher einer »unebenbürtigen« Partnerin das Jawort gegeben, die junge Frau »glühte wie ein Röslein und nahm sich seltsam genug in ihrer Schüchternheit aus neben der phaszinierenden Erscheinung ihres Mannes«, beobachtete Ernst von Planitz. Der Prinzregent hob die junge Frau in den Adelsstand,

sie durfte sich fortan Antonie von Bartolf nennen. Das Mädchen war um 16 Jahre jünger als Maries Ehemann, Graf Georg Larisch, welcher sich über die Ehe seines Schwiegervaters erbost zeigte und sich über die »unmögliche Familie« der Gattin echauffierte. Nach einem ersten Treffen mit der neuen Stiefmutter Maries, das er mit aller Vehemenz zu vermeiden versucht hatte, machte er seiner Frau eine lautstarke Szene.
In ihrer »künstlerischen Laufbahn« hatte es Antonie nicht über die Rolle eines Trommelhasen in dem Ballett »Die Puppenfee« gebracht, nun war sie die Gemahlin eines Herzogs in Bayern. Abermals schüttelte die hohe Verwandtschaft die Köpfe, die Tochter eines Magazineurs und einer Stickerin als Familienmitglied? Neugierig auf die neue Frau seines Schwagers zeigte sich der durchaus an Klatsch interessierte Kaiser in Wien. In einem Brief hielt er fest, er freue sich auf ein Bild von Antonie Bartolf als Trommelhasen, »wenn Ludwig diese Abbildungen nicht hat konfisciren lassen«. Am 26. Dezember schrieb er der Kaiserin: »Gackel erzählte mir gar nicht wiederzugebende Witze über Louis. Beiliegend wieder ein Portrait der neuen Schwägerin ... Sie muss sehr hübsch sein. Die Fotografien als Trommelhase hat Louis aufgekauft und die Platten zerstören lassen ... Alle bestätigen übrigens, dass die Schwägerin ein anständiges, unbescholtenes Mädchen war.« Der Trommelhase dürfte es der apostolischen Majestät besonders angetan haben, denn am 12. Februar des darauf folgenden Jahres schrieb er erneut an Elisabeth: »Also auch du findest den Trommelhasen igazán csinos (hübsch).«
Der Altersunterschied zwischen dem 61-jährigen Herzog und seinem reizenden, 21-jährigen Trommelhasen war vielfach Gegenstand einschlägiger Bemerkungen, so wurde von der »fantastischen Gestalt des hochaufgeschossenen, ganz ungewöhnlich schlanken Kavaliers mit den funkelnden Blicken in dem scharf gezeichneten Gesicht, die seiner Erscheinung fast etwas Diabolisches gaben«, geschrieben, von »etwas abnormen äußerlichen Eindrücken«. Und 1895 hieß es: »Louis hat die Haare stark verloren, er ist, womöglich noch magerer als früher, blass, alt und sieht mit seinem kohlschwarz gemalten Schnurbarte nicht vortheilhaft aus ...« Der Herzog soll seine um vieles jüngere Frau mit großer Eifersucht verfolgt haben. Es wurde vermutet, dass sich seine Tochter Marie in die Ehe einge-

mischt und für die Schwiegermutter Partei ergriffen habe, worauf dieser Marie mit einem »Vokabularium wie auf dem Exerzierplatz« überschüttete und ihr Hausverbot erteilte.
Im Juli 1913 wurde die Ehe gerichtlich geschieden. Antonie von Bartolf hatte sich in einen königlich bayerischen Hauptmann verliebt und wurde in einer Verhandlung, zu welcher die Öffentlichkeit nicht zugelassen worden war, der Untreue bezichtigt und schließlich schuldig gesprochen. Zu diesem Zeitpunkt scheint Ludwig »in schlechte Gesellschaft geraten zu sein, seine Villa wurde zum Sammelpunkt für Zechbrüder, die den schon greisenhaft kindischen Herzog völlig in der Hand hatten. Man quartierte sich bei ihm ein, nahm ihn aus ... Marie erbte die Villa und fand sie völlig verwahrlost vor, alle Bilder, das Tafelsilber und die alten Familienkleinodien waren verschwunden. Das Haus war ausgeräumt, nur Gerümpel in allen Ecken.« (Brigitte Sokop)
Ungeachtet der Erbschaft hatte Marie zu ihrem alten Vater kaum noch Kontakt gehabt. Am 7. November 1920 starb der Herzog, der sich bei den Münchnern bis zu seinem Ableben beträchtlicher Popularität erfreut hatte, im hohen Alter von 89 Jahren. Marie Louise erfuhr vom Tode ihres Vaters aus einer Tageszeitung. In keinem der Nachrufe war von der zweiten Frau des Wittelsbachers die Rede, sehr wohl aber von Henriette Mendel.
Marie Louise Gräfin Larisch-Wallersee, Ludwigs eigenwillige, extravagante Tochter, starb im Jahre 1940. Sie hatte ein spannendes, ereignisreiches und außergewöhnliches Leben geführt, das nach den Tagen von Mayerling einen radikalen Bruch erfahren und sich beinahe über Nacht völlig geändert hatte. Als sie geboren wurde, im Jahre 1858, herrschte Franz Joseph I. gerade einmal ein Jahrzehnt im Zeichen des absoluten Gottesgnadentums, als ihr einen Bogen von über acht Jahrzehnten schlagender Lebensweg endete, wütete die Nazi-Barbarei. Marie Louise war dreimal verheiratet, 1877 trat die erst 19-Jährige mit dem Grafen Georg Larisch-Moennich vor den Traualtar, die Ehe wurde 1896 geschieden. Bereits im Jahr darauf heiratete sie den trinkfesten Kammersänger Otto Brucks, der 1914 starb. Zehn Jahre später heiratete sie erneut, und zwar einen amerikanischen Farmer namens W. H. Meyers, von welchem sie 1928 geschieden wurde.
Ihr Leben, ihr gesellschaftlicher Aufstieg und schließlich ihr tiefer

Fall ist untrennbar mit der Gunst ihrer Tante verbunden, der Kaiserin von Österreich. Elisabeth hatte Gefallen an ihrer aufgeweckten, auffallend hübschen Nichte gefunden, die zur Freude der Kaiserin auch eine hervorragende Reiterin war. »Die kleine Wallersee«, wie Marie Louise genannt wurde, wurde ebenso wie ihre Mutter auf Grund ihrer »Herkunft« von der hochadeligen Gesellschaft, für welche sie nichts weiter als ein »Bastard« war, gesellschaftlich geschnitten, was für die in der hohen Schule der Provokation wohlbewanderte Elisabeth erst recht ein Grund war, das Mädchen an ihre Seite zu nehmen und zu fördern. Sie machte ihre Nichte »quasi zu ihrem Geschöpf, staffierte sie nach der neuesten Mode aus, brachte ihr den nötigen Schliff in der Gesellschaft und die nötige Arroganz gegenüber Männern bei. Sie genoss sichtlich die Sensation, die das schöne blonde Mädchen neben ihr erregte.« (Hamann) Marie Louise stieg zur intimen Vertrauten der Kaiserin und später auch zu jener des Kronprinzen Rudolf auf.
Rudolf, 1858, also im selben Jahr wie seine Cousine Marie Louise, geboren, war – wie im nächsten Kapitel über Kaiserin Elisabeth noch näher ausgeführt – eigentlich mehr Wittelsbacher als Habsburger, sensibel, sensitiv, unkonventionell, wiss- und lernbegierig. Sein Tod im Jahre 1889 gibt noch heute so manches Rätsel auf, ganz wird die »Tragödie von Mayerling«, worunter die Ereignisse in der Winternacht vom 29. zum 30. Januar des genannten Jahres in einem niederösterreichischen Jagdschloss subsumiert werden, wohl nie aufgeklärt werden können, es sei denn, neue Quellen würden auftauchen, was jedoch nicht sehr wahrscheinlich ist. Aufklärung würde auch eine Exhumierung und gerichtsmedizinische Untersuchung des Leichnams des Kronprinzen bringen, doch damit ist schon gar nicht zu rechnen. Uns braucht hier nur zu interessieren, dass der einzige Sohn des Kaiserpaares und Erbe der Österreichisch-Ungarischen Monarchie gemeinsam mit seiner Geliebten Mary Vetsera tot, erschossen, aufgefunden wurde.
Als Elisabeth, die für die geistige Verwirrtheit und den zunehmenden körperlichen und psychischen Verfall ihres Sohnes, dessen bemitleidenswürdigen Zustand sie bis zuletzt ignoriert hatte, das wittelsbacherische Erbe, das sie ihm in die Wiege gelegt hatte, verantwortlich machte, in Erfahrung gebracht hatte, dass ihre Vertraute Larisch-Wallersee eine Mitwisserin und Unterstützerin des Liebes-

verhältnisses von Rudolf und Mary Vetsera war, kam es zum endgültigen Bruch. Nach Mayerling wurde Marie Louise nie mehr wieder zur Kaiserin vorgelassen, man verbannte sie vom Wiener Hof. Die flehentlichen Bitten der Nichte, sich wenigstens rechtfertigen zu dürfen, wurden nicht mehr gehört. Auch gab es wegen Marie Louise harte Auseinandersetzungen, »Auftritte«, zwischen der Kaiserin und ihren Brüdern. Von einem Aufenthalt der verfemten Gräfin in Wien im Mai 1889 berichtete Ernst von der Planitz: »Nach dem furchtbaren Ende ihres kaiserlichen Vetters war für die Gräfin in Österreich alles aus. Die Todeskugel zerriss auch ihre gesellschaftliche Stellung, die sie dort in letzter Zeit ohnehin nur mit Mühe und eigentlich nur noch durch ihren Mann behauptet hatte. Selbst die Kaiserin, ihre Tante, der sie so viel, wenn nicht alles ... verdankte, ließ sie fallen ...«
Als sich 20 Jahre später, im Juni 1909, Marie Louises Sohn Georg Heinrich erschoss, der übrigens nicht der leibliche Sohn des Grafen Larisch war, was dieser ihm bereits wenige Jahre vor seinem Suizid eröffnet hatte, flüchtete sich die Larisch in eine Erklärung, die sie 1913 im Vorwort ihres Buches »My Past« auch ihren Lesern mitteilte. Ihr Sohn habe sich nach der Lektüre der Lügen-Bücher über Mayerling, in welchen ihre Rolle besonders krass überzeichnet wurde, aus Scham das Leben genommen. Diese Argumentation will nicht so recht überzeugen, da Georg Heinrich bereits 1906 in einem Brief an seine Mutter auf diese Bücher zu sprechen gekommen war: »... gewisse Anzeichen veranlassen mich, die Frage an dich zu richten, die du mir offen und rückhaltlos beantworten musst, weil meine Seelenruhe davon abhängt. Steht die Kronprinz-Rudolf-Sache in Zusammenhang mit mir?«
Die Memoiren der Gräfin Larisch nährten wilde Gerüchte, wonach sich Rudolf mit ungarischen Nationalisten gegen den Kaiser verbündet habe. Marie Louise hielt fest, der Kronprinz habe ihr vor seiner Abreise nach Mayerling eine »bleischwere« Kassette übergeben, die sie nach seinem Tode einer ganz bestimmten Person zu übergeben habe, einer Person, welche die geheimnisvollen Buchstaben »R.I.U.O« nennen würde. Sie nannte auch den Namen des Unbekannten, bei dem es sich um Erzherzog Johann Salvator gehandelt habe. Marie Louise: »›Bedauern Sie Rudolf nicht‹, sagte er. ›Hätte der Kaiser diese Papiere gefunden, so hätten die Dinge viel

schlimmer für ihn gestanden. Der Kronprinz hat Selbstmord begangen; aber hätte der Kaiser alles gewusst, so hätte er ihn vor ein Kriegsgericht stellen und als Hochverräter erschießen lassen müssen.‹ ›Mein Gott‹, schrie ich, ›was hat er getan? ... Hat er an die Krone von Ungarn gedacht?‹ Der Erzherzog nickte zustimmend und mir fielen plötzlich Tantes Worte ein, mit denen sie vor langer Zeit einmal angedeutet hatte, dass Rudolf sich in den Händen der Freimaurer befinde. Aber Elisabeth hatte wenig Grund, einen Stein auf ihn zu werfen, denn sie kokettierte selbst immer mit der Sozialistenpartei ...«
Nicht wenige Autoren schließen aus den Erinnerungen der Gräfin Larisch, dass Rudolf in eine Verschwörung gegen seinen Vater verstrickt gewesen sei, die dessen Absetzung zum Ziel gehabt hätte. Rudolf hätte Franz Josephs Nachfolger in Ungarn werden sollen, Erzherzog Johann in Österreich. Fantasiebegabte Mayerling-Forscher interpretierten die Buchstabenfolge »R.I.U.O.« wie folgt: »Rudolf Imperator Ungarn Oesterreich«. Die mögliche Verbindung zu den Freimaurern erlaubt jedoch noch eine andere, womöglich glaubhaftere Interpretation. »R.« würde hier als Abkürzung von »respectable« stehen, »I.O.« als »Innerer Orient«, ein enger Kreis von Hochgradfreimaurern, »U.« schließlich für Ungarn. Hamann ist der Auffassung, dass sich »die wirren Assoziationen der Gräfin Larisch (Kriegsgericht, Freimaurerei, Sozialismus)« auf die Tatsache reduzieren ließen, »dass der Kronprinz verbotenermaßen Freimaurer in einer ungarischen Loge war«.

Kaiserin Elisabeth

oder Warum die »liebste Engels-Sisi« ihr »treues Männchen« nicht glücklich machen konnte

Die Historiker stehen tradierten Klischees und historischen Verzerrungen, die sich in Generationen festgebissen haben, ziemlich hilflos gegenüber. Elisabeth von Österreich als »mythifizierte« Frauengestalt, deren Apotheose durch einen frühen, überraschenden Tod herbeigeführt wurde, nahm hinsichtlich der undifferenzierten Wahrnehmung ihrer Person jene merkwürdige Hysterie in Grundzügen vorweg, die sich ein gutes Jahrhundert später anlässlich des von den kühnsten Spekulationen begleiteten Todes der Prinzessin von Wales noch potenzieren sollte. Nach Elisabeths Tod wurde über sie gedichtet und geschrieben, sie wurde gemalt und schließlich zum Gegenstand zahlreicher Denkmäler. Einzelne Gedenkblätter, die in Wien, der ehemaligen Reichshaupt- und Residenzstadt der Habsburger, auftauchten, illustrierten gar die Aufnahme Elisabeths in den Himmel, wo sie bereits von ihrem Sohn Rudolf erwartet wird ...

In den 1950er-Jahren wurde durch die »Sissi«-Trilogie eine ungeheure Breitenwirkung erzielt. Die Filme, deren Wiederholungen noch Jahrzehnte später ein Millionenpublikum erreichten (»Sissi« 1955; »Sissi, die junge Kaiserin« 1956; »Sissi – Schicksalsjahre einer Kaiserin« 1957), schufen bleibende Vorstellungen von der kaiserlichen Familie und dem Leben am Wiener Hof. Romantik und Tragik waren die beiden mythisierenden Stränge, die sich um das Leben dieser seltsamen Frau rankten. Ihre Liebesheirat mit Kaiser Franz Joseph I. im zarten Alter von 17 Jahren, ihre wachsende Exzentrik und zunehmende Vereinsamung, ihre Ermordung im Jahre 1898 – dies ist der Stoff für Legenden. Eine Hofdame erkannte dies früh: »Wie sie wirklich war und was an ihr so anziehend und bezaubernd wirkte, das kann kein Meißel und kein Pinsel wiedergeben,

das war nur ihr eigen.« Und weiter: »Sie wird in der Legende fortleben, nicht in der Geschichte.«
Am Anfang dieser »Legende« stand eine Jugend, der die Kaiserin in ihrem goldenen Käfig zeit ihres Lebens wie dem verlorenen Garten Eden nachtrauerte. »Sisi« wuchs als drittes von acht Kindern des Herzogs Maximilian Josef in Bayern auf, dessen flüchtige Bekanntschaft wir im vorangegangenen Kapitel gemacht haben. Der herzoglichen Familie aus der Seitenlinie Birkenfeld-Gelnhausen kam am Münchner Hof keinerlei offizielle Funktion zu, weshalb sie es sich leisten konnte, ein reines Privatleben zu führen. »Wir waren acht Kinder, und jedes von uns hatte seinen eigenen Christbaum«, erinnerte sich in späteren Jahren »eine gelangweilte, unglückliche Frau ihrer sorglosen Kindheit in Bayern, als sie, Elisabeth, Kaiserin von Österreich, noch Elisabeth von Wittelsbach war und mit ihren Geschwistern auf einem weitläufigen Landsitz am Ufer des Starnberger Sees umhertollte. Schloss Possenhofen war keineswegs schön; trotz seiner mächtigen Türme wirkte es eher wie ein Landgut: Kühe weideten zwischen Rosensträuchern, Ponys zerstampften den Rasen, Hunde jagten durch die Salons, wälzten sich auf den durchgescheuerten Aubusson-Teppichen und stiegen mit schmutzigen Pfoten auf die abgewetzten Brokatsessel. Aber im verblichenen Glanz des »geliebten Possi fühlten sich die Kinder zu Hause; hier herrschte ihre liebevolle, nachsichtige Mutter, hier besuchte sie von Zeit zu Zeit ihr liebenswürdiger, exzentrischer Vater« (Joan Haslip). Elisabeth war noch ein halbes Kind, als die stürmische Liebe des jungen Kaisers von Österreich, ihres Cousins, über sie hereinbrach. »Ich habe den Kaiser so lieb«, bekannte sie im Sommer 1853, »wenn er nur kein Kaiser wäre!« In der Retrospektive formulierte sie dann wesentlich nüchterner: »Als 15-jähriges Kind wird man verkauft und tut einen Schwur, den man nicht versteht und dann 30 Jahre oder länger bereut und nicht mehr lösen kann.« Die Ehe war für Elisabeth »eine widersinnige Einrichtung«. Nur 14 Tage nach der Hochzeit, die am 24. April 1854 gefeiert wurde, dichtete sie: »Oh, dass ich nie den Pfad verlassen,/Der mich zur Freiheit hätt' geführt!/Oh, dass ich auf der breiten Straßen/Der Eitelkeit mich nie verirrt!/Ich bin erwacht in einem Kerker,/Und Fesseln sind an meiner Hand./Und meine Sehnsucht immer stärker – Und Freiheit! Du, mir abgewandt!/Ich bin erwacht aus einem Rausche,/Der mei-

nen Geist gefangen hielt,/Und fluche fruchtlos diesem Tausche,/Bei dem ich Freiheit! dich – verspielt!«

Ungeachtet der gegenseitigen Zuneigung, die bei Franz Joseph ohne Zweifel inniger war, schlitterte diese Ehe innerhalb kürzester Zeit in eine Katastrophe. Elisabeth, die eine im höfischen Sinne nur mangelhafte Erziehung genossen hatte, fühlte sich in Wien nicht wohl, das pedantisch zelebrierte Protokoll, gehütet von ihrer strengen Schwiegermutter, empfand sie als drückende Last. Für die Kaiserinmutter Sophie war »Sisi«, die in eine für sie fremde Welt hineingestoßen worden war, ein »Fratz«, ein dümmliches, ungelenkes, sehr wohl aber formbares Mädchen, aus dem sie eine Kaiserin zu machen hatte. Dabei ging die »böse Frau«, wie Elisabeth ihre Schwiegermutter nannte, hart und unnachgiebig vor und erreichte damit das genaue Gegenteil dessen, was sie angestrebt hatte. Franz Joseph war zu sehr Muttersöhnchen, als dass er sich auf die Seite seiner Frau geschlagen hätte.

Kaiser und Kaiserin waren Antipoden, zwei höchst ungleiche Persönlichkeiten, welche sich gegenseitig trefflich unglücklich zu machen verstanden. Das Koordinatensystem der kaiserlichen Ehe, die 44 Jahre – von welchen »Sisi« praktisch Jahrzehnte nicht an der Seite ihres Mannes weilte – währte, glich zwei in entgegengesetzte Richtungen weisenden Pfeilen, das allerhöchste Paar lebte aneinander vorbei.

Zwischen 1855 und 1858 erfüllte Elisabeth ihre wichtigste Pflicht, der Dynastie Kinder zu gebären. Nach zwei Mädchen, von denen das erste bald starb, wurde 1858 endlich der Kronprinz geboren. Sophie übernahm alle Vorbereitungen. »Sie allein bestimmte, was zu geschehen hätte, die Schwiegertochter wurde gar nicht gefragt ... Sie wusste, wie ihr Gemahl vor der Mutter zusammenkippte, wie sehr er von ihrem Wohlwollen abhing ... aber auch, wie sehr er selbst unter ihrer Fuchtel litt. Nur, er traute sich nie aufzubegehren.« (Gerd Holler) Sophie übernahm die Verantwortung für die Erziehung der Kinder, deren Kammer neben ihr Zimmer verlegt wurde. Die jugendliche Kaiserin war für diese Aufgabe als zu unreif befunden worden, sie hatte sich dem Regiment der Schwiegermutter ebenso zu unterwerfen, wie dies der Kaiser zu tun gewohnt war. Erst bei ihrem vierten Kind, Marie Valerie, vermochte sich Elisabeth durchzusetzen: »Erst jetzt weiß ich, welche Glückseligkeit ein Kind be-

deutet ... Meine anderen Kinder hat man mir sofort weggenommen. Es war mir nur dann erlaubt, die Kinder zu sehen, wenn Erzherzogin Sophie die Erlaubnis dazu gab. Sie war immer anwesend, wenn ich die Kinder besuchte. Endlich gab ich den Kampf auf ...«
Das Ringen um Selbstbehauptung, der Kampf gegen die Schwiegermutter und das Aufbäumen gegen ihre repräsentativen Verpflichtungen griffen die Gesundheit Elisabeths an, sie kränkelte, provozierte und opponierte. Vom Kriegsschauplatz in Italien 1859 schrieb der Kaiser bittersüße Briefe: »Meine liebste Engels-Sisi, der erste Augenblick nach dem Aufstehen benütze ich, um ... dir zu sagen, wie sehr ich dich liebe und wie ich mich nach dir und den lieben Kindern sehne ...« Als der höfische Tratsch von einer Affäre Franz Josephs berichtete, verließ Elisabeth Wien. Nur widerwillig kehrte sie schließlich zurück, um jedoch sofort wieder in eine Krankheit zu flüchten. Was nun folgte, wiederholte sich mehrfach. Sobald die Kaiserin aus Wien weg war, besserte sich ihr Zustand, doch kaum war sie von langen Auslandsaufenthalten, die sie u. a. nach Madeira und Korfu geführt hatten, zurück, stellten sich die alten Symptome wieder ein: Weinkrämpfe, Platzangst, Husten u. a. m. Erst 1862 hatte Elisabeth zu sich gefunden, sie war eine andere Frau geworden: »selbstbewusst, energisch, fordernd – und vor allem eine voll erblühte, außerordentliche Schönheit. Und Franz Joseph wurde ihr glühendster, geradezu demütig ergebener Verehrer. Von nun an setzte sie alles durch, was sie wollte. Vor allem wollte sie reisen ... nur fort aus Wien. Ein traditionelles Eheleben hatte es in dieser Ehe kaum gegeben und gab es nun schon gar nicht mehr.« (Hamann /Hassmann)
Elisabeths Schönheit förderte ihre Egozentrik, die Bewunderung, die ihr entgegengebracht wurde, schmiedete ihren Narzissmus. Sexualität dürfte in ihrem Leben keinen großen Stellenwert eingenommen haben, folgende zwei Zeilen aus ihrer Feder machen dies deutlich: »Für mich keine Liebe, für mich keinen Wein/Die eine macht übel, der andere macht spei'n!« Franz Joseph, der vom Schlafzimmer nach Lust und Laune der Gattin ausgesperrt war, erfüllte ihr jeden Wunsch, er bettelte geradezu um ihre Zuneigung. »Jetzt hätt' ich halt noch eine Bitt'«, schrieb er am 27. Juli 1866. »Wenn du mich besuchen könntest. Das würde mich unendlich glücklich machen.« Zwei Wochen später hieß es: »Mein lieber Engel, jetzt bin ich wie-

der mit meinem vielen Kummer allein und sehne mich nach dir. Komme bald wieder ... wenn du auch recht bös und sekkant warst, so habe ich dich doch so unendlich lieb, dass ich ohne dich nicht sein kann. Schone dich nur recht und gebe beim Reiten acht, denn ich ängstige mich sehr ...« Diese demütige Verehrung, die Franz Joseph in der Rolle eines mit der Einsamkeit hadernden Bittstellers zeigt, überdauerte die Jahrzehnte. »Meine Gedanken sind viel und mit Sehnsucht bei dir. Du denkst wohl seltener an mich«, schrieb er 1888.

Elisabeth war für Franz Joseph das Gegenteil einer idealen Ehefrau, sie war vor allem keine Kaiserin, da sie zwar alle Rechte und Privilegien, die ihre hohe Stellung mit sich brachten, auskostete, sich aber allen Pflichten verwehrte. Dass gerade sie als *die* Kaiserin schlechthin galt und gilt, ist erstaunlich. Die Frage, welchen Anteil Franz Joseph am missglückten Leben »Sisis« hatte, ist schwer zu beantworten. Hätte er es gewagt, gegen die Mutter aufzubegehren und Partei für seine junge Frau zu ergreifen, so hätte diese womöglich als Mutter ihrer Kinder in Wien heimisch werden können. Der Kaiser hingegen hatte Elisabeth immer wieder eindringlich gebeten, in den Konflikten mit der Schwiegermutter nachzugeben.

Während er mit Sophie sehr wohl über Politik sprach, dachte Franz Joseph nicht daran, Elisabeth an seinen Sorgen teilhaben zu lassen. Die junge Frau litt darunter, dass sie wie ein Kind beiseite gedrängt und nicht ernst genommen wurde. Jene politischen Überzeugungen, die langsam in ihr reiften, Liberalismus, Antiklerikalismus, die Präferenz für den Verfassungsstaat, standen in einem scharfen Gegensatz zu den von Franz Joseph und seiner Mutter geübten Ansprüchen des Gottesgnadentums und des Absolutismus. Als Elisabeth im Jahre 1859 ihren Gatten drängte, Frieden zu machen, dachte dieser gar nicht daran. Wirklich politisch aktiv wurde sie nur ein einziges Mal. 1866 nahm sie sich dem Drängen der Ungarn auf Unabhängigkeit an und wurde zur Fürsprecherin für deren nationale Forderungen. »Sisis« Magyarophilie entstand zunächst wohl aus ihrer Opposition gegen den Wiener Hof, wo die Ungarn noch immer als Revolutionäre galten. Sie sprach ausgezeichnet Ungarisch und hatte sich mit den führenden Politikern Ferenc Deák und insbesondere Gyula Andrássy, für den sie eine Art schwärmerische Zuneigung empfand, angefreundet. Andrássy war es gelungen, die Kaiserin zu seinem willfährigen Werkzeug zu machen. Elisabeth mischte sich nun konkret und energisch in die Politik an, ihre politischen Wünsche an Franz Joseph waren so scharf formuliert, dass man durchaus von Erpressung sprechen kann. Der Kaiser gab nach, seine Briefe an »Sisi« unterzeichnete er in dieser schwierigen Zeit mit »dein treues Männchen« oder »dein dich ungeheuer liebender Kleiner«. Am 8. Juni 1867 war Elisabeth am Ziel: Ihr Mann wurde zum König von Ungarn gekrönt, sie zur Königin.

In den 1870er-Jahren widmete sich Elisabeth vor allem dem Reiten. Sie kaufte die besten und teuersten Pferde und nahm erfolgreich an Wettkämpfen teil. Später verlegte sie sich auf den Fechtsport, um schließlich in den 1880er-Jahren ihre Individualität im Dichten zu pflegen. »Sisi«, die ihr Talent gewaltig überschätze, wähnte sich in der poetischen Nachfolge Heinrich Heines, mit dem sie in spiritistischem Kontakt zu stehen überzeugt war. Das literarische Interesse der »seltsamen Frau« ging weit über ihren Meister Heine hinaus, so übersetzte sie Werke der Weltliteratur ins Griechische, eine Sprache, die sie mit großem Fleiß erlernt hatte. Sie schwärmte für alles Griechische, für die homerischen Mythen ebenso wie für die großartige Landschaft. Die Summe ihres extravaganten Verhaltens war auch eine Manifestation dafür, wie sehr sie die monarchische Staatsform, in der sie nur mehr eine »Ruine« erblickte, verachtete. »Übrigens glaubt Mama, dass sich Österreich ... nicht mehr halten wird, wenn Papa nicht mehr ist«, notierte Marie Valerie. In einem ihrer Gedichte brachte Elisabeth klar zum Ausdruck, was sie über die Monarchie dachte: »Wer weiß! Gäb's keine Fürsten/Gäb es auch keinen Krieg/Aus wär' das teure Dürsten/Nach Schlachten und nach Sieg .../Und sollten sie entscheiden/Die Republik muss sein/So willige mit Freuden/In ihren Wunsch ich ein.«

Für Franz Joseph waren die geistigen und künstlerischen Ambitionen seiner Frau unverständlich, nichts als »Wolkenkraxlerei«. Der prosaische Kaiser, der mit Elisabeth eigentlich nur die Liebe zur Natur teilte, fand es z. B. gänzlich unverständlich, dass »Sisi« in der Nacht las: »Ich beschwöre dich, gebe dieses Leben gleich auf und schlafe bei der Nacht, die ja von der Natur zum Schlafen und nicht zum Lesen und Schreiben bestimmt ist ...« Es wurde für Franz Joseph immer schwieriger, den Kontakt mit Elisabeth aufrechtzuerhalten. Auch seine Versuche, die Kaiserin in Wien zu halten, scheiter-

Kaiserin Elisabeth mit ihren Lieblingshunden

ten. »Sisi« hatte sich in eine Traumwelt verabschiedet, nicht nur die physische Beziehung war abgebrochen, die Eheleute hatten sich nichts mehr zu sagen. Wenn Franz Joseph bei Tisch eine Äußerung der Kaiserin nicht verstand, weigerte sich diese, ihre Worte zu wiederholen. Andererseits war eine Konversation mit dem Kaiser kaum möglich, es wäre immer schon schwer gewesen, schrieb Valerie 1889 in ihr Tagebuch, »mit Papa nur halbwegs ins Gespräch zu kommen«. Nach dem Tod der Mutter beteuerte sie: »Wie verstehe ich jetzt, dass der Umgang mit Papa Mama schier erdrückte. Ja, es ist schwer, mit Papa zu sein, da er einen eigentlichen Gedankenaustausch nie gekannt hat. Ich weiß, wie tief er fühlt und leidet und stehe machtlos vor all diesem Weh, mit keinem anderen Mittel als der althergebrachten Schablone.« Nach der Gräfin Larisch soll Elisabeth

ihren Mann nie bei seinem Namen genannt haben, sie hätte stets nur »du« gesagt: »›Du, komm her‹, apostrophierte sie den Herrscher von Österreich, vor dessen Willen die ganze Familie zitterte, dessen Machtwort aufsässige Erzherzöge in die Verbannung trieb.« Elisabeth strafte den Kaiser häufig mit demütigender Nichtbeachtung. »In Gödöllö bekam der Kaiser seine Gattin, selbst wenn sie unter einem Dache wohnten, nur selten zu Gesicht«, erinnerte sich Franz Josephs Kammerdiener Eugen Ketterl. Und weiter: »Wollte Franz Joseph sie morgens besuchen und ging er ohne Anmeldung zu ihr hinüber, erklärten die Dienst habenden Geister ..., die Kaiserin schlafe noch ... so kam es vor, dass der Kaiser oft zehn Tage lang umsonst zu ihr hinüberging ... mir tat der hohe Herr oft in der Seele Leid.«
Elisabeth fand seit jeher ein reges Interesse an Geisteskrankheiten, sie besuchte eine Reihe von Irrenhäusern und widmete sich mit merkbarer Anteilnahme den Hirngespinsten der Kranken. Die Kaiserin fühlte sich von Menschen, die den festen Boden der so genannten »Normalität« verlassen und den Rubikon zum »Irrsinn« überschritten hatten, magisch angezogen. Im Jahre 1874 besuchte Elisabeth – ausgerechnet – mit Königin Marie von Bayern, der Mutter Ludwigs II. und des damals bereits verrückten Otto, ein Narrenhaus in München. Über das Verhalten der Damen berichtete die anwesende Marie Festetics: »Die Kaiserin war bleich und ernst, die Königin aber – oh Gnade Gottes – die die zwei verrückten Söhne hat, sie amusirte sich und lachte.«
Zu ihrem griechischen Vorleser Christomanos bemerkte Elisabeth einmal: »Haben Sie nicht gemerkt, dass bei Shakespeare die Wahnsinnigen die Einzigen verständigen sind. So weiß man auch im Leben nicht, wo die Vernunft und wo der Wahnsinn sich findet, sowie man auch nicht weiß, ob die Realität der Traum oder der Traum die Wirklichkeit ist. Ich neige dazu, jene Menschen für vernünftig zu halten, die man wahnsinnig nennt. Die eigentliche Vernunft hält man für ›gefährliche Verrücktheit‹.« Dachte die Kaiserin auch an sich selbst, als sie diese Worte fallen ließ? Wir können es annehmen. Ihre Vettern waren irre, ihr Großvater geistesgestört, ihre Schwestern schwer melancholisch. Die Gräfin Festetics hatte nach dem erwähnten Besuch in der Irrenanstalt, welchem einige Monate später ein weiterer in London folgen sollte, Mutmaßungen über die zukünftige Entwicklung ihrer Herrin angestellt, zumindest ließ sie

Sorge über deren Zukunft anklingen: »Wer sagt, wo die Grenze liegt zwischen Wahnsinn und Verstand? Wo die Ordnung aufhört in des Menschen Geist? Wo das Empfinden, das Richtige – zwischen eingebildetem und wahrem Weh – zwischen wirklicher Freude und fiktiver Vorstellung aufhört und anfängt?“

Elisabeth hielt sich in Bayern auf, als Ludwig II. 1886 für verrückt erklärt wurde. Die Erzählung, sie habe dem »Vetter«, der auf Schloss Berg, das zu einer Privatirrenanstalt umfunktioniert wurde, zur Flucht verhelfen wollen und ihm eine Kutsche bereitgestellt, findet in den Quellen aber keine Bestätigung, sie ist ziemlich unglaubwürdig. Als die Kaiserin später die Nachricht erhielt, dass Ludwig umgekommen sei, gab ihre Reaktion beredt Auskunft über ihren gemütskranken Zustand. Ihre Tochter schrieb: »Als ich abends zum Beten bei Mama war, warf sie sich allerlängst auf den Boden – ich schrie laut auf, denn ich dachte, sie hätte etwas gesehen und krampelte mich in solcher Angst an sie, dass wir schließlich lachen mussten. Mama sagte, sie wolle nur in Reue und Demut für ihre rebellischen Gedanken Gott um Verzeihung bitten, sie hätte sich ihren Verstand wund gedacht über den unergründlichen Ratschluss Gottes, über Zeit und Ewigkeit, Vergeltung im Jenseits – und müde vom fruchtlosen, sündigen Grübeln, wolle sie nun, sooft ihr Zweifel kommen, in Demut sagen: ›Jehova, du bist groß. Du bist der Gott der Rache, der Gnade, der Weisheit.‹«

»Jehova« bemühte sie auch, als ihr hinterbracht wurde, wie ihr einziger Sohn Rudolf wirklich gestorben war: »Der große Jehova ist furchtbar, wenn er vernichtend einhergeht wie der Sturm.« Kronprinz Rudolfs Tod 1889 warf die Kaiserin vollends aus der Bahn. Man hatte ihn gemeinsam mit der erst 17-jährigen Baroness Mary Vetsera am Morgen des 30. Januar im Jagdschloss Mayerling aufgefunden. Nach dem Bericht des Leibarztes Doktor Widerhofer lag das »Mädchen ausgestreckt im Bette, offene Haare über Schultern, eine Rose in den gefalteten Händen – Rudolf in halbsitzender Position, der Revolver seiner erstarrten Hand entfallen am Boden, im Glase nur Cognac. Er legte Leiche zurück, längst erkaltet, der Schädel geborsten, die Kugel bei einer Schläfe hinein, andere heraus. Gleiche Wunde bei Mädchen. Beide Kugeln fanden sich im Zimmer.« Mord und Freitod.

Über die Reaktion ihrer Eltern berichtete Valerie: »Papas fast überirdisch fromme, klaglose Ergebung, Mamas starrer Schmerz mit ihrem Glauben an Prädestination, ihr Weh, dass es ihr bayerisch-pfälzisches Blut war, das Rudolf zu Kopf gestiegen, dies alles ist so unsagbar mit anzusehen.« Vor der Beisetzung brach es in Gegenwart ihres Bruders Carl Theodor aus Elisabeth heraus: »Hätte nur der Kaiser niemals ihr elterliches Haus betreten, sie niemals gesehen! Was wäre ihm und ihr alles erspart geblieben!« Rudolf war zu zwei Dritteln Wittelsbacher, von sechs Vorfahren waren vier Wittelsbacher, die Mutter, beide Großeltern mütterlicherseits und auch die Großmutter väterlicherseits. Es ist also keine Wunder, dass die Kaiserin sich Gedanken machte. Prinz Reuß, der deutsche Botschafter in Wien, berichtete nach Berlin, Elisabeth würde sich »fortwährend dem Grübeln über den Vorfall« hingeben, sich Vorwürfe machen und dem »ererbten Wittelsbacher Blut die geistige Verwirrung Ihres beklagenswerten Sohnes« beimessen.

Der Freitod ihres Sohnes, um den sie sich zeitlebens nicht gekümmert hatte, da sie ihr Leben ganz der Selbstverwirklichung verschrieben hatte, warf die Kaiserin vollends aus der Bahn. »Mama wird wohl nie mehr, die sie ehemals war«, schrieb Valerie, »sie neidet Rudolf den Tod und ersehnt ihn Tag und Nacht.« Einige Wochen später sagte die Kaiserin: »Die edelste Tat wäre es, wenn alle Eltern jedes neugeborene Kind sogleich töten würden.« In spiritistischen Sitzungen versuchte sie zu Rudolf Kontakt herzustellen. Spiritistische Neigungen hatte sie bereits früher gezeigt, so behauptete Elisabeth, die sich in ihren Versen als »Feenkönigin Titania« gefiel, mit ihrem verehrten Meister Heinrich Heine in Verbindung zu stehen: »Es schluchzt meine Seele, sie jauchzt und sie weint, sie war heute Nacht mit der deinen vereint.« Elisabeth behauptete ferner, dass ihr Ludwig II. und der 1867 hingerichtete Kaiser Maximilian von Mexiko, ihr Schwager, erschienen wären. »Mir gewährt es eine große Befriedigung ..., dass ich mit jenseitigen Geistern in Verbindung treten kann«, versicherte sie.

Ende 1889 verschenkte Elisabeth ihren Schmuck, alle ihre farbigen Kleider, Tücher etc., bis an ihr Lebensende trug sie nur noch Schwarz. Ein graues Kleid galt bereits als großes Zugeständnis. Man durfte sie nicht mehr fotografieren oder porträtieren, ihr Gesicht verbarg sie ab ihrem 52. Lebensjahr hinter Fächern, Schirmen etc.

Elisabeths ohnehin ausgeprägte Unrast nahm jetzt noch zu, in Wien zeigte sie sich nur noch selten: »Eine Möwe bin ich von keinem Land ... mich bindet nicht Ort und nicht Stelle, ich fliege von Welle zu Welle.« Die Fürstin Nora Fugger berichtete in ihrem Buch »Im Glanz der Kaiserzeit« über die alternde Kaiserin: »Eines Vormittags begegnete ich ihrem Wagen, der sie in dem abgesperrten oberen Teil des Schönbrunner Parks abholen sollte. Ich lief rasch nach und wartete mit mehreren Menschen, die gleich mir hofften, nun endlich wieder einmal die Kaiserin zu Gesicht zu bekommen. Wir warteten sehr geduldig eine geraume Zeit, bis endlich das Tor geöffnet wurde. Wir sahen den schönen Wagen mit den Goldrädern, gezogen von Lipizzanerschimmeln, herannahmen. Doch welche Enttäuschung – die Kaiserin hatte rasch die Vorhänge im Wagen herabgezogen, sodass wir sie nicht sehen konnten. Wir waren um den Lohn unserer Geduld betrogen worden. Unwillkürlich kam mir in den Sinn, dass die geistige Veranlagung der Kaiserin doch keine normale sein könne. Allgemein sprach man davon, dass das Wittelsbacher Blut daran die Schuld trage. Richtiger schiene es mir, die anormale Veranlagung auf die Blutströme der Landgrafen von Hessen zurückzuführen, die allerdings in den Adern der Wittelsbacher fließen. Es ist eigentümlich, dass gerade bei den Landgrafen von Hessen auch vielfach die Manie bestand, sich den Blicken der Menschen zu entziehen. Die in den 60er-Jahren verstorbenen letzten Damen aus dem Geschlechte der Hessen-Homburg sollen immer nur beim Einbruch der Dunkelheit in einer geschlossenen Kutsche ausgefahren sein, in der die Vorhänge herabgelassen waren. Und diese Kutsche schlug nur Wege um die Stadt Homburg herum, niemals durch die Stadt selbst ein. Es soll etwas gespensterhaft Unheimliches gehabt haben, diesem in ruhigem Trab dahinrollenden Gefährt zu begegnen ... Und als ich damals die herabgelassenen Vorhänge im Wagen der Kaiserin erblickte, musste ich unwillkürlich daran denken, wie sehr vererblich solche Dinge sind. Die exzentrische Veranlagung der Landgrafen von Hessen ist übrigens seit dem 17. Jahrhundert nachweisbar. Die hessische Erbkrankheit war das Geistersehen ... Das Blut dieses hessischen Geschlechts floss infolge von Verwandtenehen in zwei Strömen durch die Adern sowohl der Kaiserin Elisabeth als auch ihres Vetters und Gemahls, des Kaisers Franz Joseph. Im Kronprinzen Rudolf vereinigten sich daher viermal die Blutströme dieses geistig ganz anormalen Geschlechts.«

Was war mit der blutjungen, reizenden »Sisi« aus Possenhofen geschehen, deren seltsames, gegen Ende ihres Lebens wohl tatsächlich pathologische Züge tragendes Verhalten, deren Melancholie und Verfolgungswahn, ausufernde Exzentrik und Hang zum Spiritismus den eigenen Bruder dazu veranlassten, im Familienkreis ganz offen davon zu sprechen, dass die gute Elisabeth »einen Sporn«, also einen Vogel, habe? Sollte der österreichische Konsul auf Korfu, wo sich die Kaiserin einen sündhaft teuren Palast errichten ließ, dessen sie dann alsbald wieder überdrüssig wurde, Recht gehabt haben, als er bereits 1885, also Jahre vor Mayerling, über Elisabeth bemerkte: »Sie säuselt mich an, knapp, nicht unartig, ich fand sie hässlich, alt, spindeldürr aussehend, schlecht angezogen und hatte den Eindruck, nicht eine Närrin, sondern eine Wahnsinnige vor mir zu haben«?
So einfach ist es nun nicht, einen »Sporn« mag sie wohl gehabt haben, doch »wahnsinnig« war Elisabeth keineswegs. Die »seltsame Frau« war rast- und ruhelos, über die Maßen sensitiv, melancholisch, romantisch, auffällig nervös, gebildet, von geradezu abstoßender Egozentrik. Was sie damals suspekt und für die Nachwelt so anziehend machte, war ihre Weigerung, sich in tradierte Rollen zu fügen, in die Rolle der Ehefrau, der Mutter, der Kaiserin. Dass Elisabeth eine Gegnerin des Zeremoniells war, eine heimliche Verfechterin einer moderneren Staatsform, dass sie der imperialen Prunkentfaltung des Wiener Hofes nichts abgewinnen konnte, dies alles verleiht ihr vor dem oberflächlich prüfenden Auge der Nachwelt ein sympathisches Antlitz. Dabei wird allerdings übersehen, dass die Kaiserin zwar die überreichen Möglichkeiten, die sie ihrer hohen Stellung verdankte, bis zur Neige auszukosten wusste, die Großzügigkeit ihres Gatten, den märchenhaften Reichtum, die unzähligen Privilegien, andererseits aber keinen Funken Verantwortung zu übernehmen bereit war, keinerlei Verpflichtungen, keine Aufgaben? Wenn sie nicht repräsentieren wollte – Elisabeth sprach von »Ins Geschirrnehmen« – schob sie eben »Unpässlichkeit« vor, sie scheute auch nicht davor zurück, Menstruationsprobleme vorzutäuschen.
Die Kaiserin von Österreich hatte es natürlich nie nötig gehabt, auch nur einen Finger krumm zu machen, Elisabeth war genau genommen sogar regelrecht faul. Das Schicksal der Menschen, der arbeitenden, rechtlosen Massen, interessierte sie weniger als das nervöse Schwanzwedeln eines ihrer zahlreichen Hunde.

Am 10. September 1898 brachte ein italienischer Anarchist Elisabeth in Genf mit einer zugeschliffenen Feile den lange herbeigesehnten Tod. »Nun ist es gekommen, wie sie es immer wünschte, rasch, schmerzlos, ohne ärztliche Beratungen, ohne lange, bange Sorgentage für die Ihren«, notierte die Tochter. Zu Katharina Schratt, der »lieben, guten Freundin« ihres Mannes, die sie ihm selbst zugeführt hatte, sagte die Kaiserin einmal: »Was täte es schon, wenn mich einer umbrächte? Das wäre mir lieb und keine Schande!« Das Attentat zog nur wenig Trauer nach sich, die menschenverachtende Möwe Elisabeth war zu lange zu hoch über den Häuptern der Normalsterblichen geschwebt. »Es wurden ihr nur wenige Tränen nachgeweint«, schrieb Graf Kielmansegg, der langjährige Statthalter von Niederösterreich. Albert Margutti, der spätere Flügeladjutant des Kaisers, bestätigte die Einschätzung: »Als ich ... in jene eng umschriebene Welt gelangte, der Kaiserin Elisabeth angehörte, sprach am Hof kaum noch jemand über sie; am allerwenigsten der Kaiser selbst, von welchem ich überhaupt, auch in der Folge, niemals ein Wort über seine dahingeschiedene Gattin vernommen ... Der Öffentlichkeit Missstimmung fand schließlich in der ... Behauptung Ausdruck, dass Kaiserin Elisabeth geistig nicht normal gewesen sei ...; damit wich man am bequemsten dem Bekenntnisse aus, dass man sie nicht kannte, von ihr so gut wie gar nichts wusste.«

Sophie, eine Schwester von »Sisi«

oder Wie man es anstellt, für »verrückt« erklärt zu werden

»Der Vater der Kaiserin war ... ein derartig ›sonderbarer‹ Herr durch sein ganzes Leben hindurch, dass man sich über die ›Sonderbarkeiten‹ seiner zahlreichen Kinder durchaus nicht wundern darf.«
Philipp Fürst zu Eulenburg-Hertefeld

»Mir graut vor diesem Bild, das ich heut' sehe,
Und tiefer Schmerz erfüllet meine Brust;
O wehe! Wehe! Ja und zehnmal wehe!
Dass zu bemeistern du dich nicht gewusst! ...

Du bist im Irrenhaus, du bist gefangen,
Ein Opfer deiner tollen Leidenschaft;
Es bricht mein Herz, denk ich der wilden, bangen
Verzweiflung, die dich packt in deiner Haft.«

Die Verse brachte Kaiserin Elisabeth zu Papier, nachdem man ihre Schwester Sophie in eine Irrenanstalt gesperrt hatte. Ihre Zeilen verströmen Mitleid, jedoch keine Nachsicht. Für das, was ihre Schwester, mit der sie sich überaus gut verstand, getan hatte, konnte die Kaiserin kein Verständnis aufbringen. Bevor wir den öffentlichen Skandal Revue passieren lassen, scheinen einige Vorbemerkungen notwendig.
Auf Grund ihrer äußerlichen Vorzüge und ihrer Verwandtschaft mit dem österreichischen Kaiserhaus war Sophie eine »gute Partie«, um die sich zahlreiche Bewerber bemühten. Sie bekamen alle einen Korb. Ein Herzog von Württemberg war ebenso darunter wie Erz-

herzog Ludwig Viktor, der jüngste Bruder Franz Josephs, der in der Familie »Luzivuzi« gerufen wurde. Die homo- bzw. bisexuellen Neigungen Ludwig Viktors, diverse Skandale, die er gegenüber seiner gestrengen Mutter Sophie in mehreren Briefen heftig abzustreiten wusste, Tratschgeschichten und sein überhebliches Auftreten in der Öffentlichkeit machten diesen Habsburger zu einer äußerst umstrittenen Figur. Kaiserin Elisabeth, die ihren Schwager nicht ausstehen konnte, beschuldigte ihn, Zwietracht in der Familie zu säen. Gegenüber Marie Festetic bemerkte sie: »Erzherzog Ludwig hat mir, um mich zu ärgern, getreu alles wieder erzählt, was die Leute über mich lügen. Natürlich hasst er mich und will mich damit treffen. Jetzt sehe ich ihn nicht mehr allein und empfange ihn nicht. Er hat so viel getratscht und gelogen, dass er mir wirklich mein Leben verdorben hat. Über jeden schimpft er und auch über mich. Er sagt hässliche Sachen und erzählt dann, ich hätte sie gesagt. Jetzt sehe ich ihn nicht mehr und lebe in Ruhe.« Die Fürstin Nora Fugger nannte »Luzivuzis« Zunge »scharf wie die einer Giftschlange«. Der Erzherzog sei »weder militärisch noch kunstverständig, schwächlich, unmännlich, geziert und von garstigem Äußeren. Er führte ein sehr weltliches Leben, war über alles – nicht immer richtig – unterrichtet ... In alles mischte er sich ein, spann Intrigen und freute sich, wenn kleine Skandälchen daraus wurden ... Eine gute Seite hatte er aber doch: er war der Freund seiner Freunde – mehr als seiner Freundinnen ...«

Angesichts dieser Zeilen würde die Vermutung nahe liegen, dass Sophies Mutter Ludovika heilfroh gewesen sein müsste, keinen solchen Schwiegersohn zu bekommen, doch sie war über die Maßen enttäuscht, wohl auch deshalb, weil sie ihre gekränkte Schwester Erzherzogin Sophie, der sie geradezu unterwürfig verbunden war, beruhigen musste. »Es hat mir viele Thränen gekostet«, schrieb sie nach Wien, »ein solcher Schwiegersohn wäre ein Glück für mich gewesen.« Der einzige Trost für sie würde darin bestehen, dass es Gott »mit dir, du viel geprüfte Schwester« gut meine, wenn nach Elisabeth nicht auch noch die eigenwillige Sophie in Wien Einzug halte: »Vielleicht hätte Sophie, trotz ihrer gewiss guten Eigenschaften, deiner Erwartung nicht in Allem entsprochen, und der liebe Gott führt dir eine vorzüglichere zu, die dich und deinen guten Ludwig recht glücklich macht, wie ihr beide es verdient! Gott gebe dir einen heiteren, ruhigen, friedlichen Lebensabend und reichen Ersatz für so viel stille Opfer, die dein armes Herz hat bringen müssen ... und deinem Ludwig eine schöne Zukunft.«

Sophie schwärmte hingegen bereits als Zwölfjährige für einen anderen Verwandten, für Ludwig, den späteren König, mit dem sie sich 1867 verlobte. »Dem treuen Sachs teilt Walther selig mit, dass er sein treues Evchen, dass Siegfried seine Brünhilde fand«, telegrafierte Ludwig an seinen Gott Wagner.

»Es war eine Liebe nach Ludwigs Art: schwärmerisch, weltentrückt, ohne die von Ludwig gehasste ›Sinnlichkeit‹ ... Vor allem war sie die Schwester Elisabeths, ihr sehr ähnlich. Selbst in der kurzen Verlobungszeit waren Ludwigs Briefe an die Kaiserin weit feuriger als die an die junge Braut, die er stets mit ›Elsa‹ anredete.« (Hamann) Ludovika hatte durch ihren Sohn Karl Theodor, der »Gackel« gerufen wurde, anfragen lassen, ob der König Heiratsabsichten habe. Zunächst ließ der 21-Jährige ausrichten, er sei nicht aufgelegt zum Heiraten, doch am 22. Januar schrieb er nach einem Ballbesuch, zwischen 12 Uhr und 1 Uhr nachts, an Sophie: »Willst du meine Gattin werden? Genossin meines Thrones? Königin von Bayern?« Die Hochzeit wurde dann mehrmals aufgeschoben, vom 25. August auf 12. Oktober, schließlich auf den 12. November. Ludwig ging immer mehr auf Distanz, obwohl die Hochzeitskutsche, die eine Million Gulden gekostet hatte, bereits fertig war und Bilder kursierten, auf welchen Sophie, welche Ludwig in Anlehnung an die gleichnamige Gestalt aus Wagners »Lohengrin« »Elsa« nannte, als Königin tituliert wurde. In einer dieser Krisensituationen schickte Ludwig seinen Bruder Otto vor, der Sophie versöhnlich stimmen und beruhigen sollte. Brieflich erhielt Otto den Auftrag: »Tröste und beruhige sie vollkommen und sage ihr, dass du glaubst, meine Zuneigung wandle sich in Liebe.«

Als Herzog Max ultimativ eine Entscheidung forderte, löste der König die Verlobung. Lieber wolle er in den Alpsee springen, als heiraten, hatte er dem Hofsekretär einmal erklärt. Außerdem lasse sich ein König kein Ultimatum stellen. In seinem Tagebuch notierte er am 7. Oktober 1867: »Sophie abgeschrieben. Das düstere Bild verweht; nach Freiheit verlangte ich, nach Freiheit dürstet mich, nach Aufleben von qualvollem Alp.« Am 29. November: »Gott sei gedankt, nicht ging das Entsetzliche in Erfüllung! (mein Hochzeits-

Ludwig II. mit Sophie

tag sollte heute sein).« Eine Büste Sophies warf er kurzerhand aus dem Fenster.

Die junge Frau hat vermutlich nie so recht verstanden, warum das Verlöbnis gelöst wurde, es gibt Hinweise, wonach sie an erster Stelle an irgendwelche Hofintrigen und familiäre Eifersüchteleien geglaubt habe. Manche Berichte, wonach Sophie außer sich vor Schmerz gewesen sein soll, sind ohne Zweifel übertrieben, hatte sie sich doch ganz kurz nach der Verlobung Hals über Kopf in einen »Bürgerlichen« verknallt, in Edgar Hanfstaengl, den Sohn eines Fotografen, der seinerseits mit Herzog Max bekannt war. Diskrete Treffen zwischen den jungen Leuten wurden von der Baronin Nathalie Sternbach, der Hofdame der Prinzessin, eingefädelt, einmal wurden sie bei einem solchen Treffen auch ertappt und Sophie musste sich in eine fingierte Ohnmacht flüchten. Der letzte der bekannten Briefe, die Sophie an Edgar geschrieben hatte, stammte vom 10. September 1867. Am 23. Juli d. J. hatte sie geschrieben: »Theurer, Liebster Freund! Wie glücklich war ich, als mir N. heute Ihren Brief überreichte und ... was soll werden? Hoffnung gibt es keine für uns – Entsagen. Mit Schauder blicke ich in die Zukunft, der Tag meiner Trauung steht wie ein schwarzer Schatten vor meiner Seele, und ich möchte entfliehen vor dem unbarmherzigen Schicksal! ... Ich liebe dich so innigst, mein Edgar, wenn du bei mir bist, kann ich es dir nicht sagen, wie tief dein liebes Bild in meinem Herzen ruht, so tief, dass ich so schmählich alle Pflichten gegen meinen armen König vergaß! ... Leben Sie wohl! Leb wohl, mein Edgar ... Ich komme morgen auf wenige Stunden in Geschäften in die Stadt ... Könntest du bis halb 6 Uhr in das Palais kommen ... Mit dem letzten Zug fahre ich wieder hierher. Die Zeit ist wohl kurz bemessen, aber wir müssen damit zufrieden sein. Deine S.«

Sophie, die auf Grund der Zurückweisung des Königs zwar in ihrem Stolz gekränkt, jedoch vermutlich auch erleichtert war, vermochte relativ rasch getröstet zu werden. Als 1868 Prinz Ferdinand Philippe-Marie von Bourbon-Orléans, der Herzog von Alençon und Enkel des 1848 entthronten Königs Louis Philippe von Frankreich, als Heiratskandidat für Sophie auftauchte, sah deren Mutter Sophie die Chance, die Pleite mit König Ludwig zu kompensieren. Da sich der Bourbone und die junge Wittelsbacherin »nicht gerade unsympathisch waren«, schrieb Egon Cäsar Corti, beschloss man, »diesmal nicht lange zu fackeln und schon im September zu heiraten«. Die herzogliche Familie wollte offenkundig diesmal kein Risiko eingehen und Sophie so schnell als möglich unter die Haube bringen. Über die Hochzeit berichtete Fürst Hohenlohe-Schillingfürst: »... Niemand weinte ... Die Braut sah sehr gleichmütig aus. Vor dem Jawort machte der Bräutigam erst dem Vater ein Kompliment und ebenso der Braut und ihren Eltern. Das Ja der Herzogin klang, als wollte sie sagen, ›von mir aus ja oder meinetwegen‹. Doch ich will damit nichts Böses sagen, mir klang es so ...«

Die erste Zeit ihrer Ehe verbrachten Sophie und Ferdinand in der Nähe von London. Als der erste Herbstnebel einfiel, waren bei der Wittelsbacherin auch die ersten Depressionen zu beobachten, sie verfiel in eine krankhafte Melancholie, der man durch einen Ortswechsel habhaft zu werden versuchte. Das Paar und deren 1869 geborene Tochter zogen in das sonnige Sizilien, wo sie auf Grund politischer Umstände nicht lange bleiben konnten und deshalb nach Rom übersiedelten. Bei Sophie waren die Depressionen schlagartig zurückgekehrt. »Leicht hatte es der Herzog wirklich nicht mit seiner Frau. Bisweilen waren seine Vorstellungen von der Ehe wohl etwas anders. Gewiss hatte Sophie ebenso wie ihre Geschwister ein leidvolles Erbe mitbekommen. Aber ebenso gewiss ließen sie sich auch ein wenig gehen. Jede Menge Diener, Zofen, Kammerfrauen und Kindermädchen nahmen ihnen alle Arbeit ab. Geistige Tätigkeit lag ihnen nicht so recht, war sie doch in ihren Kreisen nicht üblich ... Da hatten sie Zeit für ihre Leiden.« (Bestenreiner) Der Weg des Herzogspaares führte schließlich über Meran, wo ein Sohn und Stammhalter geboren wurde, nach Paris. Erneut folgten dem Ortswechsel tiefe Depressionen Sophies.
Zum Eklat kam es, als Sophie sich in einen – noch dazu verheirateten – Arzt namens Doktor Glaser verliebte und mit diesem durchbrannte. Glasers Frau, die ihrem Gatten auf die Schliche gekommen war, hatte mit Scheidung und einem öffentlichen Skandal gedroht. Das Paar war fluchtartig nach Meran gereist, wo es aber entdeckt und voneinander getrennt wurde. Als schließlich ein geheimer Briefwechsel entdeckt wurde, entstand jene Situation, vor deren Hintergrund die eingangs zitierten Verse Elisabeth zu sehen sind: »Du bist im Irrenhaus, du bist gefangen ...« Tatsächlich hatte man Sophie, die »Ehebrecherin«, in die Irrenanstalt des Nervenarztes Professor Krafft-Ebing gesperrt, dessen Spezialgebiet die Erforschung und die Behandlung »sexueller Abartigkeiten« war.
Es ist nicht bekannt, dass Elisabeth irgendwelche Schritte unternommen hätte, um bei den österreichischen Behörden zu Gunsten ihrer Schwester zu intervenieren. In ihren Versen verurteilte sie Sophie in einer Deutlichkeit, die wohl auch einiges über ihre Einstellung zum Tatbestand des Ehebruches verrät.

»Deinem guten Herrn Gemahl
Hast die Treue du gekündigt,
Stießest ihm ins Herz den Stahl;
Ja, du hast dich schwer versündigt.«

Für die herzogliche Familie war dieser Skandal hochnotpeinlich. Sie entschuldigte Sophie, indem man sie für geistig nicht zurechnungsfähig erklärte. Nach einer langen Behandlung kehrt Sophie zu ihrer Familie zurück, zu ihrem Gatten und den Kindern. »Tante Sophie wieder die Alte«, schrieb ihre Nichte, »Glasergeschichte nur wie ein böser Traum. Nur die ruhige Melancholie, die ihr stets zu eigen war, ist geblieben.« Die Feststellung, wonach Sophie »wieder die Alte« geworden wäre, ist – vorsichtig formuliert – etwas übertrieben, trat sie doch in eine katholische Laienvereinigung ein, welche sich der »besonderen Pflege der Frömmigkeit« verschrieben hatte. In diesem »Dritten Orden« der Dominikanerinnen nannte sich die Wittelsbacherin »Schwester Marie Madeleine«. Sophie kümmerte sich nun vor allem um allein stehende Mütter und deren Kinder. Die allerhöchste Verwandtschaft aus den Häusern Wittelsbach, Habsburg und Bourbon mögen wohl ein wenig die ohnehin allzu hoch getragenen Nasen darüber gerümpft haben, dass sich eine der ihren zwischen den Bettlern und Obdachlosen der Seine-Metropole bewegte. Im Jahre 1897 kam Sophie bei einem Großbrand, der auf einem Wohltätigkeitsbazar des Dominikanerinnenklosters ausgebrochen war, ums Leben, sie hatte darauf bestanden, dass zuerst die jungen Mädchen auf ihrem Stand in Sicherheit gebracht werden sollten. Der Erlös des Bazars sollte einem Heim für »gefallene Mädchen« zugute kommen. Für »Übersinnliches« aufgeschlossene Familienmitglieder mochten sich an die Weissagung einer alten Zigeunerin erinnert haben, die einst gewarnt hatte, Ludwig, der spätere »Märchenkönig«, habe sich vor dem Wasser zu hüten, Elisabeth vor dem Eisen, Sophie aber vor dem Feuer.

Die anderen Schwestern der Kaiserin

oder Es ist verdammt hart, eine Prinzessin zu sein

»Die Prinzessinnen von Possenhofen sind alle wie die Frauen aus der demi-monde!«
Eine Erzieherin der Erzherzogin Valerie

Elisabeth hatte vier Schwestern, Helene, genannt Néné (1834–1890), Marie (1841–1925), Mathilde, die »Spatz« gerufen wurde (1843–1925), und eben Sophie (1847–1897). Bis auf Helene, die von ihrer Mutter und ihrer Tante Sophie ursprünglich als Braut Kaiser Franz Josephs vorgesehen war, galten die Schwestern als attraktiv und lebenslustig. Marie Festetics, eine Hofdame der Kaiserin, empfand Helene als unhöflich, unförmig, vernachlässigt und hässlich, sie sehe aus, »als ob sie eine Caricature der Schwester wäre und dass sie eine Schwester ist, ist gleich zu sehen«. Alle Schwestern wollen »Sisi« ähnlich sein: »Gestalt – Schleier – Frisur – Toilette – Gewohnheit – man weiß nie, ›Welche von Welcher‹!«
Ganz so hässlich war Helene anderen Schilderungen zufolge ganz und gar nicht, zumeist wird sie als stilles Geschöpf beschrieben, das eine perfekte, angepasste, leicht formbare Kaiserin abgegeben hätte. Als die 19-Jährige im August 1853 in Begleitung ihrer Mutter und ihrer jüngeren Schwester Elisabeth nach Ischl kam, um im Appartement der Erzherzogin Sophie Tee zu trinken, war sie nichts anderes als ein Stück Ware, »deren Marktwert taxiert wurde, bevor man sich zum Kauf entschloss. Der Kunde, der kaufen sollte, war der junge Kaiser Franz Joseph.« (Hellmut Andics) Der Habsburger trat diesem »Angebot« bekanntlich nicht näher. Es war bitter für Helene, eine Demütigung ersten Ranges, dass Franz Joseph ihr einen Korb gegeben hatte, was symbolisch schon dadurch zum Ausdruck kam,

dass der Kaiser auf dem Familienball mit ihrer kleinen Schwester Elisabeth den Kotillon tanzte und die Ältere mit Nichtbeachtung strafte. Elisabeth hingegen hatte keine Wahl, denn, wie ihre Mutter sagte, »dem Kaiser von Österreich gibt man keinen Korb«.
Etwa zwei Jahre nach der Hochzeit Elisabeths mit Franz Joseph sah sich die bayerische Herzogsfamilie einer eher skurrilen Bewerbung gegenüber, die ein Herr von Wolffen im Namen des Prinzen Napoleon gegenüber dem bayerischen Ministers des Auswärtigen, Freiherrn von Pfordten, aussprach. Dieser Napoleon, ein Sohn von Napoleons I. Bruder Jérome, vormals König von Westfalen, und Vetter Napoleons III., warb also um die Hand Helenes und stieß bei von Pfordten, der ein Befürworter einer Anlehnung Bayerns an Frankreich war, auf offene Ohren. In einem Brief an Herzog Max empfahl der Minister eine Eingabe an König Ludwig folgenden Inhalts: »Es ist der Wunsch des Kaisers Napoleon, dass der Prinz Napoleon die Hand der Prinzessin Helene erhalte und der Prinz bewirbt sich um diese, jedoch noch nicht offiziell. Ich habe es dem freien Willen Helenes überlassen, sich zu entscheiden. Sie scheint der Sache nicht besonders geneigt zu sein, hat sich aber bereit erklärt, den Prinzen zu sehen.« Da sowohl Max und Ludovika als auch Helene diesem Heiratsprojekt ablehnend gegenüberstanden, blieb von Wolffen nichts anderes übrig, als wieder abzureisen und dem Prinzen Napoleon die Abfuhr durch die herzogliche Familie auszurichten.
Als nächster Kandidat hielt Anfang 1858 der Erbprinz Maximilian von Thurn und Taxis um die Hand Helenes an. Einer der Vorfahren des Prinzen hatte den regelmäßigen Postverkehr zwischen Wien und Brüssel »erfunden«, im 16. Jahrhundert hatte die zum Ansehen und Wohlstand gekommene Familie bereits die Funktion des »Reichspostministers« inne. 1686 wurde ein Thurn und Taxis in den erblichen Reichsfürstenstand erhoben. Der Reichtum der Familie, die sich zuletzt in Regensburg angesiedelt hatte, stand bald jenem der Wittelsbacher um nichts mehr nach. Der Münchner Hof betrachtete jenen in Regensburg als konkurrierendes Einflusszentrum, weshalb König Max II., der Ludwig nachgefolgt war, den Heiratsplänen mit Helene keineswegs gewogen war, auch waren die Regensburger Standesherren »nur« Inhaber eines bayerischen Kronamtes. Der Könige habe »bey der ersten Anschauung Bedenken gefunden«, hieß es.

Dennoch kam die Vermählung zu Stande, nicht zuletzt deshalb, weil Kaiserin Elisabeth und Kaiser Franz Joseph in München ein gutes Wort eingelegt hatten. Max hatte zuvor eine schriftliche Erklärung verlangt, »dass der durchlauchtigsten Braut Rang und Rechte einer Prinzessin und Herzogin in Bayern auch nach ihrer Vermählung vorbehalten bleiben, und dieselbe zwar demgemäß Fürstin von Thurn und Taxis heißen wird, zugleich aber auch den Titel Herzogin in Bayern-Königliche Hoheit zu führen hat«. Diese Sorgen mochte so mancher treue Untertan unter blau-weißem Himmel gehabt haben, als er mit dem Rechen oder der Sense über der gebeugten Schulter von der Feldarbeit heimkehrte und sich einen Humpen Bier gönnte ...

Am 24. August 1858 wurde in Possenhofen mit allem Pomp Hochzeit gefeiert. Helenes Mutter war heilfroh, die Tochter doch noch unter die Haube gebracht zu haben, zählte eine Prinzessin von 22 Jahren in jener Zeit doch beinahe als alte Jungfer. Die Ehe verlief – nicht gerade üblich für eine Tochter des Herzogs Max – glücklich. 1859 wurde die erste Tochter geboren, 1860 die zweite. Ihre erste Pflicht, nämlich einem männlichen Stammhalter das Leben zu schenken, hatte Néné damit noch nicht erfüllt, 1862 war es dann so weit, die Geburt von Maximilian Maria Lamoral zerstreute alle Gerüchte um ein mögliches Zerwürfnis zwischen Fürst und Fürstin. Im Gegensatz zu ihrer unnahbaren, älteren Schwester, die körperliche Nähe – wenn möglich – vermied, war Néné eine sinnliche Frau, die es in ihrem durchwegs harmonischen Eheleben an Leidenschaft nicht fehlen ließ, was von ihrem Gatten freilich nicht gesagt werden kann.

Das Verhältnis zu ihrer Schwester Elisabeth war gut, kameradschaftlich, die Demütigung von Ischl war Geschichte. Glücklicherweise hatte sie keine Ahnung, welches Urteil die eitle, in ihre Schönheit verliebte Elisabeth über Helenes Tochter gefällt hatte. In einem Brief, mit welchem der Kaiser ein Schreiben seiner Gattin beantwortet hat, ist der Satz zu finden: »Das Kind von der Néné muss grauslich sein.« Fürwahr ein kaiserliches Urteil ...

Die Kinder der Wittelsbacherin waren von schwächlicher Konstitution, sowohl Tochter Elisabeth als auch der Erbprinz waren für Krankheiten überaus anfällig. Kurz nachdem Helene einem weiteren Sohn das Leben geschenkt hatte, verstarb ihr Gatte Maximilian nach nur neun Ehejahren im Alter von 36 Jahren an einem Nieren-

leiden. Helene blieb mit vier Kindern zurück, nur ihr tiefer Glaube half ihr über den tragischen Verlust hinweg.
Die Fürstin war schon immer eine rechte Betschwester gewesen, die auch wochentags zur Andacht ging und die Nähe des Altars suchte. Ein paar Monate nach Maximilians Tod schrieb sie: »Ich führe ein stilles, eintöniges Leben, habe aber so viel zu tun, dass trotz meiner Herzenseinsamkeit und Trübseligkeit die Zeit schnell verfliegt.« 1871 starb der Fürst von Thurn und Taxis, 1881 Helenes erst 21-jährige Tochter Elisabeth, die einen Prinzen von Braganza geheiratet hatte. Nach diesen Schicksalsschlägen »suchte Helene besonders oft Trost und Hilfe in ihrem Glauben. Sie hatte ihr Schlafzimmer direkt neben der Hauskapelle einrichten lassen und traf sich offensichtlich häufig für das Gespräch mit einem katholischen Geistlichen namens Löffler. Gerüchte kursierten, wonach das Einvernehmen der beiden sich nicht nur auf Religion und Gebet beschränkte. Es fällt allerdings schwer, der frommen Helene eine solche Sünde zuzutrauen.« (Bestenreiner) Es darf freilich darüber spekuliert werden, warum später Helenes Sohn Albert die gesamte Korrespondenz seiner Mutter mit deren Schwester Elisabeth vernichten ließ. Hatte sich die Fürstin ihrer Schwester anvertraut? Als ihr im Jahre 1885 der Tod auch noch ihren Erstgeborenen, den 23-jährigen Fürsten Maximilian, entriss, versenkte sich Helene noch mehr und tiefer als schon zuvor in ihren Glauben.
Sie war nach dem Tode ihres Gemahls keine weitere Ehe mehr eingegangen und ebenso eifrig wie erfolgreich bemüht, das ohnehin beträchtliche Familienvermögen zu vermehren. Nach dem Tod ihres Sohnes litt sie an schweren geistigen Störungen, sie war, wie Erzherzogin Valerie meinte, »in ihrer furchtbaren Leidenschaftlichkeit oft wie wahnsinnig«. Melancholien und Depressionen überwölbten ihren Geist. Helene starb 1890 in Regensburg. Ihre letzten Worte lauteten: »Ach ja, das Leben ist doch ein Jammer und ein Elend.«
Blenden wir einige Jahrzehnte zurück. Elisabeth war gerade drei Jahre Kaiserin von Österreich und bereits höchst unglücklich. Für Herzogin Ludovika war nicht das Glück einer ihrer Töchter der ausschlaggebende Beweggrund mütterlicher Sorge, sondern vielmehr der Rang des Bräutigams, und wer könnte leugnen, dass der Kaiser von Österreich der erste unter Deutschlands Fürsten und somit eine »gute Partie« war. Für ihre nächste Tochter Marie hatte Lu-

dovika den Kronprinzen des Königreiches Neapel auserkoren. Elisabeth hatte über habsburgische Verwandte erfahren, dass der Kronprinz nicht gerade ein »fesches Mannsbild« sei und diese Information nach Bayern weitergegeben. Ludovika, die den Brautwerber noch ebenso wenig zu Gesicht bekommen hatte wie ihre Tochter Marie, schrieb nach Wien: Marie »glaubt, dass ihr die genauesten und sichersten Nachrichten über den jungen Mann habt, und sie bedarf es, darüber beruhigt zu werden, da sie niemand kennt, und der Gedanke, einem Mann anzugehören, der sie und den sie nicht kennt, ist ihr so ängstlich ... Dass er nicht hübsch ist, weiß sie schon.«

Langsam drang die Nachricht über die Vermählung der jungen Wittelsbacherin mit dem Erben des neapolitanischen Thrones in die Öffentlichkeit, wobei sich die Zeitungen nicht immer ganz genau informiert zeigten. So schrieben am 17. Dezember 1875 die »Münchner Nachrichten«: »Der Kronprinz von Neapel wird in der zweiten Hälfte des nächsten Monates hier eintreffen und sich Anfang Februar nach Bayern begeben. Die Vermählung mit Prinzessin Helene, einer Schwester unserer Kaiserin, wird im Laufe des Herbst stattfinden.« Nun, weder kam Kronprinz Franz persönlich nach Bayern, noch handelte es sich um Helene, doch die diplomatischen Wege der Verbindung waren bereits geebnet. Ludovika, die von ihrem Gatten in keiner Weise unterstützt wurde, war stolz und zufrieden.

Über die politische Situation in Neapel hatte sie sich entweder zu wenig informiert oder sie ignorierte, dass das streng absolutistische Regime, das Ferdinand II., »König von Neapel und beider Sizilien«, mit brutaler Gewalt verteidigte, auf wackeligen Beinen stand. Warnende Berichte des bayerischen Außenministers wurden ebenso ausgeblendet wie Berichte über die Unfähigkeit des Kronprinzen. Dessen ultrakonservativer Vater, der sich jeder liberalen Maßnahme oder Öffnung verschloss und verbissen an seinem Gottesgnadentum festhielt, sah sich ständig Attentaten und Aufständen gegenüber. Im Norden Italiens wurde seine Herrschaft von Sardinien-Piemont bedroht, im Süden durch die Truppen des Freischärlers Garibaldi. Seinen Beinamen »Re Bomba« bekam Ferdinand, nachdem er die revoltierende Stadt Messina beschießen hatte lassen. Neapel war 1735 eine so genannte Sekundogenitur der spanischen Bourbonen geworden, die man bereits im Revolutionsjahr 1848 vertrieben hätte, wenn ihnen nicht österreichische Waffenhilfe zuteil geworden wäre. Für den König war die Ehe seines Sohnes mit der Schwägerin des Kaisers von Österreich demzufolge eine willkommene Unterstützung, war das Habsburgerreich doch die führende absolutistische Macht in Europa.

Die gefährliche Lage mag auch Marie nicht bewusst gewesen sein, die zudem wenig Lust zeigte, darin ihrer Schwester in Wien ganz ähnlich, sich innerhalb kurzer Zeit in das Dickicht höfischer Sitten zu vertiefen. Außerdem musste sie Italienisch lernen, heute würden wir von einem »Crash-Kurs« sprechen, zum Gähnen langweilige Damen empfangen, »um sich ans Sprechen zu gewöhnen«. Zu allem Überfluss machten sich ständig irgendwelche Ärzte über das außergewöhnlich attraktive, aber unreife Mädchen her, das noch nicht »formiert« war, also noch keine Monatsblutung hatte. Ob und wie rasch diverse Behandlungen mit heißen Bädern und sogar Blutegeln gegriffen haben, ist unseres Wissens nach nicht überliefert.

Anfang Januar 1859 fand in München die Trauung statt, »durch Prokuration«, versteht sich, also durch einen Stellvertreter, zu dem Prinz Leopold bestellt worden war. Einige Tage später begann für Marie in Bayern ihr abenteuerlicher Weg in eine ungewisse Zukunft. Ihre Reise nach Neapel führte sie über Leipzig und Prag nach Wien, von wo es nach einem kurzen Aufenthalt in Begleitung der Kaiserin und ihres Bruders Ludwigs nach Triest ging, wo Marie auf einer Jacht nach Bari gebracht wurde. Dort »stand Marie dem Kronprinzen zum ersten Mal von Angesicht zu Angesicht gegenüber. Die Enttäuschung hätte nicht größer sein können. Denn dieser Prinz Franz von Kalabrien, wie sein Titel lautete, war von seiner äußeren Erscheinung noch weit unscheinbarer, als sie es sich je vorgestellt hatte. Und nur zu bald sollte sie erkennen, welch Geistes Kind er war. Von einem nahezu religiösen Wahn befallen, beschränkte sich sein Interesse auf Kirchenliteratur und Heiligenlegenden. Seine eigene Mutter hatte er nie gekannt. Seine Stiefmutter, Marie Therese aus dem Hause Habsburg, hat seine Schwäche von Anfang an ausgenützt und jede Willensregung in ihm unterdrückt. Er hatte große Angst vor ihr.« (Bestenreiner) Zu allem Überfluss war Franz, unbeholfen, blass und ungebildet, auf Grund einer körperlichen Anomalie auch noch impotent, eine Operation, welche Abhilfe geschafft hätte, verweigerte er aus sexuellem Desinteresse. Die Hochzeitsnacht, über deren Verlauf es verschiedene Darstellungen gibt, muss für die Wittelsbacherin schrecklich ernüchternd gewesen sein, einem Bericht zufolge habe der Kronprinz die ganze Nacht an Durchfall und Erbrechen gelitten, ein anderer Informant wusste davon zu berichtet, dass Franz während fast der ganzen Nacht in einer Ecke kniete und gebetet habe.

Nur kurze Zeit nach Maries Ankunft in Neapel starb König Ferdinand, vielleicht an den Folgen eines Attentats. Der schwächliche Gatte Maries war nun offiziell König, wenngleich die Macht in den Händen seiner dominanten Stiefmutter und der ihr hörigen Hofkamarilla lag. Auf der italienischen Halbinsel brodelte es, das ganze Land, von einer nationalen Einigungssehnsucht getrieben und vom Hass gegen die fremden Herrscher beseelt, war in Aufruhr. Die österreichischen Provinzen Venetien und Lombardei sowie die habsburgischen Sekundogenituren Toskana und Modena waren ebenso akut bedroht wie Neapel-Sizilien. Die zentralen Akteure der nachhaltigen Schwächung der österreichischen Position und jener von Österreichs Verbündeten in Italien waren Napoleon III., seit 1852 Kaiser von Frankreich, und Camillo Graf Benso di Cavour, ebenfalls seit 1852 Ministerpräsident des Königreiches Sardinien-Piemont. Cavour, der im Falle eine Krieges mit Österreich ein geheimes Bündnis mit Frankreich geschlossen hatte, unterstützte die Aufständischen nach Kräften, um den stolzen und unerfahrenen Franz Joseph zu einer militärischen Intervention zu provozieren.

Der Habsburger stolperte prompt in diese Falle und sandte am 23. April ein Ultimatum nach Turin. Als dieses abgelehnt wurde, marschierten österreichische Truppen in Piemont ein, als »ein Gebot der Ehre und Pflicht«, wie der Kaiser formulierte, der vor der entscheidenden Schlacht bei Solferino selbst das Kommando übernahm. Jahrzehnte später sollte Franz Joseph den Fehler des Jahres 1859 wiederholen, der Feind des Jahres 1914 hieß Serbien. Die Schmerzensschreie der Verwundeten bei Solferino bewogen den als Augenzeugen anwesenden jungen Genfer Kaufmann Henry Dunant zur Gründung des Roten Kreuzes. »Es ist ein Kampf Mann gegen Mann«, erinnerte er sich an das blutige Schlachten, »ein entsetzlicher, schrecklicher Kampf. Österreicher und alliierte Soldaten treten sich gegenseitig auf die Füße, machen einander mit

Kolbenschlägen nieder, zerschmettern dem Gegner den Schädel, schlitzen einer dem anderen mit Säbel oder Bajonett den Bauch auf. Es gibt keinen Pardon. Es ist ein allgemeines Schlachten, ein Kampf wilder, wütender, blutdürstiger Tiere. Selbst die Verwundeten verteidigen sich bis zum letzten Augenblick. Wer keine Waffen hat, packt den Gegner und zerreißt ihm die Gurgel mit den Zähnen.«
Diese bedrückende Realität wird zumeist vom falschen Glanz des Sieges oder auch vom Pathos der auf eine ganz bestimmte Person oder auf eine Dynastie bezogene Niederlage verdrängt, eine Tatsache, die wir nicht aus den Augen verlieren sollten, wenn wir uns nun wieder dem »Schicksal« der Marie von Wittelsbach, Königin von Neapel, zuwenden, deren Situation nach der Niederlage ihres Schwagers gegen Frankreich und Piemont zwar nicht ganz zu Unrecht als »verzweifelt« beschrieben wurde, doch vergessen wir darüber hinaus nicht die Verzweiflung der Angehörigen jener Abertausenden, die auf diesem Schlachtfeld, das auch und besonders ein Schlachtfeld dynastischen Prestiges war, ihr Leben lassen mussten.
Im Mai 1860 führte Garibaldi seinen legendären »Zug der Tausend« zum Triumph und nahm Sizilien beinahe im Handstreich. Am 21. August landeten der Freiheitskämpfer und seine Truppen auf dem Festland, wo sie von der Bevölkerung mit Begeisterung begrüßt wurden. Kurz darauf brach in Neapel der Aufstand aus, wodurch Franz II. und Marie gezwungen waren, in der ersten Septemberwoche ein Schiff zu besteigen und in die mächtige Seefestung Gaeta zu flüchten. Drei Monate währte der Beschuss auf die Stadt, in der Typhus und Cholera wüteten. Während die Königin-Witwe geflüchtet war, hielten Franz und Marie in der schwer bedrängten Festung aus. Mitte Februar 1861 fiel Gaeta, das Königreich Neapel-Sizilien war endgültig von der Landkarte radiert. »Nun ist auch unser letzter Trost, der letzte Glanz des monarchischen Prinzips verschwunden«, klagte Erzherzogin Sophie in Wien. Das Königspaar wurde von einem französischen Schiff in den Kirchenstaat gebracht, wo es von Papst Pius IX. einen Palazzo zur Verfügung gestellt bekam. Franz II. ließ ein Vermögen von – geschätzten – 11 Millionen Dukaten zurück, alle seine Reliquiare, 66 an der Zahl, nahm er hingegen mit sich.
Marie soll sich während der Verteidigung dieser letzten Bastion Gaeta so mutig und vorbildlich verhalten haben, dass ihr der baye-

rische Dichter Oskar von Redwitz ein Gedicht widmete, in welchem die junge Wittelsbacherin als »Heldin von Gaeta« glorifiziert wird.

In Rom war die 20-jährige Marie womöglich noch unglücklicher als schon zuvor in Neapel, sie wusste, dass es kaum eine Chance für sie und ihren Mann gab, jemals wieder auf den Thron zurückzukehren, und zu allem Überfluss hatte man die verhasste Stiefmutter des Königs auch noch im selben Hause untergebracht. Zur Frustration der Wittelsbacherin trug wohl auch bei, dass Franz II. sexuell noch immer recht uninteressiert war und sich mangels Behandlung auch nichts an seiner Impotenz geändert hatte. Der König sei »hinsichtlich der ehelichen Liebe sehr unentwickelt«, urteilte die Königin von Sachsen vornehm zurückhaltend. Zuerst blühten nur die Gerüchte, dann kamen offene Verleumdungen hinzu. Es wurde kritisiert, die Königin »exponiere sich in der Menge«, sie würde rauchen, sich auf dem Kutschbock zeigen und mit Pistolen schießen, bis schließlich als »pornografisch« bezeichnete, gefälschte Fotos auftauchten, die eine Frau »in recht gewagter Kleidung« zeigten. Zeitungen schrieben, bei dieser Frau würde es sich um die Königin handeln, während die Bilder in Wahrheit »Damen« aus der Pariser Halbwelt zeigten. Franz II. wusste nicht so recht, was er glauben sollte, hatte er seine Gattin doch wohl kaum jemals nackt gesehen. Marie dementierte die Gerüchte über ihren freizügigen Lebenswandel nicht, Zeitzeugen hatten das Gefühl, dass sie sich in der Rolle der Provokateurin ganz wohl fühlte. In den gesellschaftlichen Kreisen Roms wurde über die Liebhaber der Wittelsbacherin gerätselt, der Marchese di Lema wurde ebenso genannt wie der eine oder andere Offizier.

Eine Freundin und Stütze hatte sie lediglich in ihrer Schwester Mathilde (»Spatz«), die im Juni 1861 mit dem Grafen Luigi Trani, einem Halbbruder ihres Gatten, verheiratet worden war. Auch Mathilde war mit ihrem Mann unglücklich, der alles andere als treu war und zu dessen Lieblingsbeschäftigungen ausufernde Saufgelage zählten. Sie hatte größtes Verständnis für ihre ältere Schwester, als diese ihr eröffnete, dass sie einen Liebhaber gefunden habe, in welchen sie noch dazu Hals über Kopf verliebt sei. Bei dem Mann handelte es sich um einen Befehlshaber der päpstlichen Garde, Graf Armand de Lavayss. Mathilde, die einen ähnlichen Ruf genoss wie ihre

Schwester, wurde später von einem ihrer Liebhaber, vermutlich einem spanischen Granden, schwanger. Herzogin Ludovika, die ihre Töchter schließlich genötigt hatte, ausgerechnet diese beiden Prinzen zu ehelichen und bei ihren Töchtern als Ehestifterin jämmerlich versagt hatte, hielt einmal fest: »Ich hätte ihnen Männer gewünscht, die mehr Charakter hätten und sie zu leiten verstünden, was beide noch sehr bedürfen ... Stützen für ihre Frauen sind die beiden Brüder nicht.« Das Verständnis der Mutter endete jedoch, als sie erfuhr, dass Marie schwanger sei. Der Vater der Kindes war natürlich nicht der impotente Exilkönig Franz II., sondern – so wollte es zumindest die Gräfin Larisch wissen – der Graf Armand, der das Kind womöglich in einem der weitläufigen Parks des Papstes gezeugt hatte.

Marie floh vor dem Skandal gemeinsam mit ihrer Schwester nach Bayern, auf Grund ihrer »delikaten Konstitution«, wie festgestellt wurde. Die Herzogin wird entsetzt gewesen sein, Herzog Max hingegen nicht. Erst als es in Possenhofen zu einem Familientreffen kam und auch Kaiserin Elisabeth und ihre Schwester Helene den Weg in das elterliche Schloss fanden, wurden Max der Trubel und das Klagen der Damen zu viel, worauf er seinen Töchtern ohne viel Aufhebens bedeutete, Possenhofen doch bitte schleunigst zu verlassen.

Ihr Kind, eine Tochter, brachte Marie im November 1862 im Kloster St. Ursula in Augsburg zur Welt. Das Mädchen kam in der Folge in Obhut des Grafen Armand. Glauben wir der Gräfin Larisch-Wallersee, bei deren Berichten jedoch stets Vorsicht geboten ist, so hatte Marie Zwillingsmädchen geboren. Die Larisch berichtete in einem ihrer Bücher ihrer sensationslüsternen Leserschaft sogar, dass sie selbst diese Zwillingsschwester gewesen sei, die »im Auftrag« der Dynastie von Herzog Ludwig in Bayern, Maries Bruder, und deren bürgerlicher Gattin Henriette Mendel kraft eines gefälschten Taufscheines an Stelle deren früh verstorbenen Kindes angenommen worden sei, wobei sie allerdings vor der nicht ganz leicht zu erklärenden Schwierigkeit stand, den Altersunterschied von vier Jahren zu erklären.

Eines Tages reifte in der melancholischen und phlegmatischen Marie, die angeblich ernsthaft überlegt hatte, im Kloster zu bleiben, nach Rom zu reisen und ihrem Gatten freimütig über ihre »Verfeh-

lung« zu berichten bzw. zu beichten, was im April 1863 geschah. Franz II. zeigte sich erstaunlich einsichtig, er unterzog sich sogar jener Operation, die ihm in Zukunft die Erfüllung seiner ehelichen »Pflichten« möglich machte. Die Frucht dieser Operation war ein Mädchen, das einige Jahre später zur Welt kam. Vielleicht hat auch ein prunkvolles Ehebett zu diesem Erfolg beigetragen, das als Geschenk des österreichischen Kaiserpaares in Rom eingetroffen war.
Sowohl bei dieser Geburt als auch bei der Niederkunft ihrer Schwester Mathilde war Kaiserin Elisabeth mit dabei, sie unterhielt zu ihren Schwestern ein wesentlich engeres Verhältnis als zu ihren Kindern Gisela und Rudolf. Marie, die sich in England ein Anwesen gekauft hatte, lud Elisabeth im Jahre 1874 auf die Insel ein und brachte die Schwester in dieser Zeit zum englischen Reitsport. Marie war es auch, welche die Brüder Baltazzi und deren Schwester Helene Vetsera kennen gelernt und Sisi vorgestellt hatte. Die Tochter von Helene Vetsera war die zu trauriger Berühmtheit gelangte Mary Vetsera, die 1889 mit Elisabeths Sohn in den Tod ging bzw. von diesem erschossen wurde. Es hatte sich damals in England eine »lebenslustige Gesellschaft reicher, unbeschäftigter feiner Leute [zusammengefunden], die sich in der Anwesenheit einer schönen Exkönigin und einer noch schöneren Kaiserin sonnten. Der Einfluss Marie Neapels auf Elisabeth war in dieser Zeit besonders groß.« (Hamann) Die exilierte Marie, deren Tochter bald nach der Geburt gestorben war, wurde finanziell großzügig vom Haus Rothschild unterstützt, ihr Gatte Franz II. war für sie nach Auskunft der Gräfin Festetics das, »was für mich der Packelträger auf dem Bahnhof« ist. Die Gräfin bezeichnete Marie »als beunruhigendes Element« der Kaiserin, gar als »kleinen bösen Dämon«.
Ende 1878 hielten sich Elisabeth und Kronprinz Rudolf zur gleichen Zeit in England auf, ohne viel in Kontakt zu sein. Es kam jedoch zu schweren Differenzen zwischen Mutter und Sohn, als Marie von Neapel ihrem Neffen Tratschereien über ein angebliches Verhältnis der Kaiserin mit einem Bay Middleton erzählte. Die kritischen Bemerkungen des erzürnten Rudolf trug sie dann noch an Elisabeth weiter, was deren Verhältnis zusätzlich auf einen Tiefpunkt trieb. Gräfin Festetics empörte sich über die bayerische Verwandtschaft der Kaiserin, diese sei »immer das Opfer ihrer Geschwister«. Und weiter: »Ihre Majestät kommt mir vor wie die Ce-

nerentolla und die drei bösen Schwestern. Sie sind alle voll Neid! Wenn sie etwas brauchen, drängen sie an sie heran. Schimpfen und verlästern alles, was ihre Stellung ihr eben gibt – möchten aber alle Vortheile Ihrer Stellung eben für sich dann ausbeuten.« Die Schwestern würden Sisi als »Spielball, und allc Unerquicklichkeit – alles, was Ihr dann das Herz beschwert, kommt von ihnen.« Vor allem beschuldigte sie die Gräfin Marie, eifersüchtig auf die schönere und auch sportlichere Schwester zu sein und außerdem Bay Middleton für sich haben zu wollen. Rudolf erzählte der Gräfin über eine Unterhaltung mit seiner Tante Marie, worauf die Festetics in ihrem Tagebuch nur festhielt, dies wäre »aber schon das Infamste« gewesen, was sie jemals gehört habe. »Die Sache selbst will ich nicht berühren – ich würde mir nie verzeihen, so eine Geschichte vor Vergessenheit zu retten. Wenn *das* die Kaiserin wüsste! Schrecklich!« Irgendetwas musste Elisabeth dennoch erfahren haben, da es zwischen den Schwestern zu einem heftigen Krach kam, zu einem Streit, der nie mehr beigelegt werden konnte.

Von ihren Gatten hatten sich die »italienischen Schwestern« längst getrennt. Graf Trani, der auf Grund seines Lebenswandels völlig verschuldet war, nahm sich im Juni 1886, nur wenige Tage vor dem Tod Ludwigs II., das Leben. Er war nur 48 Jahre alt geworden. Marie Sophie wurde zu Beginn des Weltkrieges aus Paris ausgewiesen, worauf sie sich in München niederließ. Die Hoffnung auf eine Wiedererrichtung des Königreiches Neapel-Sizilien hatte sie auch im hohen Alter nicht aufgegeben, während des Krieges wurde sie mit Spionageaktivitäten in Verbindung gebracht, welche die deutsche und österreichische Regierung gegen den Kriegsgegner Italien gesetzt hatte. Sie starb 1925 im Alter von 85 Jahren.

Ludwig II.

oder Ein Leben zwischen Traum und Wirklichkeit

»Es wird oft hämisch angedeutet oder sogar offen erklärt, ich sei ein Narr. Vielleicht bin ich es ...«
Ludwig II.

In einem Gespräch mit dem amerikanischen Schriftsteller Lew Vanderpool formulierte Ludwig II., König von Bayern, im Jahre 1882 bemerkenswerte Sätze über sich selbst. »Es scheint«, setzte er (wenngleich wohl nicht wortgetreu) an, »dass es im Haushalt des Lebens nur Raum gibt für eine einzige Sorte von Menschen. Wer etwas sein will, muss roh, grob, phlegmatisch sein; wer von anderer Art ist, den heißen Freund und Feind excentrisch ... Ich verachte das Pack, das die Majorität ausmacht, diese Kreaturen, die nur dem Aussehen und dem Namen nach Menschen sind – und doch beschleicht mich manchmal das Gefühl, dass man ihnen ähnlicher sein müsste, um bequemer leben zu können ... Der bloße Gedanke daran, dass ich mich eines Tages so weit vergessen könne, mich in der gewöhnlichen Weise der Menschen zu erniedrigen, verursacht mir schon Qualen. Wenn ich den Durchschnitt der Menschen beobachte und die unbeschreibliche Gleichgültigkeit, mit der sie sich allen Gemeinheiten und Plattheiten hingeben, oder Dinge begehen, an die nur denken mich bis ins Innerste meiner Seele schaudern macht, so frage ich mich doch manchmal, ob diese Art von Lebewesen nicht zu beneiden ist. Meine eigene Verfassung ist mir so rätselhaft, wie sie Ihnen sein mag. Ich habe nicht einmal eine vernünftige Erklärung dafür; weder mein Vater noch meine Mutter waren anormal empfindlich oder hatten mit übertriebenen Skrupeln zu kämpfen ... Wenn nicht alles, was ich gelesen und selbst beobachtet habe, mich täuscht, dann ist ein Gutteil dessen, was man für ›Verrücktheit‹ erklärt, in Wirklichkeit Überempfindlichkeit. Es wird oft hämisch angedeutet oder sogar offen erklärt, ich sei ein Narr. Vielleicht bin ich es, aber ich zweifle daran. Verrücktheit neigt eher dazu, sich vor sich selbst zu verstecken. Ein wirklich Verrückter ist in der Regel die einzige Person, die ihre Verrücktheit nicht erkennt. Es wäre natürlich möglich, dass ich zu keiner Erkenntnis meiner selbst gelangen könnte, außer in einem exaltierten Zustand. Ich glaube aber, dass ich mich ganz ruhig und vernünftig betrachten kann – selbst diese Behauptung könnte freilich als Zeichen meiner Narrheit ausgelegt werden. Und doch zweifle ich daran, ob eine wirklich verrückte Person sich so beobachten und prüfen könnte, wie ich es tue. Ich bin einfach anders gestimmt als die Mehrheit meiner Mitmenschen. Ich kann nicht teilnehmen an dem, was sie Vergnügen nennen, denn es widert mich an und zerstört mein Wesen. Gesellschaft ist mir entsetzlich und ich halte mich ihr fern. Frauen machen mir den Hof, aber ich gehe ihnen aus dem Wege. Wäre ich ein Dichter, so könnte ich vielleicht Lob ernten, wenn ich die Dinge in Versen sagte. Aber mir ist die Gabe, mich auszudrücken, nicht gegeben, und so muss ich es leiden, dass ich verlacht, verachtet und verleumdet werde. Mann nennt mich einen Narren. Wird Gott, wenn er mich einst zu sich ruft, mich ebenso nennen?«

Ludwig wurde am 25. August 1845 geboren. Seine Kindheit und frühe Jugend war die eines Fürstensohnes, in welchen die Erzieher nach dynastischer Tradition und auf Wunsch der Eltern das Hirngespinst des Gottesgnadentums einzupflanzen hatten. Gedanken und Überzeugungen, die Ludwig, in welchem bereits sehr, sehr früh die glühendsten Schwärmereien kochten, bereitwillig aufnahm.

Zu dieser Welt fand sein Vater Max keinen Zugang, für nichts würde sich der seltsame Sohn interessieren, »was ich anrege«, klagte er einmal. Zu großes Unbill mit Ludwig blieb dem König freilich erspart, er starb am 10. März 1864 vermutlich an einer Blutvergiftung. »Armer Ludwig«, schrieb Ludwigs Großvater gleichen Namens, »dessen Jugend hin ist, mit 18 Jahren schon auf den Thron kommt, in welchem Alter er keine Erfahrung haben kann, keine Geschäftskenntnis und das in welcher Zeit.«

Ludwig, wir sprechen vom zweiten diesen Namens, machte umgehend geltend, dass er nun die Spitze jener Pyramide war, auf welche sozusagen nichts zulief. Ausgerechnet der Großvater, welcher dem Purpur vor vielen Jahren entsagt hatte, war erster Adressat seines erhöhten Selbstbewusstseins. »Vergessen Sie nicht, Großpapa, Sie waren König und nun bin ich König«, soll er zu seinem Vorvorgänger gesagt haben, als die beiden zum ersten Mal nach dem Tode von König Max zusammentrafen.

Ludwig, hoheitsvoll und hoch gewachsen, ein gut aussehender, dunkeläugiger, etwas blasser Jüngling, von dem eine einfache Bäuerin einmal sagte, »der Kini hat so a schön's G'schau«, war zur Zeit seiner Thronbesteigung eine noch unfertige Persönlichkeit, seine Ausbildung war nur bruchstückhaft, was er im Rückblick selbst bestätigte. 1873 stellte er in einem Gespräch mit Felix Dahn fest: »Ich war zu jung damals ... ich bin überhaupt viel zu früh König geworden. Ich habe nicht genug gelernt. Ich hatte so schön angefangen, Staatsrecht zu lernen. Plötzlich ward ich herausgerissen und auf den Thron gesetzt. Nun, ich suche noch zu lernen ...«

Für die Beamtenschaft, die Minister, welche in der Regierungszeit Max' II. viel Macht gewonnen und Fett angesetzt hatten, war der junge König zunächst nicht die unantastbare Majestät und Autorität, was sich symbolisch beispielsweise in der Bosheit manifestierte, dass dem vom Wittelsbacher abgöttisch verehrten Richard Wagner ein von Ludwig gewährtes Darlehen in der ansehnlichen Höhe von 40 000 Gulden nicht in Scheinen ausbezahlt wurde, sondern in Münzen, worauf zwei Kutschen herangeschafft werden mussten, um die Münzberge überhaupt abtransportieren zu können.

Ludwigs Verhältnis zu Richard Wagner, die große, intrigenreiche, wahrlich beschämende Hofkomödie, ist ohne Zweifel jenes Kapitel deutscher Musikgeschichte, das die Fantasie der Menschen am meisten anregte. Der schwer melancholische, ganz offensichtlich homophile fürstliche Einzelgänger, der Traum und Leben verwechselte, war von Jugend an viel mehr noch als in die Musik in die Figuren und Gegenstände vernarrt, die Wagner hervorzuzaubern verstand. Der erste Opernbesuch seines Lebens hatte Ludwig in den »Lohengrin« geführt, der Ministerialbeamte Gottfried von Böhm bezeugte, dass der 15-jährige Wittelsbacher darüber Tränen der Rührung vergossen habe. In Wagners mythischem Reich hatten seine Träume Raum, im Jahre 1864, Ludwig war 19 Jahre alt, ließ er nach dem Meister suchen, er wollte ihn bei sich haben, unbedingt, er wollte

sein Freund sein, sein Förderer, sein Schüler. »Bin ich Wotan, ist er mein Siegfried«, erklärte der Komponist später einmal.
Der Meister war damals auf der Flucht vor seinen Gläubigern und nicht leicht zu finden, als ihn Ludwigs Bote, der Kabinettssekretär Franz Xaver Pfistermann, aufspürte, konnte der zunächst skeptische Wagner sein Glück gar nicht fassen. »Diese Tränen himmlischester Rührung sende ich Ihnen, um Ihnen zu sagen, dass nun die Wunder der Poesie wie eine göttliche Wirklichkeit in mein armes, liebebedürftiges Leben getreten sind«, schrieb er an Ludwig. Und weiter: »Dieses Leben, sein letztes Dichten und Tönen gehört nun Ihnen, mein gnadenreicher, junger König: Verfügen Sie darüber als über ihr Eigentum! Im höchsten Entzücken, treu und wahr – ihr Untertan Richard Wagner.« Am 4. Mai 1864 trafen der 51-jährige Komponist und sein 19-jähriger Mäzen, der Wagner versprach, »die niedern Sorgen des Alltagslebens« von seinem Haupte zu nehmen, zum ersten Mal zusammen. Der Wittelsbacher, erst seit dem 10. März König von Bayern, war für Wagner sein »Lohengrin«-Wunder, der sichere Hafen, nach dem er sehnsüchtig gesucht hatte. Seine Schulden wurden bezahlt, er bezog ein geräumiges Haus in der Brienner Straße, ein Landhaus am Starnberger See stand zu Verfügung, und – vor allem – die königliche Privatschatulle war für Wagner, dem »glühend Geliebten«, dem »himmlischen Freund«, stets weit offen. 20 000 Gulden erhielt er als »Einstandsgeschenke«, zunächst 4000 Gulden wurden ihm als Jahresgehalt zugestanden, dies war immerhin das Jahresgehalt eines Ministerialrates, dann wurden es 6000, später 8000 Gulden. Zum Vergleich: Ludwig bekam als konstitutioneller Monarch vom Staat pro Jahr zwei Millionen Gulden, der Hofstaat verschlang die Summe von 1,2 Millionen Gulden, 500 000 Gulden hatte der König an seinen Großvater abzuliefern, es blieben ihm also nicht mehr als 300 000 Gulden (später setzte sich die Mark durch, 1 Gulden betrug etwa 1, 70 Mark).
Wagner war die erste und größte Liebe in Ludwigs Leben, der junge, 1858 geborene Schauspieler Joseph Kainz, der Ludwig im Sommer 1881 in die Schweiz begleitete, seine letzte. Kainz stieg später am Wiener Burgtheater zu einem begnadeten Charakterdarsteller auf. Mit welcher Intensität bzw. Häufigkeit der Wittelsbacher seine Homophilie bzw. Homosexualität lebte, ist ungewiss, es wurden ihm Affären mit Reitknechten nachgesagt, mit Sängern und Schau-

spielern. In Ludwigs Tagebuch ist unter dem Datum 29. Juni 1871 folgendes Postskriptum zu lesen: »Feierlicher Schwur vor dem Bilde des großen Königs. Während 3 Monaten Enthaltung jeglicher Aufregung – Es ist nicht gestattet sich mehr, als auf 1 1/2 Schritte zu nähern.« Eine homosexuelle Beziehung hatte Ludwig ziemlich sicher mit dem Stallmeister Richard Hornig, dessen spätere Heirat den Monarchen so erschütterte, dass er erklärte, sie sei für ihn schlimmer gewesen als das ganze Kriegsjahr 1871. Ein anderer Favorit Ludwigs erhielt für seine Dienste an die 80 000 Mark, wie die Hofkasse auswies.
Frauen, die in Massen für Ludwig schwärmten, interessierten den narzisstischen Wittelsbacher, der in sich selbst und sein eigenes Geschlecht verliebt war, ganz offensichtlich nicht. Interessiert haben ihn höchstens die Frauengestalten in Wagners Opern. Über die Rolle des charmanten und galanten Minnesängers wuchs er im Umgang mit Frauen nicht hinaus. Er konnte platonisch schwärmen, etwa für Kaiserin Elisabeth, die um acht Jahre ältere Cousine seines Vaters, und in etwas abgeschwächter Form für deren Schwester Sophie, mit welcher er – wie oben ausgeführt – auch eine Weile verlobt war. Vom Ballett seien nur die Theaterdekorationen in Ludwigs Schlafzimmer vorgedrungen, zeigte sich der österreichische Gesandte über den jungen König verwundert. Er finde »keinen Wohlgefallen an Damengesellschaft und Umgang mit dem weiblichen Geschlecht«. Ludwig sei »kalt wie ein Fisch«, empörte sich die Schauspielerin Lila von Bulyowsky, die wie so viele andere um die Gunst des Königs gebuhlt hatte. Eine andere Schauspielerin, die in sein Schlafzimmer vordringen wollte, warf er hinaus, im Anschluss ließ er »die Luft« mittels einer Räucherpfanne »reinigen«.
Der Psychoanalytiker Wolfgang Schmidbauer und der Psychiater Johannes Kemper schrieben in ihrem Buch »Ein ewiges Rätsel will ich bleiben mir und anderen. Wie krank war Ludwig II. wirklich« über das Sexualleben des Fürsten: »Der König hatte wohl nie ein befriedigendes Sexualleben. Wenn er sich selbst befriedigt hat (worauf die Tagebücher hinweisen könnten, wenn man sie als Quelle akzeptiert), dann sicher mit heftigen Gewissensbissen. Sexuelle Beziehungen zu Frauen hat er anscheinend gemieden, aber auch seine Beziehungen zu Männern sind eher narzisstisch als von einem Wunsch nach sexueller Befriedigung bestimmt.«

Doch zurück zu Wagner, des Königs »bis in den Tod geliebter Freund«. Es ist nicht übertrieben, wenn festgehalten wurde, Ludwig wäre Wagner »hörig« gewesen, er lebte in und mit dem Irrtum, nicht er, sondern Wagner wäre der »Gebende« in dieser seltsamen Beziehung (»Was ich auch tun, was ich für Sie auch unternehmen mag, es kann nur ein Stammeln des Dankes sein.«), welcher Martin Gregor-Dellin, der Autor eines Standardwerkes über Wagner, die passende Kapitelüberschrift – »Eine Farce, erstklassig besetzt« – voranstellte. Der Überschwang dieses Zwei-Personen-Stücks ging vom König aus, Wagner spielte mit. Franz Herre schrieb in seinem Ludwig-Buch: »Ein königlicher Mond, der um die künstlerische Sonne kreiste – Wagner konnte dies nur recht sein, für seine Person wie für seine Profession. Er spielte mit, übernahm seinen Part im Dialog, in dem Ton, den Ludwig aus vollem Herzen angeschlagen hatte. Ihn zu erwidern fiel dem Meister nicht schwer. Es war die Diktion seiner Dramen, die ihm geläufig war. Und sein Lob und Preis kamen zumindest so lange aus voller Brust, als die Überraschung über die günstige Wende seines Schicksals andauerte.«
Ludwig, der ein hohes Empfinden für seinen Stand hatte, der kraft seiner Auffassung von Geburtsrecht und göttlicher Gnade auf Abstand zu allen Menschen bedacht war, schien ein König von eines Künstlers Gnaden geworden zu sein. Selbst in Zeiten persönlicher Entfremdung zeichnete der König noch voller Emotion: »In ewiger Liebe und Treue bis in den Tod ihr Ludwig.« Seine Briefanreden verstiegen sich in Hymnen an den geliebten Freund: »Einziger, heiliger!« – »Ein und All!« – »Heißgeliebter, Angebeteter, Herr meines Lebens!« – »Geliebter, einziger Freund!« – Erhabener, göttlicher Freund!« – »Sie sind meine Welt, mein Gott!« - »Wonne des Lebens! Höchstes Gut! Alles! Heiland, der mich beseligt!« Ludwig schrieb vom »Ertrinken« und »Versinken«, von »Entzücken« und »höchster Lust«. Und nach Wagners erzwungenem Abgang aus München: »Ich kann nicht schildern, wie ich Sie liebe!« – »Ich liebe kein Weib, keine Eltern, keinen Bruder, keine Verwandten, niemanden innig und von Herzen, aber Sie ... Sie, mein Angebeteter ...« Für den König war Wagner alles in einem, Ersatzvater, Freund, seine große Liebe, »er, der so lieblos und einsam aufgewachsen war, stürzt sich mit aller Leidenschaft auf Wagner, der ihm Halt und Rat geben und viel Geld kosten wird« (Hans Riehl).

Hunderte, zum großen Teil von schwülstiger Ekstase dampfende Briefe wurden geschrieben, Wagner stand seinem Gönner um nichts nach: »Mein angebeteter, engelgleicher Freund!«, hieß es beispielsweise, ein anderes Mal schrieb er: »Oh mein König! Du bist göttlich!« – »Himmlischer, königlicher Jüngling!« – Er fand auch leichtfüßig den Wechsel ins vertrauliche »du«: »Oh mein König! Du bist göttlich!« – »Gesegnet sei der König meines Lebens!« Und schließlich der Höhepunkt opportunistischer Schmachtkunst am Weihnachtstag 1864: »So ist mein holder König mir dann alles, und einsam kann ich nicht mehr sein, da Weib und Kind, Freund und Bruder, alles mir in dem erhabenen, freundlichen Schutzgeist meines Lebens enthalten ist! So naht er mir denn auch an der Hand des lieben heiligen Christus ...« – Genug davon.
Dann zogen dunkle Wolken auf, welche die Pläne Wotans und Siegfrieds bedrohten. Wagners Extravaganzen hatten ihm in München viele Feinde gemacht. Es ging vor allem auch um ein Millionen teures Festspielhaus auf dem Gasteig. Der Königs-Günstling, der seinen Gönner zu dessen beträchtlicher Verstimmung auch schon einmal mit »Mein Junge« anredete – und dies vor einer dritten Person – wurde – in Anspielung an Lola Montez, die verhasste Geliebte von Ludwig I. – hinter vorgehaltener Hand bereits als »Lolus« bezeichnet, hohe Kabinettsbeamte, Journalisten und andere Gegner Wagners gingen in die Offensive, seine Kunst wurde als »Revolutionsmusik« geschmäht, Parallelen zum Jahre 1848 gezogen, der ehemalige Barrikadenkämpfer und Demokrat Wagner wolle den König von seinen Getreuen, vom bayerischen Volke, trennen und setze ihm landesverräterische Flausen ins Ohr. Wagner verlangte von seinem »himmlischen Jüngling« die Auswechslung des Kabinetts, insbesondere Pfistermeister war ihm ein Dorn im Auge. Das großspurige Gerede Ludwigs – »... unter Jauchzen will ich sie besiegen. Ja mein Geliebter, jene können Ihnen nicht an, Sie sind sicher unter meinem Schutze« – blieb in bloßer Rhetorik stecken, am 1. Dezember 1865 erklärte Ministerpräsident von der Pfordten seinem Monarchen die wahren Machtverhältnisse: »Euere Majestät stehen an einem verhängnisvollen Scheidewege und haben zu wählen zwischen der Liebe und Verehrung Ihres treuen Volkes und der ›Freundschaft‹ Richard Wagners«. Die Pflege der Kunst sei zwar »eine edle Blüte gesunden Staatslebens und fürstlichen Sinnes«,

nicht jedoch »die erste oder ganz einzige Aufgabe, zumal in Zeiten wie die unsrigen, welche den Bestand der Staaten und Throne vielfach und ernst bedrohen und daher viel mehr ein Handeln in der realen Welt erfordern als ein Schwärmen in der idealen«.
Der verunsicherte König, dem die Polizei bedeutet hatte, sie könne nicht für seine Sicherheit garantieren, gab dem übermächtigen Druck nach, Wagner musste Bayern nach nur 19 Monaten verlassen. Womöglich verspürte der egozentrische Wittelsbacher auch ein Stück Erleichterung über den dramatischen Abgang des Meisters, zu dominierend war der selbstbewusste Wagner in sein Leben getreten, zu souverän hatte er in des Königs Traumwelt den Ton angegeben. Dieses Gefühl der Erleichterung hielt jedenfalls nicht lange an, »lange halte ich es nicht aus, von Ihm getrennt zu leben«, brach es alsbald wieder aus ihm hervor. Und als die Mächtigen ihm erklärten, der Freund könne nicht zurückkehren, sprach er zum ersten Mal von Abdankung: »Mit Freuden verließe ich jetzt Land und Leute und folgte Ihm!«
Ludwig zog sich von der Außenwelt zurück, er suchte die Einsamkeit, entfloh in die geliebten Berge und nahm seine repräsentativen Verpflichtungen nur ungenügend wahr. München, »die öde, verhasste Stadt«, mied er, so gut dies eben ging, ebenso seine Beamten und Minister. Letzteren schien das gar nicht so unrecht gewesen zu sein. »Andere Leute kümmern sich nicht um die Kindereien des Königs, da er ja die Minister mit den Kammern ganz ungestört regieren lässt«, notierte beispielsweise der Staatsminister Fürst Hohenlohe. Es ist übrigens eine fromme Legende, dass die Münchner Ludwig II. verehrt und geliebt hätten, bei großen Teilen des Bürgertums war der Wittelsbacher eher verhasst. »Ich hatte noch mit eigenen Augen beobachten können, dass hinter dem vier- oder sechsspännig dahinrasenden Wagen des menschenfeindlichen Königs Männer und Frauen ihre Fäuste schüttelten und Drohrufe ausstießen«, erinnerte sich der Schriftsteller Max Halbe.
1866, in seinem dritten Regierungsjahr, verkündete der König erneut Rücktrittsabsichten, diesmal allerdings nachdrücklicher. Bayern hatte im Deutschen Krieg an der Seite der Österreicher gegen Preußen gefochten und verloren. Nach der Schlacht bei Königgrätz, die zu einem Wendepunkt der europäischen Geschichte wurde, hatte der Kardinalstaatssekretär Antonelli die berühmten Worte ausge-

rufen: »Casca il mondo« – »Die Welt stürzt ein.« So ähnlich mochte auch der Wittelsbacher gedacht haben. An Wagner schrieb er: »O wie furchtbar, wie entsetzlich traurig sieht es in der Welt jetzt aus: die Geister der Finsternis herrschen ... Gott gebe, dass Bayerns Selbstständigkeit gewahrt werden kann, ... wenn wir unter Preußens Hegemonie zu stehen kommen, dann fort, ein Schattenkönig ohne Macht will ich nicht sein.« Am 21. Juli richtete er an Cosima von Bülow, mit der Wagner ein Verhältnis gehabt hatte, die Worte: »Mein Bruder ist volljährig, Ihm übertrage ich die Regierung, ich komme ..., bleibe dort, wohin es mich zieht, wohin ich gehöre ...«
Die interessanteste Quelle ist in diesem Zusammenhang ein Brief von Pfistermeister an den Leibarzt Ludwigs aus dem Mai: »S. M. der König war heute mittags so aufgeregt, dass Er ganz elend aussah und mir Aufträge an Sie erteilte, die ich gar nicht in die Feder nehmen kann. Er sprach von Abdanken unter dem Vorgeben, dass er geistig nicht ganz gesund sei, um dann in die Schweiz gehen und dort leben zu können, und ähnliche Dinge mehr ... Dies brachte Ihn weiter auf die Idee, lieber zu Gunsten des Prinzen Otto, der ja jetzt volljährig sei, abzudanken und in die Schweiz zu Wagner zu ziehen, als hier allein auf dem Throne zu trauern. Alles Einwenden war vergeblich, vergeblich sogar die Hindeutung darauf, dass Herr Wagner der erste sein würde, dem ›Königlichen Freunde‹ den Rücken zu kehren, sobald dieser ihm nicht mehr geben könnte oder doch nicht so viel um Wagnersche Bedürfnisse zu decken. Alles war vergebens: Seine Majestät bestand darauf, dass ich an Ew. Hochwohlgeboren das Ersuchen richten sollte, das eingangs Erwähnte in München herumzustreuen. Ich tue es hiermit auftraggemäß, natürlich in der festen und sicheren Voraussetzung, Sie werden ... von selbst nicht von in der Ferne daran denken, einem solchen Ersuchen zu entsprechen ... [Dann] ist er über Seehaupt auf die Insel zur Tafel fortgeritten und kam dabei gleich wieder, wie die letzten Tage ein paar Mal, in einem tüchtigen Regenschauer. Das wir Ihn wohl kühlen ...«
Was Wagner anlangte, hatte Pfistermeister natürlich völlig Recht, solange Ludwig regierte und dies wollte, wurde auch sein Gehalt weiter bezahlt. »Edler, geliebter, wundervoller Freund«, hob er an, »ein halbes Jahr Geduld.« Ludwig brauchte lange, bis er zwischen Wagners Genius und seinem problematischen Charakter zu unterscheiden wusste. Wagners Tod im Jahre 1883 bedauerte er jedoch tief.

Gerüchte um die Abdankung Ludwigs hatte es bereits früher gegeben, Journalisten schrieben darüber und diese dynastische Angelegenheit bekam eine bedenkliche Eigendynamik, welche etwa in einem Brief zum Ausdruck kam, den der Gesandte des norddeutschen Bundes an den Fürsten Bismarck schrieb. Der Freiherr von Werthern hielt in diesem Schreiben fest, man bemühe sich, den König »um alle Popularität zu bringen, vielleicht gar für verrückt erklären zu lassen, und auf diese Weise, mit Umgehung des Prinzen Otto, die Thronbesteigung des Prinzen Ludwig, Sohn des Prinzen Luitpold, vorzubereiten«. Sollte die Luitpoldinische Linie bereits 1866/67 mit dem Gedanken gespielt haben, Ludwig für verrückt zu erklären, abzusetzen, Otto zu übergehen und die Macht zu übernehmen? Solche Vermutungen wurden immer wieder geäußert. Fest steht, dass sowohl Ludwig als auch sein jüngerer Bruder, dessen Irrsinn sich wohlgemerkt erst später einstellen sollte, hartnäckige Gegner eines geeinten Deutschlands unter preußischer Führung waren und jeder Einschränkung der bayerischen Souveränität im Wege standen. Da auch der spätere Prinzregent Luitpold gegen die preußische Hegemonie eintrat, wurde vermutet, dass die Propaganda aus diesem Grunde in dessen Sohn Ludwig den Nachfolger seines Vetters gleichen Namens sah. Wie gesagt, es handelt sich um Gerüchte, Spekulationen ... Tatsache ist, dass der König den Prinzen Luitpold und Ludwig seit 1867 mehrmals verboten hatte, bei Hofe zu erscheinen, an Ludwig erging eines Tages zudem eine schriftliche Ermahnung des Königs: »Wie schon früher habe ich auch bei Gelegenheit des jüngsten Besuches Euerer Kgl. Hoheit bemerkt, dass Dieselben Mir in einem zu freien und die verwandtschaftlichen Beziehungen unpassend hervorkehrenden Ton Sich bewegen, wie solcher vor dem König nicht angemessen erscheint. Ich bin der Überzeugung, dass Ew. Kgl. Hoheit in künftigen Fällen jene Form des Benehmens wählen, welche in Gegenwart des Königs von allen Unterthanen beobachtet werden muss.«
Nach Königgrätz zog sich Ludwig II. völlig zurück. »Der König sieht jetzt niemand«, schrieb Fürst Hohenlohe-Schillingfürst, »er wohnt mit Taxis und dem Reitknecht Völk auf der Roseninsel und lässt Feuerwerke abbrennen. Auch die Reichsräte ... sind nicht empfangen worden. Ein Fall, der im konstitutionellen Leben Bayerns unerhört ist.« Im Sommer 1870 wiederholte sich dieses Spiel, Lud-

wig verweigerte sich den Regierungsgeschäften. »Die Herren waren in heller Verzweiflung«, fing der Schriftsteller Oskar Maria Graf die Situation ein, »der König sperrte sich in sein blaues Zimmer auf der Seeseite, ging grübelnd hin und her und trat manchmal auf den offenen Balkon. Er ... schaute hinüber nach Possenhofen ...« Nach der Niederlage von 1866 hatte Ludwig das verantwortliche Ministerium entlassen, der oben zitierte, nationalliberale Hohenlohe-Schillingfürst, der gegen Ende des Jahrhunderts zum deutschen Reichskanzler aufsteigen sollte, war zum Ministerpräsidenten ernannt worden. Dem norddeutschen Bund war Bayern ebenso fern geblieben wie die anderen süddeutschen Staaten Hessen, Württemberg und Baden, den patriotischen katholischen Bayern kam alleine bei dem Gedanken an eine »Verpreußung« ihrer Heimat die Galle hoch. Es ist bezeichnend, dass der Sturz Hohenlohes im Frühjahr 1870 auf das Konto der »Bayerischen Patriotenpartei« ging.
Bismarck, der mit Preußens Sieg über Frankreich einmal mehr eine der »großen Fragen der Zeit« mit »Eisen und Blut« gelöst hatte, hatte Ludwig II. nun die Rolle einer wichtigen Figur auf seinem politischen Schachbrett zugedacht: Er, der Wittelsbacher, solle seinem Hohenzollern-Onkel die Kaiser-Krone anbieten. Natürlich war Ludwig über dieses Ansinnen nicht erfreut, alleine hatte er eine Wahl? Der junge König, der im preußischen Junker einen Garanten des Föderalismus erblickte, und Bismarck waren nur ein einziges Mal zusammengetroffen, doch die zwar ungleichen, aber jeder auf seine Weise schillernden Charaktere empfanden Sympathie füreinander, der Fürst wusste auch, wie er es anpacken musste, den »allerdurchlauchtigsten Großmächtigsten König« für sich zu gewinnen. In einem Schreiben dankte er im Namen »des deutschen Volkes und seiner Geschichte, dem durchlauchtigen Bayerischen Hause für Eurer Majestät deutsche Politik« und erklärte weiter: »Bezüglich der deutschen Kaiserfrage ist es nach einem ehrfurchtsvollen Ermessen vor allem wichtig, dass deren Anregung von keiner anderen Seite wie von Eurer Majestät und namentlich nicht von der Volksvertretung zuerst ausgehe. Die Stellung würde gefälscht werden, wenn sie ihren Ursprung nicht der freien und wohlerwogenen Initiative des mächtigsten der dem Bunde beitretenden Fürsten verdankte ... In tiefer Ehrfurcht ersterbe ich Eurer Majestät untertänigster treugehorsamster Diener v. Bismarck.«

Bismarck ließ Ludwig den Entwurf eines Schreibens zukommen, in welchem der Wittelsbacher König Wilhelm dazu auffordern sollte, deutscher Kaiser zu werden. Warum Ludwig dieses Schreiben an seinen »lieben Bruder und Vetter« in Berlin tatsächlich abschickte und den Entwurf Bismarcks so gut wie wortgetreu übernahm, obwohl ihm die Vorstellung eines Hohenzoller-Kaisertums verhasst war, ist auf den ersten Blick mehr als unverständlich. Ein zweiter Blick eröffnet, dass der Wittelsbacher sich kaufen ließ. Lord Acton, der hervorragende Verbindungen hatte, schrieb in seinem Essay über die Entstehung des deutsch-französischen Krieges, dass nach Bismarcks Entlassung dessen Nachfolger Leo von Caprivi bei der Überprüfung des so genannten Welfenfonds herausgefunden hatte, dass »einige Millionen daraus nach München gezahlt worden seien. Weitere Nachforschungen ergaben, dass jährlich 300 000 Mark an König Ludwig und eine weitere beträchtliche Summe an Holnstein [Ludwigs Oberstallmeister Graf Holnstein, Anm. C. D.] gezahlt worden waren. Der Schluss ist unabweislich, dass Bismarck den König Ludwig II. und den Grafen Holnstein durch Zusendungen aus dem Welfenfonds bestochen hat, um Ludwig, der infolge seiner Bauleidenschaft bis über die Ohren in Schulden stak, dazu zu bringen, dem preußischen König die Kaiserkrone anzubieten.« (Erich Eyck) In seinen letzten Lebensjahren erhielt Ludwig pro Jahr, wie Bismarck 1885 zugab, wesentlich mehr als diese 300 000 Mark, insgesamt soll er an laufenden Zuwendungen etwa 5 Millionen Mark erhalten haben, von welchen Holnstein zehn Prozent Provision erhielt. Zusätzlich ließ Bismarck 1884 dem Bayern noch einen einmaligen Betrag von einer Million Mark zukommen.

Wie viel kostet ein Königreich? Auf diese alte rhetorische Frage mögen diese Zahlen eine vorläufige Antwort geben, Ludwig II. hatte in praxi abgedankt, ab diesem Zeitpunkt, zu welchem er wohl ein Stück Selbstachtung verloren hatte, versuchte er obsessiv die Idealität eines Königtums, ganz nach dem Vorbilde Ludwigs XIV., aus Stein zu erbauen. Der »Märchenkönig« errichtete sich – Stein für Stein, Schloss für Schloss – ein Traumreich, in welches er tiefer und tiefer eindrang, flüchtete, die Erosion seiner realen Macht ging einher mit der demonstrativen Zurschaustellung seines Gottesgnadentums. Bereits um 1868 wälzte er als Frucht eines Aufenthaltes in Paris die ersten Pläne um Schloss Linderhof, das »bayerische Trianon«, das schließlich nach zehnjähriger Bauzeit vollendet wurde. Unmittelbar nach der Fertigstellung von Linderhof nahm Ludwig den Bau des Schlosses Herrenchiemsee in Angriff, das sein persönliches Versailles werden sollte. Und Neuschwanstein? Die Idee zu diesem gewaltigen Projekt trug der Wittelsbacher ebenfalls schon seit langer Zeit mit sich herum, 1869 sprach er bereits davon.

Alle die anderen Refugien, auch die Residenz in München, diese Gebäude waren Ludwig zu eng geworden, inspiriert von der germanischen Mythenwelt, dem französischen Grand-siècle und dem orientalischen Märchenzauber setzte er Traumschlösser in die bayerische Bergwelt, die ihm zu Fluchtburgen gerieten. Der König kümmerte sich um beinahe alles, er war ein Bauherr, der auch Baumeister sein wollte, er bestimmte Inhalt und Form, er versuchte sich als Zeichner, Innen- und Gartenarchitekt, der königliche Pedant nahm sich der kleinsten Details an, einmal kritisierte er eine Venusfigur, deren zusammengebundene Haare »zu köchinnenhaft« seien, ein anderes Mal war ihm ein Bild nur »Farbengepatz«, ein berühmter Maler ließ ausrichten, er rühre für den Wittelsbacher »keinen Pinsel mehr an«.

In der 100 Meter langen und 15 Meter hohen, aus Stahl und Beton gezauberten Tropfstein-Grotte von Schloss Linderhof, die eine Kombination der Venusgrotte aus Wagners »Tannhäuser« und der Blauen Grotte von Capri darstellen sollte, ließ Ludwig einen künstlichen, durch Maschinen bewegten See anlegen, auf dem er sich des Nachts in einem mit Rosen bekränzten und einer Amor-Figur geschmückten Muschelkahn herumrudern und von zwei Schwänen begleiten ließ. Eine Warmluftheizung produzierte schwüle Luft, ein hochmodernes Elektrizitätswerk mit 25 Dynamomaschinen sorgte für rote und blaue Lichteffekte. Solche Exzentrizität will begründet sein. Für einen »Märchenkönig« keine Schwierigkeit: »Oh, es ist notwendig, sich solche Paradiese zu schaffen, solche poetischen Zufluchtsorte, wo man auf einige Zeit die schauderhafte Zeit, in der wir leben, vergessen kann.«

Versailles und Ludwig XIV., Schönbrunn und Maria Theresia, Sanssouci und Friedrich »der Große«, der den Bau seines Schlosses einprägsam begründete: Es werde, so der König, aus »Necessität« errichtet. Das Bild des Fürsten als Repräsentant einer geheiligten, einer göttlichen Ordnung musste mit einem geeigneten Lebensraum korrespondieren, dem Palast, dem Schloss. Diese Anlagen sind, so Baldassaro Pistorini, »eine gebaute Ewigkeit«. Wie der Fürst ein Abbild der Vollkommenheit sein soll, so soll sein Lebensumfeld ein Abbild solcher Vollkommenheit sein. Die Geschichte ist reich an Beispielen dafür, dass Herrscherpersönlichkeiten sich durch Bauwerke ein Denkmal setzen ließen, welche unverwechselbar und unauslöschbar mit ihrem Namen in Verbindung blieben. Djoser und Snofru, Cheops und Chefren, ihre Pyramiden haben sie unsterblich gemacht, in Stein ließen sie ihr vergöttlichtes Leben verewigen. Die Pyramide war für die Ägypter ein lebendiges Wesen, bis heute geht von diesem architektonischen Wunder eine ungeheuerliche Faszination und Spiritualität aus. In Versailles, dieser Weihestätte königlicher Herrlichkeit, wurde die Architektur des absolutistischen Staates grandios visualisiert und ästhetisiert.

Pyramiden, Heiligtümer, Grabmäler, Schlösser – in Bauten wurden jene Ideen, Wertungen und Sehnsüchte manifest, welche die Erbauer als Geschöpfe ihrer Zeitalter in sich trugen. Ludwig II. sakralisierte in und mit Neuschwanstein sein machtpolitisch ausgehöhltes Königtum, er ließ seiner brodelnden Fantasie, seiner Unruhe, seinem Ideenreichtum Form und Ausdruck verleihen, seine Architekten, Handwerker und Künstler, die er unentwegt antrieb, pinselten die Idee eines überhöhten, aus dem Mythos schöpfenden Königtums in die pittoreske Kulisse der bayerischen Bergwelt.

Doch vergessen wir nicht, und dieser Einschub ist wichtig: Es war nicht Ludwig, der Neuschwanstein *erbaute*, es war nicht Djoser, der die Steine für seine Pyramide herbeischleppte, und es waren auch nicht die Prälaten der Barockzeit, welche die grandiose Architektur der Kirchen und Klöster aus dem Boden stampften, die große Kunst des Barock beruhte auf dem Schweiß der Bauern. Kein geringerer als Bert Brecht nahm sich eben dieses Umstandes in seinen »Fragen eines lesenden Arbeiters« an und entlarvte die lächerliche Fixierung auf »große Männer«, die *Geschichte machen, Monumente errichten, Schlösser bauen*.

Uns muss hier aber die Frage interessieren, was nun also aus der »Restauration der alten Burgruine« wurde, wie die ersten Bauakten über Ludwigs grandioses Projekt berichteten? Auf den Ruinen einer alten, verfallenen Burg erträumte sich der Schwanenritter ein Traumschloss, dessen Türme zum Ruhme Richard Wagners in den

Himmel stechen sollten. In Neuschwanstein, in Ludwigs Gralsburg, wohnten Tannhäuser, Lohengrin und Parzival, im prächtigen Sängersaal der Burg thronte nicht nur der König von Bayern, hier thronte der Gralskönig, von dem Ludwig sich Erlösung erhoffte. Als Herzstück Neuschwansteins ließ der königsstolze Wittelsbacher, der so gerne wie ein Herrscher des Mittelalters souverän und absolut regiert hätte, aus dem reichen Fundus byzantinischer Vorbilder eine Gralshalle entstehen, für deren Bau er genaue Anweisungen gab: »Das Kuppelgewölbe selbst soll den Himmel, besät mit goldenen Sternen darstellen, das Blau des Himmels ist so glänzend als möglich zu behandeln. Alle Marmorsorten, die der Architekt Salzenberg in seiner Beschreibung der Sophienkirche in Constantinopel aufzählt, sind zur Verwendung in diesem Thronsaale gedacht. An der Rückseite des Saales ist eine große Nische, in welcher auf einer hohen Marmor-Estrade der Thron zu stehen kommt. Die Nische ist ganz vergoldet und werden auf diesen Grund gemalt und durch Palmen abgeteilt. 6 Könige, die heilig gesprochen wurden, darüber Christus, segnend, als König des Himmels ...«
Im Jahre 1880 wurde errechnet, dass für die »Neue Burg in Hohenschwangau«, wenn sie wie geplant 1892/93 fertiggebaut sein soll, jährlich 900 000 Mark aufgewendet werden müssten, Geld, über welches der Wittelsbacher nicht verfügte, zumal auch die Errichtung von Schloss Herrenchiemsee, das Ludwig Thoma als »unglücklichen Abklatsch des Versailler Schlosses« bezeichnete, Unsummen verschlang. Zwar verfügte der Wittelsbacher über beträchtliche Einkünfte, doch die hohen Baukosten, die aus der Kabinettskasse Ludwigs finanziert wurden, stürzten ihn dennoch in Schulden, Anfang 1884 waren es 8,25 Millionen Mark. Als der Bayer starb, betrugen seine Schulden 14,3 Millionen Mark. Jährlich standen Ludwig – auf Grund eines Gesetzes aus dem Jahre 1876 – 4 231 044 Mark zur Verfügung, dazu kamen einige Millionen aus Vermögensreserven und die Zuwendungen Bismarcks, über welche bereits berichtet wurde. Die drei Schlösser Linderhof, Herrenchiemsee und Neuschwanstein kosteten etwa 31,3 Millionen Mark., doch lediglich 12,4 Millionen Mark waren veranschlagt worden, was einer Gesamtüberschreitung von 152 % entspricht.
Des Königs obsessive Baulust sprengte alle Grenzen, das Bauen wurde ihm zum Lebensinhalt, weit weg von der Hauptstadt, auf ei-

ner Insel, einer Bergspitze und in einem abgeschiedenen Gebirgstal beschwor er eine Vergangenheit, die in seiner Fantasie und in seinen Schlössern als Gegenentwurf zu einer verhassten und unverstandenen Gegenwart reifte. Zuletzt wollte er am Plansee ein chinesisches Schloss bauen, welches dem kaiserlichen Winterpalast in Peking nachempfunden werden sollte; der »Schwanenprinz« und »Märchenkönig« als »Sohn des Himmels«, entrückt der Politik, den Problemen seiner Zeit und – vor allem – den Menschen. »Die Schlösser«, hielt der Kabinettssekretär Friedrich von Ziegler fest, »wurden von Seiner Majestät als geweihte Stätten betrachtet und behandelt. Sie durften vom Volk nicht gesehen werden, weil der Blick des Volkes sie entweihen, besudeln würde.«

Der österreichische Staatskanzler Fürst Metternich, der große Gegner jeder demokratischen Regung, soll einmal ganz beiläufig zu seinem Kaiser bemerkt haben, auch »das Volk sei heutzutage wer«. Ludwig II. haderte in seinem elitären Wolkenkuckucksheim mit dem Umstand, dass im Verfassungs- und Rechtsstaat Bayern jeder gemeine Handwerker seinen König klagen konnte, wenn dieser seine Schulden nicht beglich, doch er konnte die Gesetze weder biegen noch umgehen, zumal die Würde des Wittelsbacher-Thrones auf dem Spiele stand. Dies erkannte auch der erneut spendable Bismarck, »da in der Nichtbereinigung des königlichen Schuldenwesens eine erhebliche Gefahr für das monarchische Prinzip liege«. Im Schuldenmachen hatten die zumeist bau- und lebenslustigen Herrscher aus dem Hause Wittelsbach beträchtliche Übung, es ist nicht übertrieben festzustellen, dass Ludwig II. eine große Tradition seiner Ahnen fortführte, die für die Tilgung ihrer Schulden allerdings Land und Leute bluten ließen.

Angesichts der hohen Schulden Ludwigs II. witterte der preußische Kronprinz Friedrich Wilhelm die Möglichkeit, den Wittelsbacher ganz eng an die Hohenzoller-Leine zu nehmen, er schlug vor, dem Bayern so viel Geld vorzustrecken, dass Preußen zum Hauptgläubiger des Königs werde: »dann muss er tanzen, wie wir pfeifen, weil wir ihn sonst jeden Tag ruinieren können«. Es ist nicht notwendig, hier die verschiedenen Anläufe zu rekapitulieren, welche im Auftrag Ludwigs unternommen wurden, um zu Geld bzw. zu Darlehen zu kommen, es sei nur angemerkt, dass nach einer großzügigen Darlehensgewährung durch ein Bankenkonsortium im Jahre 1885 erneut

Schulden von 6 Millionen Mark angehäuft waren. Im Berliner Börsencourier erschien am 17. September 1885 ein Artikel von bemerkenswerter Offenheit. Es wurde geschrieben, dass einem Privatmann, »der in ähnlichem Umfange einem Hang zu großen Ausgaben nachgegeben hätte«, das Recht zur eigenständigen Vermögensverwaltung lange schon entzogen worden wäre. Eindeutige Anhaltspunkte würden auf einen anormalen Geisteszustand des Wittelsbachers hindeuten. Ludwig befände sich nicht mehr im Besitze all jener Eigenschaften, die für die Erfüllung seiner Pflichten notwendig seien. Also wurde gefordert, dass im Interesse Bayerns und des Reiches gegen den König vorzugehen sei. »Es ist wahrscheinlich, dass bei einer solchen Erledigung der Angelegenheit den Ärzten eine größere Aufgabe zufallen wird, als den Politikern ... Der schweren Schädigung der Finanzen des Bayerischen Staates muss im partikularen wie im Reichsinteresse Einhalt geboten werden.« Zu Recht wurde vermutet, dass diesen Zeilen ein gezielter Vorstoß preußischer Stellen zu Grunde lag, die entgegen den Intentionen Bismarcks eine Entmachtung des »Märchenkönigs« herbeizuführen trachteten.

Der Antrag des Königs, beim Landtag eine Staatsanleihe zu erwirken, wurde abgelehnt, Ludwig wurde alleruntertänigst beschieden, sich lieber an das Vorbild seines sparsamen Vaters zu halten. In einem Bericht seitens des Ministeriums vom 5. Mai 1886 hieß es abschließend: »Wenn Euere Königliche Majestät in Gnaden geruhen sollten, den flehentlichen Bitten der treugehorsamst Unterzeichneten stattzugeben und unter Entlassung der Chevauxlegers aus dem Allerhöchsten Privatdienste behufs persönlichen Verkehrs mit der Welt und mit den jeweiligen Trägern Allerhöchst-Ihrer Regierung hieher zurückkehren und in dem dargelegten Sinne die Verhältnisse der Kabinetskasse zu ordnen, würden Euere Majestät Allerhöchst Sich Selbst Ruhe und Frieden, dem Vaterlande aber Glück und Heil bescheren.«

Als dieser Brief geschrieben wurde, arbeitete der Psychiater Bernhard von Gudden bereits an seinem Gutachten, kraft dessen die Entmündigung des Königs betrieben werden sollte. Mit seinen Schulden, die durchaus zu begleichen gewesen wären, bedenkt man beispielsweise, dass 1866 alleine der Krieg gegen Preußen 51 Millionen Mark gekostet hatte, spielte der ahnungslose Ludwig seinen

Gegnern jenen Vorwand in die Hände, der seinen Untergang bedeuten sollte. »Die gesamte Umgebung des Königs, vielleicht mit alleiniger Ausnahme des Kammerdieners Weber«, berichtete ein Augenzeuge unter dem Schutze der Anonymität, »war schon seit einiger Zeit aus München über das ihrem Herrn Bevorstehende unterrichtet. Sie ließen die Dinge ruhig an sicher herantreten. Treue und wirkliche Anhänglichkeit hegten sie für ihren Gebieter nicht, dem sie ihre Existenz und eine sorgenfreie Zukunft dankten. Nur das Stallpersonal war in Unkenntnis des Kommenden gelassen worden, damit es nicht zu viele Mitwisser gäbe.« Zwischen dem späteren Prinzregenten Luitpold und z. B. dem Vorsitzenden des Ministerrates von Lutz oder dem Bildhauer Ferdinand von Miller gab es seit Anfang 1885 ganz unbefangene Gespräche über die Option der Regentschaftsübernahme durch Luitpold. In seinen »Erinnerungen an den Regenten« zitierte Miller den Prinzen mit den Worten: »Man hat mir die Übernahme der Regentschaft nahe gelegt. Das werde ich aber nie tun, bis nicht von allen Ärzten die Krankheit genau festgestellt ist.« Es wurde also bereits zu diesem Zeitpunkt von einem ärztlichen – d. h. in diesem Falle psychiatrischen – Gutachten gesprochen.
Das ausschlaggebende Gespräch zwischen Professor Gudden und von Lutz fand am 23. März 1886 statt, Gudden erklärte sich an diesem Tag bereit, nach Vorlage von einschlägigen Zeugenaussagen, die allerdings nicht einmal überprüft wurden, ein solches schriftliches Gutachten über Ludwig II. zu erstellen. Der Wittelsbacher selbst wurde weder untersucht noch befragt. Gudden bekam schließlich vom Ministerrat den offiziellen Auftrag und verfasste im Juni in der verdächtig kurzen Zeitspanne von lediglich zwei Tagen seinen Bericht (»Ärztliches Gutachten über den Geisteszustand Seiner Majestät des Königs Ludwig II. von Bayern vom 8. Juni 1886«). Unterzeichnet wurde der Bericht neben Obermedizinalrat Gudden von den Psychiatrie-Professoren Hofrat Hagen und Doktor Grashey sowie dem Irrenanstaltsdirektor Doktor Hubrich. Ludwig wurde darin als »in sehr weit fortgeschrittenem Grade seelengestört« bezeichnet – »und zwar leiden Allerhöchstdieselben an jener Form von Geisteskrankheit, die den Irrenärzten aus Erfahrung wohl bekannt mit dem Namen Paranoia (Verrücktheit) bezeichnet wird«.
Die exzentrischen Verhaltensmuster des Königs hatten über die Jahre hinweg immer wieder Anlass gegeben, über seinen Geisteszu-

stand zu spekulieren, er selbst nahm auf diese Diskussionen, deren er sich wohl bewusst war, bei verschiedenen Gelegenheiten Bezug, etwa in dem eingangs zitierten Gespräch mit Lew Vanderpool (»Man nennt mich einen Narren ...«). Die Stimmungslagen Ludwigs, der sich vor Bäumen verneigte und Statuen umarmte, wechselten rasch, gelöste Heiterkeit und unkontrollierte Zornesausbrüche lösten einander in immer kürzeren Intervallen ab. Leidtragende seiner unkontrollierten Emotionen, die so gar nicht mit seinem aufgesetzten Majestätsgehabe zusammenzupassen schienen, waren seine Lakaien, die der Menschenfeind verachtete und schikanierte, Ludwig schlug sie, es setzte Fußtritte und Demütigungen, er schüttete ihnen Wasser über die Köpfe und verhängte infantile Strafen wie Arrest oder Nahrungsentzug. Den Stallburschen Rothenanger beispielsweise schleuderte der Hüne regelrecht an die Wand, manche schrieben den frühen Tod dieses schmächtigen Mannes den Misshandlungen durch Ludwig zu. Ein Metzger, dem vom König brutal ins Gesicht geschlagen wurde, bekannte später: »Einem anderen hätte ich die Gedärme herausgelassen!« Einem Kammerlakai sollen seine dümmlichen Gesichtszüge zum Nachteil geraten sein, er hatte angeblich auf der Stirn ein Lack-Siegel zu tragen, »zum Zeichen, dass sein Gehirn versiegelt ist«. Im Gudden-Gutachten taucht der Fall des Kammerdieners Mayr auf, dem es ein volles Jahr lang nur mit einer Gesichtsmaske vor dem König zu erscheinen erlaubt gewesen sein soll, da der Wittelsbacher auf Grund eines Fehlverhaltens Mayrs dessen Gesicht nicht mehr habe sehen wollen. Inwieweit jedoch diese Geschichten der Realität entsprechen, kann nicht mehr geklärt werden, Gerüchte, Verleumdungen und wahre Begebenheiten stehen so nebeneinander.

Die Bediensteten durften ihren König jedenfalls nicht ins Gesicht sehen, sie durften nicht husten und nicht niesen, verboten war ferner der Gebrauch der altbayerischen Sprache. Sie hatten sich Ludwig nur in gebückter Haltung zu nähern, wenn es dem Wittelsbacher gefiel, mussten sie sich ihm auf Knien nähern.

Doch nicht nur seine Bediensten strafte der König mit seiner Verachtung, Staatsminister bezeichnete er als »Pack« und »Geschmeiß«. Und schließlich das undankbare Volk: Dieses verdiene es gar nicht, dass es das Antlitz seiner Majestät zu Gesicht bekomme. Den deutschen Kronprinzen, der Ludwig besonders verhasst war,

sollte auf Geheiß des Königs eine angeheuerte Bande festnehmen, in Ketten legen und in einer Höhle unter den schlimmsten Bedingungen gefangen halten. »Im Geiste malten Seine Majestät Allerhöchst-Sich die dem Kronprinzen zugedachten Martern weitgehendst aus, weßhalb auch eigens der Befehl erging, ja dessen Leben zu schonen, damit seinem Leiden nicht ein zu schnelles Ziel gesetzt werde. Hunger und Durst sollte er leiden und sein Inneres von Sehnsucht nach den Seinen zerrissen werden.« (Gudden-Gutachten)
Seine Aktivitäten verlegte der Bayer in die Nacht, von den Ausfahrten in den Bergen, im Winter etwa mit goldglänzenden Schlitten, kam er oftmals erst morgens um 7 Uhr zurück. »Im Jahre 1882 standen Seine Majestät selten vor abends 5 oder 6 Uhr auf«, berichtete sein Kabinettssekretär Ziegler. Der Wittelsbacher machte den Tag zur Nacht und die Nacht zum Tage. Es kam auch vor, dass er gegen Mitternacht eine Seperatvorstellung im Theater anordnete, um ungestört der Musik Wagners lauschen zu können.
Manchmal hörte er Geräusche, wo keine waren, Sinnestäuschungen verwirrten seine Umgebung.
Ludwigs Koch Theodor Hierneis erzählte über den König, der beim Essen niemanden um sich haben wollte: »Trotzdem müssen die Diners und Soupers immer für mindestens drei bis vier Personen ausreichen. Denn wenn auch der König sich immer allein zu Tisch setzt, so fühlt er sich doch nicht allein. Er glaubt sich in Gesellschaft Ludwigs XIV. und Ludwigs XV. und deren Freundinnen, Madame Pompadour und Madame Maintenon. Er begrüßt sie sogar mitunter und führt mit ihnen Gespräche, als hätte er sie wirklich als Gäste bei Tisch.« Manche seiner nächtlichen Ausfahrten beging Ludwig im Kostüm Ludwigs XIV., er trug dann die Krone und das Szepter des absoluten Monarchen. Dem Geheimrat von Löher beauftragte der König sogar mit dem Ansinnen, irgendwo ein Land zu suchen, in welchem auch er, Ludwig, absolut herrschen könne. Dieses Land wolle er gegen Bayern eintauschen.
In Ludwigs letztem Lebensjahr empfing er seine Minister und höchsten Hofbeamten nicht mehr, er verweigerte Audienzen ebenso wie die Hoftafeln. Seine Befehle wurden von Dienern überbracht, nicht selten verständigten sich der König und seine Lakaien nur durch die verschlossene Tür, die Diener hatten durch Kratzzeichen kundzutun, dass sie Ludwig verstanden hatten.

Der Gesundheitszustand Ludwigs verschlechterte sich rapide, er wurde dick, geradezu unförmig, vernachlässigte sein Äußeres, seine Kleidung. Kammerdiener Maier berichtete, der König habe zuletzt überaus unappetitlich gegessen und »in Bezug auf die natürlichen Bedürfnisse krankhafte Schwächezustände« gezeigt. Er klagte über einen »dumpfen Druck im Gehirn«, laborierte an Zahn- bzw. Kiefer- und Magenschmerzen. Gegen die Schmerzen nahm er Opium, gegen seine notorische Schlaflosigkeit Chloral, auch trank er zu viel. Aus Parzifal war Amfortas geworden.
Der geheime Sanitätsrat Doktor Gerster, ein Arzt und Zahnarzt, erinnerte sich Jahrzehnte später an eine seltsame Begegnung mit dem König: »In der Nacht vom 5. auf den 6. Februar 1884 fand in Hohenschwangau im alten Schlosse die Konsultation statt. Das Schloss war in allen Räumen beleuchtet, und dennoch herrschte drinnen Totenstille. Ein Diener, der in dickwolligen Strümpfen ging, empfing mich leise flüsternd und führte mich ins erste Stockwerk in ein von mehreren Dutzend aneinander gruppierten Petroleumlampen stark erhellte Zimmerchen, in dessen Mitte nur ein Sessel stand. Nach wenigen Minuten trat der König ein, hochaufgerichtet, ein Riese, die dichten schwarzen Haare wirr zurückgekämmt, die blauen Augen mit freundlichem Ausdruck und doch etwas scheu auf mich gerichtet. Nach kurzer Begrüßung ... fragte er, ob er sich auf mich verlassen könne, klagte dann darüber, dass er in den nächsten Tagen nach München müsse, dort lästige Repräsentationspflichten habe, wobei ihm, besonders bei den Hoftafeln, die Leute immer auf den Mund sähen, so dass er große Blumenbuketts vor sich müsse hinstellen lassen. Schließlich setzte er sich auf den Sessel und ließ mich seinen Mund untersuchen. Ich stellte fest, dass nur noch einige Backenzähne in beiden Kiefern vorhanden waren, die großen Lücken waren durch locker aneinander gereihte, mit dünnen Darmsaiten gebundenen künstlichen Zähne verdeckt. Ich sagte ihm ganz offen, mit solchem Gebiss könne man weder beißen noch gut sprechen, er möge daher, um einem chronischen Magenleiden vorzubeugen, sich eine feste Gaumenplatte anfertigen lassen. Er wollte davon nichts wissen, obschon er einsah, dass es so nicht bleiben könne, und fragte mich, ob ich denn glaube, dass Ludwig XIV. ein künstliches Gebiss getragen habe. Ich erwiderte, vor 200 Jahren habe man auch manch anderes nicht gehabt, worauf der König auf-

sprang, wieder mit großen Schritten auf und ab ging, allerlei fragend und erzählend ... Ich befestigte die lockeren Zahnreihen, so gut es eben ging, mit Darmsaiten, was er geduldig geschehen ließ. Er sagte noch, ich möge mich bereithalten, wenn er mich wieder rufen ließe, und solle einstweilen über sein Nervensystem recht eingehend nachdenken.

Gegen zwei Uhr morgens entließ mich der König, und als ich aus dem Zimmer trat, kam der Diener, der mich hereingewiesen hatte, lautlos auf dicken Wollstrümpfen ins Zimmer und brachte eine mit weichen Biskuits, Rahmschneetörtchen, Pralinés und einem Fläschchen süßen Likörs bedeckte Platte für den König als Imbiss. Im Hotel ›Zur Rose‹, wo ich im Dorf Hohenschwangau übernachtete, war ich kaum eingeschlafen, als mich gegen vier Uhr morgens ein Leibjäger des Königs aufweckte, um mir mitzuteilen, ich solle ja nicht vergessen, mich im Binden von Zähnen mit Darmsaiten zu üben und über Heilung lästiger Nervenzustände recht fleißig nachzudenken. Nach München zurückgekehrt, berichtete ich dem Kabinettssekretär v. Ziegler und anderen hohen Beamten, auch Landtagsabgeordneten, von meinen Eindrücken bei der nächtlichen Konsultation des Königs. Ich äußerte, dass man mit aller Bestimmtheit sagen könne, der König sei *geisteskrank*. Bayerische Psychiater würden sicher diese Ansicht teilen und man möge mit der Aufklärung aller maßgebenden Instanzen und Faktoren nicht warten, bis es zu spät sei. Von allen Seiten wurde mein Urteil abgelehnt: Der König sei ein Sonderling, der nur die Bauwut habe wie sein Großvater Ludwig I., seine Fantasie sei hochfliegend, aber seine Intelligenz unversehrt. Verdacht auf ernst fortschreitende Geisteskrankheit werde das ganze Land als Hochverrat auslegen und brandmarken.«

Das Legitimitätsprinzip, die heilige und unverletzbare Stellung des Königs, die gebot, auch einen schwachen und nur bedingt regierungsfähigen Monarchen als unantastbar zu betrachten, hatte also im Februar 1884 noch volle Gültigkeit, nur zwei Jahre später war dann alles anders. Am 9. Juni trat eine Staatskommission zusammen, die sich nach einem Essen mit Prinz Luitpold, welcher einen Brief an seinen königlichen Neffen verfasst hatte, dessen Inhalt die Absetzung Ludwigs zum Inhalt hatte, nach Hohenschwangau begab, wo sie gegen Mitternacht eintraf. Mit 40 Maß Bier und zehn

Flaschen Champagner tranken sich die Herren Mut an. Der Minister von Crailsheim wurde ausgewählt, den Brief Luitpolds zu überreichen, Graf Holnstein sollte die Festnahme des Königs einleiten und diesen anschließend Gudden und vier Irrenwärtern überantworten. Doch alles kam anders. Als die Kommission im Morgengrauen des nächsten Tages vor den Toren Neuschwansteins auftauchte, wurde sie von Gendarmen, Jägern und Feuerwehrmännern gefangen genommen und auf Befehl Ludwigs in Ketten gelegt. Der erzürnte König gab den Befehl, den Verrätern die Augen auszustechen, was freilich nicht geschah. Kurz darauf kamen sie ohne Wissen des Königs wieder frei.

Eine von Ludwig hastig verfasste Proklamation an das bayerische Volk gelangte nicht an die Öffentlichkeit, die indes von einer Proklamation des Prinzregenten überrascht wurde, in der es u. a. hieß: »Unser Königliches Haus und Bayerns treubewährtes Volk ist nach Gottes unerforschlichem Rathschluss von dem erschütternden Ereignisse betroffen worden, dass Unser vielgeliebter Neffe, der allerdurchlauchtigste großmächtigste König und Herr, Seine Majestät König Ludwig II., an einem schweren Leiden erkrankt sind, welches Allerhöchstdieselben an der Ausübung der Regierung auf längere Zeit im Sinne des Titels II § 11 der Verfassungs-Urkunde hindert.«

Es ist unverständlich, dass Ludwig nicht die Initiative ergriff, nach München eilte und sein Recht geltend machte, so wie es ihm sein getreuer Flügeladjutant Graf Dürckheim-Montmartin und später auch Bismarck telegrafisch empfohlen hatten. Wenn sich der König der Bevölkerung gezeigt und vor den beiden Kammern erschienen wäre, hätte sein Schicksal womöglich einen anderen Verlauf genommen. Ludwig hingegen erklärte, er sei zu müde und vertrage die Stadtluft nicht. Vertraute bat er, ihm Gift zu beschaffen. Auch schien er am Vortag seiner Internierung an Freitod gedacht zu haben, wie sein Kammerdiener Weber erzählte. Der König sei mehrmals auf den Balkon herausgetreten und habe in die Tiefe gestarrt. Ein Hinabstürzen vom Turm, soll Ludwig gesagt haben, zerschmettere den Toten, das Ertränken sei hingegen ein schöner Tod, der nicht entstellen würde.

Der »Märchenkönig« fand sich in seiner Gralsklause plötzlich in einem Albtraum wieder, aus dem er nicht mehr erwachen sollte, denn in der Nacht vom 11. auf den 12. Juni tauchten Gudden und dessen Assistent, die von fünf Irrenwärtern begleitet wurden, erneut vor dem Schloss auf. Diesmal waren sie vorbereitet, die Herren der so genannten »Fangkommission«, und es fand sich niemand, der dem König zur Seite gestanden wäre. Gudden trat vor den König, der von Irrenwärtern festgehalten wurde, und eröffnete dem entmündigten und abgesetzten Ludwig, dass er von vier Ärzten für verrückt erklärt worden wäre und in Schloss Berg unweit München in Gewahrsam genommen werden müsste. »Ja, was soll denn das? Lassen Sie mich doch los«, wehrte sich Ludwig, der eine Flasche Rum und eine Flasche Champagner getrunken hatte, »wie können Sie mich für geisteskrank erklären, Sie haben mich ja gar nicht vorher angesehen und untersucht?« Ein Weile darauf sagte er zu Gudden: »Prinz Luitpold hat es jetzt glücklich so weit gebracht, dazu hätte er nicht so einen Aufwand von Schlauheit gebraucht, hätte er nur ein Wort gesagt, dann hätte ich die Regierung niedergelegt und wäre ins Ausland gezogen ...«

Ludwig erging es nun ganz ähnlich wie seinem verrückten Bruder Otto. An ihn dachte der König in diesen Tagen oft. Zu einem Diener hatte er noch in Neuschwanstein gesagt: »Dass man mir die Krone nimmt, könne ich verschmerzen, aber dass man mich für irrsinnig erklärt hat, überlebe ich nicht. Ich könnte es nicht ertragen, dass es mir ergeht wie meinem Bruder Otto, dem jeder Wärter befehlen darf und dem man mit Fäusten droht, wenn er nicht folgen will.«

In Schloss Berg, wo er am 12. Juni zur Mittagsstunde eintraf, stand er verschlossenen Türen und Fenstern gegenüber. An den Türen, deren Drücker abgeschraubt worden waren, waren Gucklöcher angebracht worden. Der abgesetzte König, der die Freiheit über alles liebte, war nun ein Gefangener, der auf Schritt und Tritt überwacht wurde. Tags darauf fragte Ludwig den Psychiater Hubert Grashey, Guddens Schwiegersohn, »wie lange die Sache dauern solle, ob denn für immer oder bis wann«. Er erhielt keine klare Antwort. Gegenüber dem Stabskontrolleur Zanders hatte sich Ludwig zuvor schon deutlich geäußert: »Mein Onkel Ludwig wird sich an das Regieren gewöhnen und so viel Gefallen daran finden, dass er mich nie wieder herauslässt!«

13. Juni, ein verregneter Pfingstsonntag: Um 18 Uhr 45 holte Gud-

Ludwig II.

den den König ab, um einen Spaziergang im Schlosspark anzutreten, der an den Starnberger See grenzte. Kein Wärter begleitete die beiden. Als sie um 20 Uhr noch immer nicht zurück waren, wurde eine Suchaktion befohlen, welche erst drei Stunden später zu Ende war und die schlimmsten Befürchtungen zur Gewissheit werden ließ. Doktor Müller, Guddens Assistent, und der Schlossverwalter Huber hatten in einem Fischerboot das Seeufer abgesucht. »Wir waren noch nicht lange auf dem Wasser, da stieß Huber plötzlich einen Schrei aus und sprang ins Wasser, das ihm bis an die Brust ging; er umklammerte einen Körper, der auf dem Wasser daherschwamm, es war der König in Hemdsärmeln; ein paar Schritte hinterdrein kam ein zweiter Körper« – die Leiche Guddens. Die Uhr des Königs war

um 18 Uhr 54 stehen geblieben, Guddens Uhr eineinviertel Stunden später. »Während der König am Körper nirgends Verletzungen zeigte (dagegen zeigte die Hutkrempe einen frischen Einriss)«, so Müller weiter, »fanden sich an Guddens Gesicht, auf Stirn und Nase, mehrere schräg verlaufende Kratzwunden; über dem rechten Auge war ein nicht unbedeutender blauer Fleck, jedenfalls von einem Faustschlag herrührend. Ferner war der vordere Teil des Nagels am rechten Mittelfinger Guddens zur Hälfte abgetrennt.«
Dieser Befund legte nahe, dass ein Kampf stattgefunden hatte. Ob der hünenhafte Wittelsbacher Gudden getötet hat und dann in den Freitod ging, ob beide einem Herzschlag im nur 12 Grad kalten Wasser zum Opfer fielen, ob beide im Kampf ertranken ... alle diese Fragen müssen offen bleiben. Wollte Ludwig flüchten? Wurde er gar ermordet, wie der Bezirksarzt Doktor Magg am Totenbett eingestanden haben soll, der von Schussverletzungen am Rücken des Königs sprach? War sein Tod ein Unfall, herbeigeführt durch ein Spritze Guddens, die eine Muskellähmung herbeiführte? Suchte daraufhin der in Panik geratene Arzt selbst den Tod? Die gängigste Auffassung über Ludwigs Tod ist jene, dass Ludwig den Spaziergang mit dem arglosen Gudden dazu benützt habe, im See den Tod zu suchen. Der Irrenarzt sei ihm ins Wasser gefolgt und von Ludwig ertränkt worden. Dann sei der Wittelsbacher im eiskalten Wasser durch Herzschlag gestorben. Alle diese Varianten der »Königstragödie« waren Wasser auf den Mühlen der Sensationspublizistik. Ludwigs letzten Endes tragische Existenz und sein bis heute ungeklärter Tod führten zu einer romantischen Verklärung dieses neurotischen Sonderlings, zu einem mit Kitsch, Kunst und Kommerz aufgeladenen »Ludwigskult«, hinter welchem das wirkliche Leben und Denken des Wittelsbachers entschwand. Mit seinem Tod gewann Ludwig zumindest in den Augen des »einfachen Volkes«, das der König verachtete und dessen Idiom er nie erlernt hatte, ein »zweites Leben« (Friedrich Prinz). Als identitätsstiftende bayerische Kult- und »Märtyrer“-Figur, mit welcher insbesondere auch das Ende der relativen Selbstständigkeit Bayerns seit 1866 und 1870/71 in Verbindung gebracht wird, genießt Ludwig II. bis heute eine erstaunliche Popularität.

Otto I.

oder Ein Leben im Irrenhaus

»Ja no, vierzig Jahre lang sich jeden Tag ins Bett reinbinden lassen müssen, ist eine Aufgabe – auch für einen bayerischen Prinzen und König.«
Georg Lohmeier

Der Name Otto hatte in der Familie der Wittelsbacher Tradition, dieser Name war umweht von Ruhm und Glanz, aus ihm dampfte Geschichte. Otto hießen im Hochmittelalter Grafen von Scheyern, wie sich die Wittelsbacher früher nannten, der zweite Pfalzgraf von Bayern aus diesem Geschlecht wurde 1180 von Kaiser Friedrich Barbarossa mit dem Herzogtum Bayern belehnt – Otto I., so hieß der erste Herrscher Bayerns aus dem Hause derer von Wittelsbach.
Jener Otto, dessen traurigem Schicksal in diesem Kapitel nachgespürt wird, verdankt seinen Namen einem Zufall, denn eigentlich hätte sein älterer Bruder Ludwig so heißen sollen. »Das Kind [gemeint ist Ludwig, Anm. C. D.] hieß einige Tage lang Otto«, bemerkte die Mutter der Knaben, die preußische Prinzessin Marie, »dann bat der Großvater, dass es Ludwig genannt werde, da es am Ludwigstag, an seinem Geburtstag, geboren ward; nun hieß es Ludwig.«
Otto wurde am 27. April 1848 in München geboren, ein Monat nachdem Ludwig I. abgedankt hatte. Ottos Vater Max II. wurde neuer König. Ebenso wie sein Bruder Ludwig war er erblich schwer belastet, wobei – wie bereits angedeutet – nicht nur das Erbe ihrer Hohenzollern-Mutter Marie, in deren Familie die dynastische Erbsünde der Inzucht blühte, zum Tragen kam. Das »explosive Hervortreten zweier geisteskranker Brüder« sei dem Umstand zuzu-

schreiben, stellte Strohmayer 1912 fest, »dass ein schwächlicher Vertreter der Wittelsbacher-Dynastie in dem vereinigten Hohenzollerisch-Braunschweigischen Blute seiner Frau eine höchst unglückliche Ergänzung fand«. Otto wurde 1875 für geisteskrank erklärt, bei Ludwig wurde 1886 Paranoia diagnostiziert.

Prinz Otto Wilhelm Luitpold Adalbert Waldemar war eine Frühgeburt, ein so genanntes »Siebenmonatskind«, dem die Ärzte beinahe keine Überlebenschance gegeben hatten. Doch er erholte sich und wurde ein aufgewecktes, liebenswürdiges Kind. »Otto ist der lieblichste«, sagte Ludwig I., »keiner ist dem andern ähnlich, aber gute Herzen haben sie alle, das ist das Wichtigste«. Otto und Ludwig waren so gut wie nie unbeaufsichtigt, die strenge Erziehung prägte die Knaben. Sie waren »von klein auf zurückhaltend, bisweilen sogar schüchtern und verkrampft, wobei Otto etwas mehr aus sich herausging als sein älterer Bruder.« (Alfons Schweiggert) Der jüngere Bruder avancierte rasch zum Liebling des Hofes, er war lebhafter, geselliger und heiterer als Ludwig. Zuweilen kam es zwischen den Prinzen zu heftigen Auseinandersetzungen und Balgereien, von einem solchen »Kampf« berichtete der Redakteur Ludwig Schaufert: »Es war im Sommer des Jahres 1857 während des Aufenthaltes des Hofes in Berchtesgaden. Die beiden Prinzen Ludwig und Otto, ersterer zwölf, letzterer neun Jahre alt, befanden sich ohne Aufsicht im Park der königlichen Villa. Als ein Hofbeamter zufällig des Weges kam, bot sich ihm folgendes Schauspiel: Prinz Otto lag an Händen und Füßen gebunden auf dem Rasen, ein Knebel steckte ihm im Munde und um den Hals hatte er ein Sacktuch geschlungen, an welchem der zwölfjährige Ludwig heftig zerrte. Der Hofbeamte eilte erschrocken hinzu, um den schwächlichen Prinzen Otto zu befreien, doch Prinz Ludwig widersetzte sich ihm, indem er zornig rief: ›Er ist mein Vasall und wagt es, ungehorsam zu sein – ich muss ihn hinrichten!‹ Der Beamte musste Gewalt anwenden, um den Prinzen Otto aus seiner Situation zu befreien. König Max II. war ebenso erschrocken wie erzürnt, als er davon vernahm, und diktierte dem Kronprinzen Ludwig eine empfindliche Strafe. Dieser war darüber so erbittert, dass er für alle Zeit eine heftige Abneigung gegen Berchtesgaden fasste und auch nie wieder seinen Fuß hinsetzte.« Ludwig vergaß auch später nie, gegenüber dem Bruder seine Rolle als Kronprinz und dann als König geltend zu machen. Schon

als Kind wurde Otto eingeschärft, dass sein älterer Bruder der ranghöhere und ihm überlegene sei.
Der Vater der Prinzen war überaus lieblos und unzugänglich, im Rahmen der spartanischen Erziehung seiner Söhne trat Max vor allem als Maßregelnder und Bestrafender auf, der jedes Vergehen verständnislos ahndete, auch durch Prügelstrafen, die er eigenhändig durchführte. »Wir (ich und Otto) haben vor unserem Vater gezittert«, bemerkte Ludwig später einmal. »Der König«, berichtete ein Kabinettssekretär, »sah seine beiden Söhnchen, die Prinzen Ludwig und Otto, des Tages nur ein- oder zweimal, mittags beim zweiten Frühstück und abends bei der Hoftafel, gar selten in den Zimmern, wo sie aufwuchsen. Dabei reichte er ihnen meist nur die Hand zum Gruße und empfahl sich schleunigst ... Auch die Königin verstand es sehr wenig, ihre Prinzchen an sich zu ziehen. Sie besuchte sie zwar häufiger in ihren Zimmern, wusste sich aber nicht mit ihnen abzugeben, wie Kinder es eben verlangen. Das zog die Söhnchen auch nicht an die Mutter.« Die Prinzen wurden auch finanziell kurz gehalten, Otto bekam so wenig Taschengeld, dass er eines Tages in aller Heimlichkeit einen Münchner Zahnarzt aufsuchte und ihn zu überreden versuchte, ihm zwei Zähne zu ziehen, ohne dass er Zahnschmerzen gehabt hätte. Otto hatte einfach nur erfahren, dass man für gesunde Zähne einiges Geld bekommen kann. Um es etwas populär zu formulieren: Dieser pädagogische »Schuss«, die Prinzen finanziell kurz zu halten, damit diese mit Geld umzugehen lernen würden, ging nach hinten los, vor allem bei Ludwig, der bereits ein paar Tage nach seiner Thronbesteigung verkünden ließ: »Es ist mein Wille, dass jegliche übertriebene Sparsamkeit und Knauserei ende!«
Otto war von rascher Auffassungsgabe und lernte leicht. Von überschäumendem Fleiß war der junge Wittelsbacher jedoch nicht erfüllt, auch fehlte es ihm an logischem Denkvermögen. Auf die Kritik Ludwigs, er wäre in seinen Studien nicht fleißig genug, entgegnete Otto schnippisch: »Du hast gut reden. Du wirst einmal König und musst etwas lernen. Ich aber bringe es höchstens so weit wie Onkel Albert und dazu weiß ich genug.« Gottfried von Böhm berichtete: »Otto besaß vielseitige Kenntnisse und las viel. Seine politischen Ansichten entbehrten der Reife; er hasste Preußen über alles und war, wie ja auch sein Bruder im Beginn seiner Regierung, für ein patriarchalisches Regiment ohne die lästigen Kammern.«

Über die beiden jungen, auffällig empfindsamen Prinzen kursierte folgende sympathische Episode. Als Otto mit seinem Bruder beim Förster in Obermenzing das Schießen auf Hasen lernen sollte, kam er in Trauerkleidung, den Tod des armen Hasen bereits im Voraus betrauernd. Ludwig aber schoss demonstrativ in die Luft. Als der Förster zum Kronprinzen sagte: »Aber Hoheit, wo schießen's denn hin? Dort läuft der Has!« – antwortete dieser: »Was hat mir der Hase getan, dass ich ihn erschießen soll?«
Das Verhältnis der beiden Brüder war nicht wirklich eng, in jenen Jahren, in welchen Otto noch gesund war, gestaltete sich ihr Umgang jedenfalls freundschaftlich. »In seinem lebenslustigen Bruder sah Ludwig eine Art Stellvertreter, der statt seiner die ungeliebte Uniform trug, ihn bei militärischen Anlässen vertrat und für ihn an den Jagden teilnahm.« (Wolfgang Müller) Von Ottos Art, sein Leben zu führen, fühlte Ludwig sich abgestoßen. In einem Brief an Cosima von Bülow vom Januar 1867 strich er die Unterschiede zwischen ihm und seinem Bruder hervor: »Als wir neulich aus Nürnberg uns schriftlich unterhielten, meinten Sie, mein Bruder wäre für mich ein verstehender, teilnehmender Freund. O nein, geliebte Freundin, er ist ein ganz gewöhnlicher Mensch, ohne nur den geringsten Sinn für Hohes und Schönes. Er ist den ganzen Tag oft auf der Jagd, viel in Gesellschaft meiner flachen, geistlosen Vettern und des Abends viel im Aktientheater, wo er besonders für das Ballett schwärmt.«
Dessen ungeachtet sah Ludwig in Otto, bei welchem die Ärzte bereit 1865 »qualvolle Zustände von Angst und innerer Unruhe« sowie Halluzinationen konstatiert und ferner festgestellt hatten, er sei gereizt und würde zu Gewalttätigkeiten neigen, seinen logischen Nachfolger. Die Zeugung eines Kindes, eines Knaben, der nach ihm die Krone tragen sollte, sah er nicht als seine Aufgabe an. Seinem Justizminister beschied er auf dessen Aussage, ernsthafte Heiratspläne des Königs würden im Interesse der Dynastie liegen: »Zum Heiraten habe ich überhaupt keine Zeit, das soll der Otto besorgen!« Mehrmals spielte Ludwig – wie oben erwähnt – mit dem Gedanken, Otto die Krone zu übertragen.
Anzeichen für eine Geisteskrankheit stellten sich bei Otto nach 1866 ein, er veränderte sich rasch und nachdrücklich, wenngleich seine depressiven, melancholischen Phasen von längeren Zeiträu-

Königin Marie von Bayern und deren Kinder Ludwig II. und Otto I.

men durchbrochen waren, in welchen der Wittelsbacher durchaus normale Verhaltensmuster an den Tag legte. Dann aber wieder sah er Dinge und sprach mit Personen, die gar nicht vorhanden waren, ein Phänomen, das bereits ab dem siebenten Lebensjahr Ottos aufgetreten war bzw. festgestellt werden konnte, wenngleich nicht in der späteren Auffälligkeit und Intensität.

1870/71, ein Wasserscheidenjahr nicht nur der deutschen, auch der europäischen Geschichte, war eine Zäsur für beide Brüder, für Otto noch mehr als für Ludwig. Die Ereignisse, der Krieg zwischen Preußen und Frankreich, die Reichsgründung und Kaiserproklamation, der Verlust der bayerischen Souveränität, versetzten Ottos angeschlagener Verfassung einen schweren Schlag. Er, der Preußen-Hasser, wurde von Halluzinationen erschüttert, seinen Wahn, in alle Ewigkeit verdammt zu sein, weil er »unwürdig« kommuniziert habe, konnte ihm niemand ausreden. Der erst 23-jährige Prinz wurde menschenscheu und litt an Depressionen. »In Betreff der Krankheit des Prinzen Otto von Bayern«, berichtete der preußische Gesandte an Otto von Bismarck, »hat mir Freiherr von Perglas im engsten

Vertrauen erzählt, dass dieselbe in einem hohen Grad der Zerrüttung des Nervensystems bestehe, die hauptsächlich durch den in sittlicher Beziehung mehr als freien Lebenswandel des Prinzen erzeugt worden sei ... die besten Ärzte hätten bisher ihre Heilversuche ohne jeden Erfolg angewandt und er könne mir nicht verhehlen, dass er den Zustand des jungen Herrn für hoffnungslos erachte«. Seit 10. Mai stand Otto unter ärztlicher Überwachung.
Ludwig, der kein Vasall unter dem gekrönten Helm Preußens sein wolle, hatte zuvor noch Vorbereitungen getroffen, die Krone Bayerns an Otto zu übergeben und den Bruder aus Versailles nach München zurückbeordert. »Ich sehe ihn als den König an«, schrieb Ludwig, »nur an einem einzigen dünnen Faden hängt noch die Sache, dann wird es heißen: ›Le Roi Louis II. est mort, vive le Roi Othon!‹« Als »Othon« dann am 5. November 1870 vor ihm stand, fiebrig und bleich, musste er seinen Plan wieder fallen lassen. Über die Kaiserproklamation im Spiegelsaal von Versailles, die am 18. Januar 1871 stattgefunden hatte, schrieb Otto seinem Bruder: »Der deutsche Kaiser, das deutsche Reich, Bismarck, die laute preußische Begeisterung, die vielen Stiefel, das alles macht mich unendlich traurig.« Bereits damals sorgte die deutschnationale Propaganda für perfide Latrinengerüchte über den unbequemen Wittelsbacher-Prinzen: Otto hätte damals – und zwar ausgerechnet während der offiziellen Kaiserproklamation – auf Grund einer plötzlich auftretenden Diarrhö ein »degoutantes Malheur« gehabt ...
Ludwig urteilte im Januar 1871 über den jämmerlichen Zustand des Bruders: »Ein rechter Jammer ist es mit Ottos leidendem Zustande, der sich zusehends verschlimmert. In manchen Dingen ist er aufgeregter und scrupulöser wie Tante Alexandra, was gewiss viel sagen will, er legt sich oft 48 Stunden en suite gar nicht zu Bette, zog seine Stiefel seit 8 Wochen nicht mehr aus, gebärdet sich wie ein Wahnsinniger, macht schreckliche Faxen, bellt wie ein Hund u. hat Momente, in denen er die größten Grobheiten einem ins Gesicht schleudert; dann ist er oft wieder ganz natürlich u. vernünftig wie sonst. – Über Solbrigs Zuziehungen fanden schon Consultationen statt. Folgt er nicht bald dem Rathe der Ärzte, so ist es zu spät für immer.«
Mitte Januar 1872 wurde in einem ärztlichen Gutachten tatsächlich festgestellt, dass Otto von Wittelsbach geistesgestört sei. Am 23. Januar schrieb König Ludwig an seinen Bruder einen Brief, in wel-

chem er ihm mitteilte, dass er sich umgehend einem konsequent durchzuführenden Heilverfahren zu unterziehen habe. Er habe sich zu diesem Zwecke mit seinem Gefolge und dem Arzt Doktor Brattler auf Schloss Nymphenburg zu begeben. Den Anordnungen der Ärzte habe er unbedingt Folge zu leisten. Die Reaktion Ottos war heftig und erschütternd. In einem Antwortschreiben vom 4. März überschüttete er den Bruder mit Vorwürfen: »Du hast nicht das Recht, mir im Inland zu befehlen, mich an diesen oder jenen Ort zu begeben, du hast nicht das Recht, mich, da ich kein Unrecht begangen, also zu behandeln ... Nur der Gewalt bin ich gewichen und ich bin ein Gefangener; unerhört hat man mich behandelt ... Ich bin jetzt dein Gefangener, solange bis es dir beliebt, mir die Freiheit wieder zu schenken.«

Im darauf folgenden Jahr wurde die Isolation verstärkt. Die Fenster seiner Gemächer wurden verschraubt, die Türen, die mit Gucklöchern versehen wurden, konnten nur von außen geöffnet werden. Es war im August dieses Jahres 1873, als Ludwig in einem Gespräch mit dem Schriftsteller Felix Dahn auf Otto zu sprechen kam: »Da verfinsterten sich seine Züge: es zog wie eine dunkle Wolke über ihn: ›Mein Bruder kann nie regieren.‹« Zu dieser Zeit vermochte Otto seine Anfälle noch vorherzuahnen, es kam nicht selten vor, dass er Gäste mit der Bemerkung wegschickte: »Es ist besser, ihr geht jetzt.« Auch war es nicht so, dass Otto Schloss Nymphenburg nie verlassen hätte, bis 1875 hielt sich der Prinz, wenn es sein Gesundheitszustand erlaubte, von Zeit zu Zeit auch an anderen Orten auf. So berichtete Ludwig im Juli 1874: »Mutter und Otto, welcher sein tiefsitzendes Nervenleiden wohl kaum je verlieren wird, befinden sich z. Zt. in Elbigenalp im Lechthale.«

Im selben Jahr traf Kaiserin Elisabeth in München auch mit Otto zusammen. Während sie mit der Mutter von Ludwig und Otto plauderte, »... polterte ein schöner, junger Mensch herein mit dunklem Haar und dunklen Augen, Prinz Otto, dessen Geisteszustand sich mehr und mehr verschlechterte. Kurz darauf steht die Kaiserin auf um zu gehen. Der Prinz gibt ihr den Arm und führt sie zum Wagen. Ängstlich sagt die Kaiserin zur Gräfin Festetics: ›Bitte geben sie auf ihn Acht, ich habe das Gefühl, er wird mich die Stiege hinunterwerfen.‹« So berichtete Georg Jacob Wolf. Die Kaiserin hatte Angst vor Ottos »irrem Blick«.

Im Januar 1875 hielt Ludwig hoffnungsvoll fest: »Otto geht es bedeutend besser, er kam wohl aussehend und gestärkt von Venedig zurück.« Doch bereits einige Monate später, am Fronleichnamstag, dem 27. Mai, sorgte ein öffentlicher Vorfall dafür, dass Otto in strengeren Gewahrsam überstellt wurde. Otto war in der vollbesetzten Münchner Frauenkirche aufgetaucht, wo er durch das Kirchenschiff nach vorne zum Hochaltar rannte, auf dessen Stufen er sich niederwarf. In Anwesenheit des Erzbischofs von Scherr, der eben das Hochamt zelebrierte, legte er lautstark ein Sündenbekenntnis ab, wobei er von fürchterlichen Untaten schwafelte, die er gar nicht begangen haben konnte. Das Hochamt wurde unterbrochen, während zwei Kirchendiener den Prinzen rasch wegführten, um noch größeres Aufsehen zu verhindern.
Ottos Wahnvorstellungen waren zu einem guten Teil religiöser Provenienz, so meinte er, vom Teufel besessen zu sein und »unanständige Beziehungen zum Jesuskind« zu haben. Am Grafen Dürckheim-Montmartin wollte er einen Teufelskopf und einen Pferdefuß entdeckt haben, weshalb er vor diesem Mann eine geradezu panische Angst hatte. Und immer wieder hörte er Stimmen, die zu ihm sprachen. Seine Notdurft hielt er beispielsweise deshalb zurück, weil er alle europäischen Herrscher und deren Gemahlinnen um sich versammelt sah, in deren Gesellschaft es sich doch nicht ziemte, diesen natürlichen Bedürfnissen nachzugeben.
Zwischen 1876 und 1879 verbrachte Otto die meiste Zeit auf Schloss Schleißheim. Seine Isolation wurde immer wieder kurzzeitig unterbrochen, noch Anfang 1880 durfte er an einer Hofjagd teilnehmen. Am 13. März 1880 brachte man ihn nach Schloss Fürstenried, wo er in strenge Klausur kam. Sein Zustand soll sich so gravierend verschlechtert haben, dass »völlige geistige Umnachtung« und »Unheilbarkeit« konstatiert wurden. Otto war jetzt 32 Jahre alt. Der Kontakt zur Familie riss ab. Immer wieder bekam er rasende Tobsuchtsanfälle, in manchen Fällen wurde dann der König herbeigerufen und es wurde berichtet, dass es diesem so manches Mal gelungen war, den kranken Bruder zu besänftigen, der sich, wie später ein Arzt berichtete, »inmitten der heftigsten Tobsuchtsanfälle der Autorität des Königs sich gebeugt« habe. Die Öffentlichkeit bekam den Kronprinzen überhaupt nicht mehr zu Gesicht. Ab Herbst 1883 verließ Otto das Schloss kaum noch zu Spaziergängen. In den

80er-Jahren erkannte Otto niemanden mehr, nicht seinen Bruder und auch nicht seine Mutter.
Ludwig untersagte den Ärzten, Otto mit Gewalt auch nur zu drohen, er verbot explizit, in der Behandlung Zwangsmittel, etwa Elektroschocks, zu verwenden und ordnete an, im Kranken immer auch den Prinzen zu sehen, doch seine Besuche beim Bruder wurden immer seltener. Der König war unzweifelhaft von der Angst gefesselt, er, der Erstgeborene, könnte ähnlich enden wie sein irrer Bruder, die Angst fraß sich tief in sein Bewusstsein. Bis zuletzt ließ er sich die Krankenberichte über Ottos Zustand schicken. Als der Irrenarzt Bernhard von Gudden ihn im Juni 1886 selbst abholte, »sah er, dass der jüngste Bericht über Prinz Ottos Zustand auf Ludwigs Schreibtisch obenauf lag. Es war offensichtlich eines der letzten Schriftstücke, mit dem sich Ludwig befasst hatte. Zu dem Zeitpunkt wusste er bereits, was auch ihm bevorstand.« (Müller)
Nach Ludwigs Tod am 13. Juni 1886 wurde sein irrer Bruder als König Otto I. sein Nachfolger auf dem Thron. So wollte es das bayerische Legitimitätsprinzip. Der nächste Agnat des Hauses Wittelsbach erbte die Krone, unabhängig davon, ob er nun regierungsfähig sei oder nicht. »König Otto nahm die Mitteilung der zu ihm nach Fürstenried entsandten Persönlichkeiten von der Erbschaft des Thrones theilnahmslos entgegen«, schrieb der »Bayerische Kurier« am 19. Juni, er »betrachtete die Herren und begann Gespräche ohne Zusammenhang mit dieser Angelegenheit«. Zu seinem Kammerdiener soll er dann einmal gesagt haben: »Du musst mich jetzt Majestät nennen!«
Im bayrischen Oberland fand nach Ludwigs rätselhaftem Tod folgender »Schnaderhüpferl« rasche Verbreitung:

»Und an Max hams vagift,
an Ludwig datränkt,
jetzt steht's nimmer lang o,
wird der Otto aufg'hängt!«

Interessant liest sich ein Bericht der »Allgemeinen Zeitung«, in welcher eine Beschreibung »des Zustandes Sr. Majestät des Königs Otto« gegeben wurde. Dieser Bericht wurde am 10. Juli 1886 im »Bayerischen Kurier« abgedruckt: »Lange genug, bis zum Übermaße, hat eine gewisse Presse, von den unlautersten Absichten geleitet, das namenlose Unglück, von dem Bayerns Volk und Thron heimgesucht wurden, dazu benützt, um für allerlei Nebenzwecke und selbstsüchtige Interessen Kapital zu schlagen, sündigend auf die Unwissenheit und Leichtgläubigkeit der Masse. Neuerdings wendet sich die Klatschsucht der nicht näher zu bezeichnenden Organe nach dem Schlosse Fürstenried, wo Bayerns kranker König Otto weilt. Obwohl, wie ja selbstverständlich, jedem Unberufenen der Eintritt in den Fürstensitz verwehrt ist, wissen doch ›Spezialkorrespondenten‹ ausführliche Berichte über das Schloss und seinen hohen Bewohner zu erstatten; es wird über das Aussehen Sr. Majestät erzählt, Höchstdessen Umgebung beschrieben, die Appartements, die Se. Majestät bewohnen, werden ausführlich geschildert, kurz, es werden die intimsten Vorgänge aufgetischt. Alles dies beruht auf Kombinationen, gehört in das Gebiet der Fantasie von sensationslüsternen Journalisten und entbehrt thatsächlich jeglicher Unterlage. Wir sind nun in der Lage, dem müßigen Gerede folgende authentische Daten gegenüberzustellen. Was vor allem das Befinden Sr. Majestät betrifft, so erfreut sich Höchstderselbe ganz normaler körperlicher Gesundheit. Von Seite der Kuratoren ist alles aufgeboten worden, um den hohen Kranken mit all dem der königlichen Würde entsprechenden Komfort zu umgeben. Dass die Umgebung des Königs angewiesen ist, demselben die größte Sorgfalt zu widmen, ist selbstverständlich, und die Kavaliere und Aerzte kommen ihrem Dienst mit Pflichttreue und Opferwilligkeit auf das gewissenhafteste nach ... Fürstenried liegt inmitten nervenstärkender duftender Nadelwälder und bietet entzückende Aussicht auf das herrliche Panorama der Alpenkette. Durch Um- und Neubau, durch geschmackvolle Einrichtung und Ausschmückung des Inneren, durch Anlage kunstvoller Gärten wurde ein Landsitz geschaffen, würdig jedes Fürsten und so behaglich, wie er nur gedacht werden kann. Der hohe Kranke bewohnt die Hochparterreräume des Schlosses, wo demselben eine Flucht von Zimmern mit prächtigen Salons zur Verfügung steht. Die Einrichtung ist eine fürstliche, alles geschmackvoll, nicht überladen ... Im Schlosse und in den Gärten genießt der hohe Kranke jede mit seinem Befinden nur irgendwie vereinbare Freiheit, häufige Spazierfahrten wechseln mit Promenaden in den Anlagen ab, und von einer Gefangenschaft, wie in manchen

Blättern gefaselt wurde, ist keine Rede. Der Aufenthaltsort unseres unglücklichen Königs ist eines Fürsten würdig; das ganze Arrangement, die Einrichtung, der Ton, der im Schlosse herrscht, kurz alles trägt fürstliches Gepräge, und man darf sich in den weitesten Kreisen davon überzeugt halten, dass die maßgebenden Faktoren, vor allem die Kuratoren, ihr ganzes Bestreben darauf richten, die Würde der umflorten Majestät in jeder Weise zu wahren. Vielleicht genügen vorstehende Zeilen, um die eingangs erwähnten ›Spezialkorrespondenten‹ zu veranlassen, sich für ihre Sensationslust ein anderes Objekt auszuwählen, als den Ort, der jedem heilig sein sollte, in dessen Brust noch nicht die Gefühle der Pietät und der Achtung vor dem Unglücke erloschen sind.«

Die Regierungsunfähigkeit Ottos wurde bereits einen Tag nach Ludwigs Tod kraft eines Gutachtens festgestellt, das im Übrigen von jenen Ärzten (vom gemeinsam mit dem König umgekommenen Gudden einmal abgesehen) ausgefertigt wurde, die auch schon das Gutachten über den Geisteszustand Ludwigs unterschrieben hatten. Es wurde festgestellt, »dass Seine Majestät Otto I. König von Bayern in Folge langjähriger und unheilbarer Geistesstörung als verhindert an der Ausübung der Regierung zu betrachten sei und dass diese Verhinderung mit Bestimmtheit für die ganze Lebenszeit andauern werde«.

Am 26. Juli hieß es in der Regentschaftsvorlage, die in der Abgeordnetenkammer referiert wurde: »Was nun zunächst die dauernde Verhinderung Seiner Majestät des Königs Otto I. an der Ausübung der Regierung anlangt, so ergibt sich aus der Thatsache, dass nach einer im ärztlichen Gutachten vom 8. Januar lfd. Js. Enthaltenen Konstatirung Prinz Otto schon im 17. Lebensjahre an qualvollen Zuständen von Angst und innerer Unruhe litt, Hallucinationen hat, gereizt und zu Gewaltthätigkeiten geneigt ist, ferner dass nach den vorgelegten Akten schon seit dem Jahre 1878 eine Kuratel über Allerhöchstdenselben wegen geistiger Erkrankung besteht, aus der Konstatierung des Vorhandenseins eines ärztlichen Gutachtens der Herren Doktoren Gietl, Solbrig, Wolfsteiner und Brattler vom 15. Januar 1872, aus der im Wesentlichen verlesenen, auf genauen Aufzeichnungen der beobachtenden Aerzte beruhenden Krankengeschichte ..., dass König Otto an Exaltations- und Depressionszuständen, an Sinnestäuschungen, geistiger Schwäche und Verwirrung leidet und dass keine Hoffnung auf Besserung besteht. Somit waren die Voraussetzungen dafür geschaffen, dass Prinz Luitpold, der nächste Agnat, an Stelle Ottos die Regentschaft übernehmen konnte, welche er bereits vom 10. bis zum 13. Juni an Stelle Ludwigs II. innegehabt hatte. In der Bevölkerung verstummten die Gerüchte nie, dass Otto eigentlich gar nicht so verrückt sei, sondern in Wahrheit ein politischer Gefangener, der mit Medikamenten und Drogen gefügig gemacht worden wäre. Dass er in der Öffentlichkeit nicht mehr gesehen wurde, brachte die Fantasie der Menschen in Wallungen, die es nicht glauben wollten, dass ihr rechtmäßiger König, wie erzählt wurde, in seinen letzten Lebensjahren nur noch gebellt und gewinselt haben soll.

Bis 1913 war es üblich, dass sich Jahr für Jahr eine parlamentarische Delegation nach Schloss Fürstenried begab, um sich von der Regierungsunfähigkeit Ottos zu überzeugen. Durch eine Indiskretion gelangte ein Bericht über einen dieser Besuche an die Öffentlichkeit. Bei Hans Riehl ist darüber zu lesen: »Die hohe Delegation des Bayerischen Landtages, die sich nach jeweiligem Zusammentritt des neuen Landtages persönlich von dem Befinden des kranken Herrschers überzeugen sollte, bestand aus den beiden Präsidenten der Kammer der Reichsräte, einem Schriftführer in Hofuniform, dem Präsidenten der Zweiten Kammer und Vertretern der verschiedenen Fraktionen; neben dem allmächtigen Zentrum, das auch einen geistlichen Herrn ausgeschickt hatte, gehörten ein Liberaler und ein Sozi dem Gremium an. Im Schlosse angekommen, wurden die Herren vom Hofmarschall des Königs sowie einem bekannten Irrenarzt empfangen. Aus dem einleitenden Bericht ergab sich, dass zwar der körperliche Zustand des hohen Herrn vorzüglich, dass aber das geistige Befinden immer noch das Gleiche sei, wenn auch in letzter Zeit der hohe Kranke zeitweise lichte Augenblicke zeigte. Zumal heute erweise sich der Herrscher besonders ruhig, und so wurde denn die Deputation gebeten, sich von dem Befinden des Königs persönlich zu überzeugen. Der König selbst hatte noch vor Ankunft der Delegation den selten schönen Morgen zu einem Spaziergang in dem prächtigen Park ausgenützt und sich eben mit gutem Appetit an der reich besetzten Frühstückstafel niedergesetzt, als der Dienst tuende Kammerherr die Ankunft der hohen Kommission anzeigte und den Herrscher um Gewährung einer Audienz bat. Der König aber zog

sein Frühstück einer Audienz vor. Auch meinte er, die Herren hätten zu ihm so weit wie er zu ihnen. Um den König also nicht zu reizen, blieb dem Kammerherrn nichts übrig, als die Deputation zu bitten, ihm in das Frühstückszimmer zu folgen.
Dort eingetreten, nahm Otto zunächst von den Herren überhaupt keine Notiz, sondern frühstückte ruhig weiter und übersah auch geflissentlich die mehr oder minder eleganten Verbeugungen, sowie die Vorstellung der Herren. Als diese zu Ende war, nahm der Führer der Deputation das Wort, um an ›Seine Majestät‹ eine kurze Ansprache zu richten. Kaum hatte er begonnen: ›Gestatten Eure Königliche Majestät, dass ...‹, als Ottos Gesicht ein freundliches Lächeln überflog. Er blickte vom Teller auf und sah auf den Redner. Kaum hatte er diesen jedoch erblickt, als er rief: ›Was will denn der Grasaff?‹ Der Redner tat so, als ob er diesen freundlichen Zuruf überhörte und setzte seine Ansprache fort, während Otto sich sein Frühstück weiter schmecken ließ und von der Deputation keine Notiz nahm. Als die Ansprache beendet war, war auch der König satt und erhob sich vom Frühstückstische. Er drehte sich rasch der Deputation zu, musterte sie scharf und rief dann seiner Begleitung zu: ›Was will die Bande? Raus mit der Saubande!‹ Und ehe sich die Delegation entfernen konnte, warf Otto den Herren noch eine halb volle Tasse Tee, eine Milchkanne und einen Teller nach, wobei die Kanne am Herrn Prälaten abprallte und dessen schöne Soutane mit den Resten des königlichen Frühstücks schmückte. Ein Stuhl flog hinterher.«
Kaiserin Elisabeth vermochte sich mit den Vorgängen rund um die Absetzung Ludwigs II. nicht abzufinden. Sie grollte vor allem dem Prinzregenten und schwor, nie mehr wieder nach Bayern zu kommen, was sie freilich alsbald wieder vergessen sollte. In ihrem dichterischen Nachlass wurden einige Verse über Luitpold, den Schwiegervater ihrer Tochter Gisela, gefunden, die an Deutlichkeit nichts zu wünschen übrig lassen:

»Seht den heuchlerischen Alten!
Drückt ihn sein Gewissen nicht?
Thut so fromm die Hände falten,
Sauersüß ist sein Gesicht.

Wie sein langer Bocksbart wackelt!
Falsch're Augen sah man nie;
Ist sein Hirn auch ganz vernagelt,
Steckt es doch voll Perfidie.

Seinen Neffen, seinen König
Stieß der tückisch von dem Thron;
Doch dies ist dem noch zu wenig,
Säh sich dort gern selber schon.

Könnt ihr auch noch dies ertragen
Bayerns Volk, dann seid ihr's werth,
Dass am Pranger angeschlagen,
Ihr in Ewigkeit entehrt!

Eh' sie ihn zum König salben,
Stürzt mit donnernden Gekrach
Wenigstens ihr, stolze Alpen,
Tötend über Bayerns Schmach!

Luitpold regierte als Prinzregent von 1886 bis 1912. Er wurde über 90 Jahre alt. In seinen letzten Jahren ging die Anekdote: »Der Prinzregent ist schon tot. Aber man darf es ihm nicht sagen, sonst regt er sich zu sehr auf.« Gerechtigkeit und Sachlichkeit waren die Leitsterne seiner langen Regentschaft, die Bayern in einen milden Abendglanz tauchten. »München leuchtet«, hieß es, man spricht von der »guten alten Zeit«, das Bier war noch dunkel, die kleine bayerische Welt in Ordnung. Zu seinem Tode schrieb die sozialdemokratische »Münchener Post«: »Dem Menschlichen tragen wir Rechnung, indem wir feststellen, dass die Persönlichkeit alle ansprechenden Züge eines Mannes aufweist, dessen Einfachheit und Güte auch dann aller Achtung gewiss sein würde, wenn er ein schlichter Bürger wäre wie die anderen. Der Gerechtigkeit zollen wir unsern Tribut durch einen Vergleich der monarchischen Vertretung Bayerns mit der anderer Länder. Bei diesem Vergleiche gewinnt das Haus Wittelsbach in vieler Hinsicht ... Und – wir wiederholen nur, was von den Vertretern unserer Partei häufig genug in den Parlamenten oder sonst in der Öffentlichkeit gesagt worden ist – auch die Gegner des monarchischen Prinzips müssen zugestehen, dass er seine Aufgabe mit Geschick und Zurückhaltung erfüllt hat. Ohne aufgeregte Reden, ohne Verletzung und Brüskierung des Volkes, ohne zwingende Einmischung in die politischen Angelegenheiten, ohne verschwenderisches Gepränge und ohne kostspielige selbstherrliche Anfälle.«

Luitpold starb am 12. Dezember 1912. Nach seinem Tode regierte sein Sohn Ludwig III. für »König Otto« als Prinzregent, am 5. November 1913 wurde Ludwig zum König proklamiert. Bis zu Ottos Tod am 11. Oktober 1916, der ihn von über 13 000 Tagen strenger Isolation erlöste, hatte Bayern also zwei Könige.

Ludwig, eine geldgierige Krämerseele, der ein halbes Jahr älter als sein Vetter Ludwig II. war, hatte nicht viel Zeit, die Zuneigung seines Volkes zu gewinnen. Seiner Krone konnte er sich nur kurz erfreuen, denn am 7./8. November 1918 fegte die Revolution die ganze Fürstenherrlichkeit hinweg ...

»Also dann – mach ma halt Revolution, damit a Ruah is!«

oder Die Herrschaft der Wittelsbacher endete in einem Acker bei Rosenheim

»Das Königtum steht da, eine mächtige Ruine, die von heute auf morgen bleibt, doch endlich sinken wird. Jetzt ist seine Aufgabe zu Ende, frei sind alle Menschen, und beim nächsten Sturm sinkt diese Ruine.«
Kronprinz Rudolf

Die Revolution in Bayern verlief anders als im übrigen Deutschland. Mit Kurt Eisner hatte sie einen Führer, der über drei Monate hindurch das Herz der so genannten kleinen Leute an sich und seine Sache zu binden vermochte, der »dank einer einzigartigen Mischung von Einfallsreichtum und Tatkraft, Idealismus und listenreicher Wendigkeit, witterndem Feingefühl und Härte im Nehmen« (Sebastian Haffner) die revolutionäre Situation souverän beherrschte. Diese Leistung ist umso erstaunlicher, als Kurt Eisner kein Bayer, sondern ein »waschechter« Berliner war, noch dazu ein Intellektueller, ein Jude, ein Bohemien, also eine Persönlichkeit, die eigentlich nichts mitbrachte, was ihn dazu prädestiniert hätte, ein bayerischer Volksheld zu werden.
Der Schöngeist Eisner, dessen Vater, ein Bankier, sich »Hoflieferant« nennen durfte, war also kein »Hiesiger«, doch er liebte Bayern. Wir dürfen uns den Journalisten und Theaterkritiker Eisner nicht als Parteipolitiker vorstellen, er war Kantianer, ethischer Sozialist, Pazifist, der von der SPD zur Unabhängigen Sozialdemokratischen Partei Deutschlands (USDP) gewechselt war.

Oskar Maria Graf überlieferte folgende Geschichte. In den Novembertagen 1918 fand in München eine sozialdemokratische Versammlung statt, in welcher diskutiert wurde, ob die so genannten Mehrheitssozialisten dem Appell Eisners folgen sollten oder nicht. In dieser Versammlung galt ein bulliger Dreher als Respektsperson, dessen Meinung Gewicht hatte. Hartnäckig und verbissen wurde auf ihn eingeredet. »Was is? Was sagst? Mach ma mit oder net?« Der Mann erhob sich, atmete tief durch und sprach aus vollem Herzen: »Also dann – mach ma halt Revolution, damit a Ruah is!«

Diese urbayerische Episode trifft den Nerv der genuinen Bedeutung des Wortes Revolution. Unter »Re-Volutio« verstand man die – ursprünglich astronomische – Rück-Wälzung des Kosmos in die richtige Lage, die Revolution ist daher – als Umkehrung des Bestehenden – die Verkehrung des Verkehrten und somit die »Richtigstellung« des Weltzustandes. Über Eisners politische Intentionen, welche dieser im Januar 1918 im Rahmen eines Diskussionsabends erläutert hatte, berichtete ein Geheimpolizist: »Die Unabhängigen Sozialdemokraten hätten in erster Linie den Wunsch, unbedingt und rückhaltlos die Monarchie zu stürzen und nicht nur den preußischen, sondern den gesamten Militarismus niederzuringen. Dazu gäbe es nur ein Mittel, die heiß ersehnte, unausbleibliche und bald zu erwartende Revolution.« In diesem Monat hatte sich Eisner als einer der Rädelsführer eines Streiks der Munitionsarbeiter aufgeschwungen, was ihm eine mehrmonatige Gefängnisstrafe einbrachte, er wurde erst im Oktober wieder in die Freiheit entlassen.

Das Ansehen der Monarchie, des Herrscherhauses, hatte während des Krieges großen Schaden genommen, im Volke war die Auffassung weit verbreitet, dass sich König Ludwig III. allzu bereitwillig der Kriegspolitik des Kaisers in Berlin angeschlossen hatte.

Die Münchner Revolution fand ihren Startschuss in einer von der königlich-bayerischen Regierung genehmigten Massenversammlung auf der Theresienwiese am 7. November 1918. Thomas Mann berichtete in seinem Tagebuch, dass es Rufe wie »Nieder mit der Dynastie« gegeben habe. Tatsächlich machten sich in diesen dramatischen Novembertagen keine Kräfte für die Monarchie stark. Mann verstieg sich in seinen Aufzeichnung schließlich in der Behauptung, »das Ganze« sei womöglich nicht mehr als ein »Faschingsersatz«. Hier irrte der Schriftsteller (wie später noch recht oft).

Lassen wir noch einmal den jungen Oskar Maria Graf zu Wort kommen, einen scharfen Beobachter der Ereignisse des 7. November: »Je näher wir der Wiese kamen, desto mehr Menschen wurden es. Alle hatten es eilig. Vor der Bavaria waren dichte Massen und wuchsen von Minute zu Minute. Auf den Hängen und von den Treppen des Denkmals herab redeten Männer. Da und dort sah man eine rote Fahne aufragen. ›Hoch!‹, schrie es, dann wieder ›Nieder!‹. Die Menschen schoben sich unruhig ineinander, Gedränge entstand. Wir fanden endlich Eisner, der weither von einem Seitenhang herunterschrie ... ›Herrgott, heut ist ja ganz München da ... Da wär doch was zu machen! Hoffentlich gehen sie heut nicht wieder heim und tun nichts‹, sagte ich zu Schorsch. Ein bärtiger Hüne in Militäruniform hatte es gehört, lächelte überlegen und meinte superklug: ›Nana, heut gehen wir net hoam ... Heut geht's ganz woanders hin ... Gleich werds losgehn.‹ ›Es lebe der Friede!‹, schrien in diesem Augenblick um mich herum die Leute ... Und brausend riefen alle: ›Hoch Eisner! Hoch die Weltrevolution!‹ Ungefähr eine Minute war es still. Von der Bavaria herüber drangen Beifallsrufe ... Plötzlich schrie Felix Fechenbach [Eisners Sekretär] in Feldgrau laut und beinah kommandomäßig in die bewegte Menge: ›Genossen! Unser Führer Kurt Eisner hat gesprochen. Es hat keinen Zweck mehr, viele Worte zu verlieren! Wer für die Revolution ist, uns nach! Nur nach! Marsch!‹ Und mit einem Schlag gerieten die johlenden Massen ins Vorwärtsdrängen. Wie eine kribbelige, schwarze Welle wälzten sich die Tausend und Abertausend und Abertausend Menschen hangaufwärts auf die Straße; weiter ging es im Schnellschritt, an geschlossenen Häusern und herabgezogenen Rollläden vorbei, den Kasernen zu ...«

Erhard Auer, der Führer der Mehrheitssozialisten, hatte zuvor versichert, dieser Eisner werde »an die Wand gedrückt werden«, worin er schwer geirrt hatte. Während sich die Gruppe rund um Auer als loyale königlich bayerische Sozialisten nach dem Ende der Veranstaltung geordnet zurückzog, marschierten die Anhänger Eisners, wie oben zitiert, zu den Kasernen. Am frühen Abend gelang es ihnen, die Truppen für sich zu gewinnen, die ersten Arbeiter- und Soldatenräte wurden konstituiert, schließlich wurde von Eisner die »demokratische und soziale Republik« ausgerufen, er selbst setzte sich an die Spitze einer provisorischen Regierung.

Und der König? Ludwig III. und seine Berater missverstanden die Zeichen der Zeit gründlich. Für die Dynastie und die königliche Regierung stand im November fest, dass sich nichts ändern würde, auch dann nicht, wenn im fernen Berlin der Hohenzollern-Kaiser abdanken musste. Niemand würde den Versuch unternehmen, am Wittelsbacher-Thron zu rütteln. Eisner, der »hergelaufene Jude«, wurde in allerhöchsten Kreisen nicht einmal ignoriert. Am 2. November unterschrieb Ludwig, der demokratischen Gehversuchen nicht von vornherein ablehnend gegenüberstand und 1906 auch zu den Befürworten der Wahlrechtsreform gezählt hatte, einen Erlass, wonach in Zukunft die Regierung zwar weiter vom König ernannt würde, das Kabinett aber auch das Vertrauen des Parlaments besitzen müsse. Die Chance eines Mitte-Links-Bündnisse wurde damals genützt, fünf Tage später aber waren die Karten grundsätzlich neu gemischt.

Ludwig III. war am Nachmittag des 7. November noch im Englischen Garten spazieren gegangen, wo ihm Arbeiter ins Gesicht sagten: »Majestät, schaun S', dass S'heimkomma, sunst ist g'feit aa!« Doch erst als die ersten Demonstranten vor der königlichen Residenz auftauchten und deren Rufe und Parolen in die allerhöchsten Gemächer drangen, wurde sich der Wittelsbacher des Ernstes der Lage bewusst. Seine Berater erklärten ihm, dass für seine Sicherheit nicht mehr garantiert werden könne und rieten ihm, München rasch zu verlassen. Zwei Stunden später schlich sich die eingeschüchterte Majestät klammheimlich davon. Sein Auto, an welchem die Lichter nicht funktionierten, landete bei Rosenheim in einem Acker. So endete die sieben Jahrhunderte währende Herrschaft der Wittelsbacher über Bayern ...

Literaturverzeichnis

Aberle, Andreas, Bayerische Königsanekdoten, Rosenheim 1977
Amery, Carl, Leb wohl geliebtes Volk der Bayern, München 1980
Bayern, Adalbert von, Vier Revolutionen und einiges dazwischen, München 1932
Bayern, Adalbert von, Max I. Joseph. König von Bayern, München 1957
Bayern, Adalbert von, Die Wittelsbacher. Geschichte unserer Familie, München 1980
Bertram, Werner, Der einsame König. Erinnerungen an Ludwig II. von Bayern, München 1936
Blunt, Wilfried, Ludwig II. König von Bayern, München 1970
Bölderndorff, Otto, Harmlose Plaudereien, München 1892
Bosl, Karl, Bayerische Geschichte, München 1971
Canetti, Elias, Masse und Macht, Frankfurt am Main 1990
Channon, Henry, Die Ludwige von Bayern, München 1933
Coburg, Luise, Throne, die ich stürzen sah, Wien 1926
Corti, Egon Caesar, Elisabeth, Die seltsame Frau, Wien 1934
Corti, Egon Caesar, Ludwig I. von Bayern. Ein Ringen um Freiheit, Schönheit und Liebe, München 1937
Das Buch Ludwig. Vom Leben und Sterben des bayerischen Märchenkönigs Ludwig II. (Zusammengestellt von Wilhelm Girrbach), München 1986
Dickinger, Christian, Habsburgs schwarze Schafe. Über Wüstlinge, Schwachköpfe, Rebellen und andere Prinzen, Wien 2000
Dickinger, Christian, Franz Joseph I. Die Entmythisierung, Wien 2002
Diwald, Hellmut, Wallenstein. Eine Biografie, Frankfurt am Main/Berlin 1987
Doeberl, Michael, Entwicklungsgeschichte Bayerns (3 Bände), München 1906 ff.
Dotterweich, Helmut, Der junge Maximilian. Biografie eines bayerischen Prinzen, München 1980
Dreyer, Aloys, Herzog Maximilian in Bayern, der erlauchte Freund und Förderer des Zitherspiels und der Gebirgspoesie, München 1909
Durschmied, Erik, Der Untergang der großen Dynastien, Wien/Köln/Weimar 2000
Eulenburg-Hertefeld, Philipp, Das Ende König Ludwigs II. und andere Erlebnisse, Leipzig 1934
Eulenburg-Hertefeld, Philipp, Erlebnisse an deutschen und fremden Höfen, Leipzig 1934
Eyck, Erich, Bismarck und das Deutsche Reich, München 1986
Fugger, Nora, Im Glanz der Kaiserzeit, Wien/München 1980
Gebhardt, Heinz, König Ludwig und seine verbrannte Braut, Pfaffenhofen 1986
Gerold, Otto (Hg.), Die letzten Tage König Ludwigs II. Erinnerungen eines Augenzeugen, Zürich 1914
Glaser, Hubert (Hg.), Um Glauben und Reich. Kurfürst Maximilian I., München/Zürich 1980
Gregor-Dellin, Martin, Richard Wagner. Sein Leben – Sein Werk – Sein Jahrhundert, München 1980
Hacker, Rupert (Hg.), Ludwig II von Bayern in Augenzeugenberichten, Düsseldorf 1966
Haeutle, Christian, Genealogie des Hauses Wittelsbach, München 1870
Haffner, Sebastian, 1918/19. Eine deutsche Revolution, Reinbek bei Hamburg 1981
Hamann, Brigitte, Rudolf. Kronprinz und Rebell, München 1993
Hamann, Brigitte, Elisabeth. Kaiserin wider Willen, München 1993
Hamann, Brigitte/Hassmann, Elisabeth (Hg.), Elisabeth. Stationen ihres Lebens, Wien 1998
Hiller, Helmut, Friedrich Barbarossa und seine Zeit, München 1977

Holler, Gerd, Sophie. Die heimliche Kaiserin. Mutter Franz Joseph I., Wien/München 1981
Horst, Eberhard, Friedrich der Staufer, Düsseldorf 1975
Hubensteiner, Benno, Bayerische Geschichte. Staat und Volk, Kunst und Kultur, München 1977
Hubmann, Franz/Pohl, Walter, Deutsche Könige. Römische Kaiser. Der Traum vom Heiligen Römischen Reich Deutscher Nation 800–1806, Augsburg 1996
Hümmert, Ludwig, Bayern, vom Königreich zur Diktatur, Pfaffenhofen 1979
Hüttl, Ludwig, Das Haus Wittelsbach. Die Geschichte einer europäischen Dynastie, München 1980
Hüttl, Ludwig, Ludwig II. König von Bayern, München 1986
Ketterl, Eugen, Der alte Kaiser. Wie ihn nur einer sah, Wien u. a. 1980
Kielmansegg, Erich, Kaiserhaus, Staatsmänner und Politiker. Aufzeichnungen des k. k. Statthalters Erich Graf Kielmansegg, Wien u. a. 1966
Kobell, Luise, Unter den vier ersten Königen Bayerns, München 1894
Kraus, Andreas, Maximilian I. Bayerns großer Kurfürst, Graz/Wien/Köln 1990
Krüger, Horst, Ludwig lieber Ludwig, München 1995
Kühn, Richard (Hg), Hofdamen-Briefe um Habsburg und Wittelsbach, Berlin 1942
Lohmeier, Georg, Die Ahnen des Hauses Bayern. Die Geschichte der Wittelsbacher, München 1980
Mann, Golo, Wallenstein, Frankfurt am Main 1971
Margutti, Albert, Kaiser Franz Joseph, Wien 1924
Miller, Ferdinand, Erinnerungen an den Regenten, in: Süddeutsche Monatshefte, Jg. 27, 696 ff.
Möckl, Karl, Die Prinzregentenzeit, München 1972
Müller, Franz Karl, Die letzten Tage König Ludwigs II. von Bayern, Berlin 1888
Müller, Wolfgang, »Ein ewig Rätsel bleiben will ich ...«. Wittelsbacher Schicksale: Ludwig II., Otto I. und Sisi, München 1999
Nöhbauer, Hans F., Die Wittelsbacher. Eine deutsche Chronik – eine europäische Dynastie, Bern/München 1979
Orlop, Nikolaus, Von Garibaldi bis Ludwig III. Herzöge, Kurfürsten und Könige in Bayern, München 1979
Pfister, Kurt, Kurfürst Maximilian I. von Bayern und sein Jahrhundert, München 1948
Pottendorf, Erich, Lola Montez. Die spanische Tänzerin, Wien 1955
Prinz, Friedrich, Die Geschichte Bayerns, München 2003
Rall, Hans u. Marga, Die Wittelsbacher in Lebensbildern, Kreuzlingen 2000
Richter, Werner, Ludwig II., München 1973
Reichlin-Meldegg, Hermann, Herzog Wilhelm in Bayern, in: Bayernland, 11. Jg, 1900
Reidlbach, Hans, Charakterzüge und Anekdoten aus dem Leben der bayerischen Könige, München 1896
Reiser, Rudolf, Die Wittelsbacher 1180–1918, München 1979
Reiser, Rudolf, König Ludwig I. und seine Freundin Lola Montez. Ein Gipfeltreffen, in: Süddeutsche Zeitung, Beilage Nr. 10 vom 12. Mai 1995, 11 ff.
Reiser, Rudolf, Armer verrückter Märchenkönig, in: Süddeutsche Zeitung am Wochenende, Nr. 190 vom 19./20. August 1995
Riehl, Hans, Märchenkönig und Bürgerkönige. Wittelsbacher Geschichte(n) 1806–1918, Pfaffenhofen 1979
Riehl, Hans, Als die Fürsten fielen, München 1979
Röckl, Sebastian, Ludwig II. und Richard Wagner, München 1913
Roesle, Emil Eugen, Die Geisteskrankheit der bayerischen Könige Ludwig II. und Otto in der Sicht neuer genealogisch-erbbiologischer Methoden, in: Genealogisches Jahrbuch 2/1962, 101 ff.
Röhl, John C. G. (Hg), Philipp Eulenburgs Politische Korrespondenz (Band 1), Boppard 1976

Rübesamen, Hans Eckart, Des einsamen Königs Hohe Residenzen, in: Beilage der Frankfurter Allgemeinen Zeitung, Juli 1986, 33 ff.
Schad, Martha, Bayerns Königinnen, Regensburg 1992
Schad, Martha (Hg.), Macht und Mythos. Die großen Dynastien: Die Wittelsbacher, Augsburg 2000
Schilke, Franz, Elisabeth und Ludwig II. im Spiegel von Medizin und Kunst, München 1993
Schlim, Jean Louis, Otto I. Der vergessene König auf Bayerns Thron, in: Charivari, Heft 10/1991, 22 ff.
Schlim, Jean Louis, Sophie Charlotte. Ein Lebensweg zwischen Leidenschaft und Resignation, in: Charivari, Heft 11/1992, 34 ff.
Schmidbauer, Wolfgang/Kemper, Johannes, Ein ewiges Rätsel will ich bleiben mir und anderen. Wie krank war Ludwig II. wirklich? München 1986
Schrott, Ludwig, Die Herrscher Bayerns. Vom ersten Herzog bis zum letzten König, München 1967
Schweiggert, Alfons, Schattenkönig. Otto, der Bruder König Ludwig II. von Bayern. Ein Lebensbild, München 1992
Sendtner, Kurt, Rupprecht von Wittelsbach, München 1954
Sexau, Richard, Fürst und Arzt, Graz 1963
Sokop, Brigitte, Jene Gräfin Larisch ... Marie Louise Gräfin Larisch-Wallersee. Vertraute der Kaiserin – Verfemte nach Mayerling, Graz/Wien 1985
Sombart, Nicolaus, Wilhem II. Sündenbock und Herr der Mitte, Belin 1996
Spindler, Max (Hg.), Handbuch der Bayerischen Geschichte (4 Bände in 6 Büchern), München 1967–1975
Sternburg, Wilhelm (Hg.), Die deutschen Kanzler. Von Bismarck bis Kohl, Berlin 1998
Straub, Eberhard, Die Wittelsbacher, Berlin 1994
Strobel, Otto, König Ludwig II. und Richard Wagner. Briefwechsel, Karlsruhe 1936
Strohmayer, W., Psychatrisch-genealogische Untersuchung der Abstammung König Ludwigs II. und Ottos I. von Bayern, Wiesbaden 1912
Vehse, Eduard, Bayerische Hofgeschichten, München 1922
Wallersee, Maria; Meine Vergangenheit, Berlin 1913
Wallersee, Marie Louise, Kaiserin Elisabeth und ich, Leipzig 1935
Wedgwood, C.V., Der Dreißigjährige Krieg, München 1983
Weis, Eberhard, Das Haus Wittelsbach in der europäischen Geschichte der Neuzeit, in: Zeitschrift für bayerische Landesgeschichte, München 1981, Band 44, Heft 1, 211 ff.
Witzleben, Hermann/Vignau, Ilka, Die Herzöge in Bayern, München 1976
Wolf, Georg, Ein Jahrhundert München, 1800–1900, Leipzig 1935
Wolf, Hans-Jürgen, Geschichte der Hexenprozesse. Holocaust und Massenpsychose vom 16.–18. Jahrhundert, Erlensee 1995

Bildnachweis

Bildarchiv der Österreichischen Nationalbibliothek: 33, 55, 69, 109, 119, 135, 145, 185, 191